第五届上海市民办中小学青年教师教学竞赛成果

2024 新教学探研

——2024年度跨学科主题单元
学习方案与教学案例集

上海市教育学会
上海市民办教育协会
上海市民办教育发展基金会　编著
上海市教师教育学院

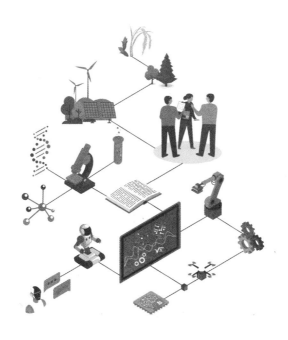

上海教育出版社
SHANGHAI EDUCATIONAL
PUBLISHING HOUSE

　　此项目由上海市民办教育发展基金会和上海吉祥航空有限公司资助。

上海市民办中小学青年教师教学竞赛项目组委会

尹后庆　高德毅　陈立民　王　洋

王志伟　杨国顺　纪明泽　仲立新

徐　俭　朱　蕾　金　兵　谢慧萍

卓保彤　时丽娟　余安敏　邵　瑜

李　夏

序　一

　　当下,民办教育在改革的洪流中已进入了规范发展期、质量内涵提升期和创新攻坚期。这新一轮的发展与竞争,倒逼办学者要把谋求高质量、高水准发展作为学校办学的追求。为此,要先看清路、找对方向,在落实新课程方案和新课程标准的过程中,明晰课程实施要求,建设一支高素质的专业化教师队伍,这是提升学校品质、深化教育改革的必然要求和根本保障。正是基于这样的思考,策划并打造一个上海民办教育的品牌项目,是上海民办教育又一次走向高品质特色发展的再出发,也是促进民办学校高质量发展的新标志。由此,为青年教师搭建一个新的成长平台,举办民办中小学青年教师教学竞赛活动应运而生。该活动以"教学竞赛"为载体,推动教师在教学中通过研究与实践来提升教学品质,以"实践活动"为途径,促进学校教研组参与,激发教师群体的改革热情,进而进一步带动民办学校教学质量的提升。

　　为进一步贯彻落实中共中央、国务院《关于深化教育教学改革全面提高义务教育质量的意见》和教育部《义务教育课程方案和课程标准(2022年版)》,推动上海市民小小学、初中深化课程教学改革,提升学校课程领导力,造就一支爱岗敬业、理念先进、业务扎实的青年骨干教师队伍,上海市教育学会、上海市民办教育协会、上海市民办教育发展基金会三方联合,于2023年举办了第四届上海市民办中小学青年教师教学竞赛活动。本次活动由上海市教师教育学院进行专业指导和评审,上海世外教育集团承办具体组织和协调工作。活动聚焦跨学科主题学习,中小学有9门学科参与,涉及小学数学、小学音乐、小学自然,初中数学、初中音乐、初中物理、初中化学、初中科学、初中生命科学。经过历时近10个月的三轮评选,涌现出一批优秀的教研团队和优秀教师,以及很多体现新课改理念的优秀单元教学设计方案和教学课例,可喜可贺!

　　围绕本次评选活动的主题,参评团队与教师通过参与培训、自主学习和团队协同的形式,积极开展跨学科主题学习方案的设计和课堂教学设计的研究。综合各学校递交的跨学科主题学习方案、各参评课的教学设计以及答辩情况,可以发现,各参赛学科的学习方案总体水平较高,能指向"跨学科"的要素来设计,体现出结构化、可操作性;能多角度、多领域地选择与当下生活密切相关的议题,并引入教学。教师的课堂教学总体上也表现出较高的学科素养。从本次评审的情况来看,跨学科主题学习的设计与实施已初见成效,经汇总9门学科的评审总结,呈现出以下亮点和特色:

1. 聚焦评审主题,注重价值引导,学习方案和教学设计呈现出跨学科主题学习的关键特征。

方案设计能聚焦社会热点或现实中的问题,注重价值引导。学生的学习积极性被调动起来,运用跨学科知识解决问题的能力得到培养。跨学科主题学习方案重视整体设计,从目标、内容、资源、时间、评价等多角度进行思考与建构,并与现行教材进行有机整合。学习方案的撰写与课时教学的设计普遍能呈现出跨学科主题学习的关键特征,立足某一学科,以主题来组织其他相关学科的内容和学习方式,解决现实生活中的复杂问题。很多教师在进行课堂教学时,都营造出一个学生能够运用知识、发现问题、使用其所学来解决问题的真实环境,且非常注重探究性任务设计和情境化互动。

2. 聚焦真实世界的问题,着眼学科素养的培育,提高解决问题的能力。

各参赛学校的跨学科主题单元学习方案,基本上都将教材单元内容与真实生活情境或者科幻情境链接,基于情境将涵盖两个或两个以上学科知识的具体问题提炼为学习主题,围绕该主题设计学习任务,由此形成单元化的学习方案。教学设计与实施中,大多数教师聚焦真实生活中的问题,引导学生将所学知识用来研究和解决实际问题,促进学生开展自主性、合作性、探究性学习,在合作和分享中拓展自己的经验,在自主探究和独立思考的过程中增强道德与价值判断的学习能力,这对培育学生学科核心素养具有极好的促进作用。

3. 学科育人的意识明显增强,课堂教学凸显学科特质。

各参赛团队与授课教师在学习方案设计和课堂教学实施中,体现出对学科育人价值的全面关注,能结合教材,以审辨实践的多种形式,综合演绎"审辨立德、素养立身、实践立行"的育人观念;能充分关注学生,深化对课程与教材的理解,指向教学基本要求和对应的核心能力要求;能围绕项目内容和问题的分解带动项目的推进,开展有目的的探究活动;能充分剖析本学科教学实施方面的特质,聚焦学科特质开展参评课时的教学设计与实施。主要表现在:(1)发展学科核心素养,落实立德树人根本任务;(2)实践学科的学习活动观,着力提高学生学用能力;(3)完善课程评价体系,促进素养有效形成;(4)重视教学技术应用,满足学生发展需求。

4. 重构教材,重组资源,充分调动学生,使课堂教学充满活力。

在跨学科主题学习过程中,大多数教师能基于学情分析,重构教材,重组学科资源,适时适度提供相应的学习方法指导,注重引导学生调动已知、唤醒经验来体验、感受未知或新知,使学生在体验过程中,不断地形成新的认识,调整或重构认知结构,在完成任务的过程中获得知识、技能、体能的提升。

在取得上述成果成效的同时,我们也看到还尚存一些问题和有待进一步提升的空间:

1. 能发现有价值的项目,但项目设计与实施能力还有待提高。

本次评比,从项目的切入点看,基本能从有价值的项目入手来着手设计,但从设计与实施能力上来看,还有提升空间。从评比中"落榜"教师的教学行为来看,主要体现在:教学设计目标不明确,学习结果开放性不够,教学欠缺科学性,教师学科技能素养不足。在教学过程中,教师"控制"多,限制了学生的个性化思维,学习过程呈碎片化,大多是完成学习单上的填空等浅层次的学习任务,对学生的思维调动不够。

2. 需要教师进一步厘清跨学科学习与教学实践之间的逻辑关系。

"什么是跨学科主题学习?""如何有效地实践跨学科主题学习?"对这些概念和内容,如果理解不到位,实施则无从落实。此外,跨学科主题学习强调的是学科间的关联与整合,是植根某一学科,是落实某一学科的核心素养。在本次评选项目中,有部分教师出现了跨学科项目学习方案,未立足一个学科,而是整合不同学科的知识解决问题,未能达到跨学科主题学习的目的——引导学生在学科学习过程中,拓展学科视野,运用多学科思维方式深入探究学科内容。

3. 团队合作不落实,教师"单打独斗",导致方案质量参差不齐。

本次大赛要求,评比要以团队为单位,通过团队合作,共同研讨、交流、协作,形成跨学科主题学习方案,以促进教师团队的集体成长。但从了解到的情况得知,还是有一小部分民办学校的项目方案并不是团队共同参与的,而是靠教师个人一己之力完成的,尽管教师"单打独斗"的能力很强,但较少发挥团队力量,没有起到以"评"促学校教师队伍共同发展的大赛目的。

为更好地推进这项评选工作,提出以下发展建议:

1. 加强理论与实践学习,提升项目方案设计规范程度。

科学、合理且规范的跨学科主题学习设计方案,是开展课堂教学实践的前提条件。因此,极有必要通过加强理论学习、教学实践的方式,提升青年教师的项目方案设计规范程度。

2. 打开视野,学校尽可能支持、鼓励、引导教师参加市、区教研活动。

从答辩等环节了解的情况来看,有些教师撰写的教案不够规范,校本教研品质不高。背后原因是民办学校的教师不参加或较少参加市、区教研活动,以至于对学科关键问题的了解不够,对学科教研成果知道得不多,对学科发展的现状与趋势了解得不够,这导致民办学校的教师在课程的设计与实施上比较传统滞后。为此,我们期望民办学校的教学管理者要搭建平台,多鼓励教师参加市、区教研活动。

3. 多种渠道宣传跨学科主题学习的实践经验,促进教师专业成长。

加强对跨学科主题学习的宣传,通过学科基地、专题培训等,组织教师强化课程理念学习,强化专业培训,促使学科教师对自身业务能力提出更高的要求,使之更好地为学科建设与学科教学后续发展助力。加强对优秀参评项目方案和现场教学的展示,并且通过专题点评,使更多的教师明确学科发展方向与课堂教学的要求。

4. 抓好教师团队建设,全面促进民办学校发展。

本届项目方案与课堂教学设计评选,不仅仅是入围的青年教师个人教学实践的比拼,更是学校整个教研团队的竞争。近年来,随着民办学校对这项工作的逐步重视,学科建设持续加强,青年教师不断成长。但是我们也看到,还有一部分学校因重视不够,在团队建设上支持和引导不够,导致学校间差距拉大,对一部分学校而言,还存在较大的提升空间。为全面促进民办学校的发展,一方面要提高学校领导对这项工作的重视,另一方面要抓好课程高质量实施的"牛鼻子",抓好学校教研组的团队建设,最终实现高质量的中小学民办学校课程建设与实施的新态势。

尹后庆(中国教育学会第七、八届理事会副会长

上海市教育学会会长)

2023 年 10 月

编者注:2024 年举办的第五届上海市民办中小学青年教师教学竞赛活动,是 2023 年举办的第四届上海市民办中小学青年教师教学竞赛活动项目系统的衔接,尹后庆会长 2023 年的序仍然具有针对性和指导意义,作为系列案例集,我们仍采用原序。

序　二

民办中小学如何有效开展跨学科主题学习的认识与思考

随着《义务教育课程方案和课程标准(2022年版)》的颁布实施,课程学习落实核心素养要求的明确,跨学科主题学习越来越受到课程实施者的重视。义务教育新课程方案及课程标准明确提出"跨学科主题学习",并要求每门学科课程安排不少于10%的课时来实施跨学科主题学习。《中华人民共和国民办教育促进法》实施条例中指出,民办中小学可以基于国家课程标准自主开设有特色的课程,实施教育教学创新。而跨学科学习是民办学校高质量特色发展的重要抓手。如何更好地认识跨学科主题学习以及如何有效开展跨学科主题学习,不仅成为当下中小学教师关注的热点,同时也成为民办中小学校强化自身办学特质以及形成办学特色的关注点。"上海市民办中小学青年教师教学竞赛项目"始终聚焦课程教学改革,提升学校课程领导力。2022年启动的新一轮周期性教学竞赛,重点探讨的就是跨学科主题学习。2023年教学竞赛面向本市民办中小学9门学科课程教师,要求撰写跨学科主题单元学习方案,评选通过后,再进行教师课堂教学评选和答辩,从这些竞赛项目中,可以一窥上海市民办中小学跨学科主题学习实践情况的全貌。

一、如何认识跨学科主题学习

在当前新课程方案及新课程标准要求下的新课改,明确了时代新人的培养要求——在未来的社会中,学生应该具备跨文化、跨学科、跨职业的能力,能够从不同角度去看待问题,并具有综合分析与解决问题的能力。跨学科主题学习的目标指向就是培养学生在真实情境中解决问题的能力,促进学生核心素养的发展。那什么是"跨学科主题学习"? 与"跨学科学习""综合实践活动"等概念的区别是什么?

（一）跨学科学习与跨学科主题学习

跨学科学习是整合两种或两种以上学科的观念、方法与思维方式以解决真实问题、产生跨学科理解的课程与教学取向[①]。而某一学科课程教师组织引导学生开展的跨学科主题学习，强调的是立足某一学科，以主题来组织其他相关学科的内容和学习方式，以实现综合学习，强调的是学科内的知识整合，打破学科边界，但植根于本体学科，这是与跨学科学习的主要区别。但两者也有共性，都是综合性学习，注重课程融合以及方式的改变、思维的进阶、方法的超越。学生能够在自主探索与合作学习的过程中提升对知识综合运用的能力，同时注重不同学科之间的联系和整合，又能增强对学习内容整体的系统认知，将学习内容系统化，形成完整的知识结构。

（二）跨学科主题学习与综合实践活动

综合实践活动是一门必修课程，是基础教育课程体系的重要组成部分，其强调从学生的真实生活和发展需要出发，将生活情境中发现的问题转化为活动主题，通过探究、服务、制作、体验等方式，培养学生的综合素质，具有课程与学习方式的双重属性。跨学科主题学习与综合实践活动目标一致，均突出学生核心素养导向，体现综合化、实践性的思想。两者都关注知识的整合，打破学科壁垒，注重知识的整体性学习，提升学生对知识的综合学习与运用能力。但跨学科主题学习是引导学生在学科学习过程中拓展学科学习视野，运用多学科知识与思维方式深入探究学科内容。而综合实践活动是要避免仅从学科知识体系出发进行活动设计，是让学生在开展实践活动的过程中，获得最真实的自我体验，促进学生整体性发展，提升学生生存与生活的质量。跨学科主题学习考查的是学生跨学科素养、跨学科思维及跨学科能力。综合实践活动考查的是学生的综合能力，如责任担当、价值认同等。

（三）跨学科主题学习与跨学科项目学习

跨学科项目学习属于项目化学习三种类型中的一个，强调跨学科之间的知识是通过问题、概念、成果联系在一起的，不植根于某一学科，且需要整合这些知识来解决问题并形成成果。学生能够对正在学习的项目产生新的、更深入的、更整合的

---

① 张华.跨学科学习:真义辨析与实践路径[J].中小学管理,2017(11):22.

理解。可以看出,跨学科项目学习首先要明确真实问题包含哪些学科;其次,这些学科中与真实问题有关的知识与能力是哪些;最后,这些学科的知识与能力是如何统整地作用于跨学科的问题解决的,并且还要具备项目学习要素。跨学科主题学习则强调立足一门学科,提出跨学科的真实问题,选取用于问题解决的主学科和跨学科视野,综合探索解决问题,培养学生的学科核心素养。

二、如何开展跨学科主题学习——来自民办中小学的经验和做法

从跨学科主题学习的概念中,可以看出其具有综合性、实践性、探究性、开放性、可操作性等特点,教师通过启发引导和教学,鼓励学生富有创造性地完成任务、重构学习经验,以超越传统单一学科方法的束缚。为了实现在跨学科主题学习中能够精准地"跨","跨"得有目的、有计划、有方案,我们提炼总结出上海市民办中小学这两年学科教师在设计和实施跨学科主题学习的经验和做法,具体如下:

(一)主题选择要真实

很多教师在选择跨学科主题时,主要从以下三个方面考虑:第一,依据课程标准;第二,聚焦学科学习中的重难点;第三,从现实问题、真实情境出发。课程标准中有丰富的提点资源,教师可参考学科课程标准中对课程知识的内容介绍,厘定跨学科主题学习中应承载的学科核心知识。好的跨学科主题,一般充分体现出多学科之间的紧密联系,找到不同学科知识结构之间的耦合点。如可以关注学科中的大概念,以某个大概念为中心,主动关联其他学科中相近或相关的内容知识。如,上海杨浦双语学校的教师团队创设跨学科主题学习项目"星空探秘——找寻璀璨星空下的奇妙世界",涵盖语文、美术、信息技术等学科,以探秘星空为情境,通过观察、观测、制作、调查、读图识图和项目研究等学习活动去展开探究。可以看出,跨学科主题学习的真实情境或真实问题,还需要经过教师的提取与加工,唤醒和引导学生在活动中进一步开阔视野,发展能力。

(二)实施前要充分准备

跨学科主题学习没有现成的材料和现成的教科书,再加上由于其内容涉及不同学科的知识内容,有的内容不在任课教师熟悉的范围之内,为此,组织开展跨学科主题学习需要教师重新编排和组织教学材料,精心准备,以帮助学生掌握主干学科的知识为前提,将其他学科的知识和方法借用过来,要跨出去找其他学科的知识和方法,并将其简便地、直观地运用到该主题情境中。此外,教师还要能够在其中

揭示出本学科的知识真谛和知识建构,形成有效或多途径支架,引导学生积极探索、主动建构。所以参评项目中,很多教师都是采取有目的地跨、有计划地跨、有方案地跨,即在启动实施跨学科主题学习之前,都进行了相关材料的准备,预先设计方案,开展精准备课,有计划、有步骤地实现既定的教学目的。

（三）教学方案要做整体安排

为避免"跨学科"生成性教学带来的随意性、非专业性,跨学科主题学习方案需要教师拓宽课堂概念、延展学习时空,在以往学科教学的基础上,整体建构跨学科主题学习的一体化课堂,积极探索素养导向的整合式教学方法与单元教学,依托真实、复杂的问题情境,将学生需要掌握的重要内容有效转化为学生在课内外探究、活动、表达、评价与反思的具体路径,促进学生学以致用、知行合一,有效发挥学科实践的育人功能。本次评选项目中,各学校都以单元为主题提交跨学科主题学习的单元教学方案,方案包括:跨学科主题目标的确定、整体安排、规划流程、主干学科与关联学科的知识点、课时分配以及各课时教学目标的确定等,凸显了跨学科主题学习的内容完整性、综合性、实践性和学习时间的连续性。很多教师遵循的设计思路是:依据学情设计跨学科主题学习活动,了解学生现有的发展水平,确定学生的关注点,设计跨学科主题学习支架,促进学生接受学习挑战,强化学生的学习品质提升和素养发展。

（四）跨学科主题学习课堂教学注重探究性和情境化

课堂教学是进行跨学科主题学习的主战场之一,也是教师开展跨学科主题学习、引导学生提高能力的学习方式之一。跨学科主题学习的教学设计可能会因主题内容和教学情境不同而有所不同,但基于问题解决的学习具有其共性模式,即情境导入、引出问题、分析问题、探究实践、解决问题、成果检验。很多教师在进行课堂教学时,都能营造一个学生能够运用知识、发现问题、使用其所学来解决问题的真实环境,且非常注重探究性任务设计和情境化互动,使学习的内涵更加丰富。

（五）跨学科主题学习评价侧重方法多样和主体多元

《义务教育课程方案和课程标准(2022年版)》明确提出,要改进教育评价,创新评价方式方法,着力推进评价观念、方式方法改革。各学科课程的课程标准提出构建评价方法多样、评价主体多元的评价体系。评价方法多样,强调既要注重过程性评价与终结性评价相结合,又要注重定性评价与定量评价相结合,更要突出评价学生解决问题的能力和成果评价。常用的评价方法有：纸笔任务、示范与展示、实验与调查、口头表达与戏剧表演、项目和课题、档案袋评价等。评价主体多元，强调以主干学科教师为主，多学科教师协作参与，通过建立多元主体评价教师团队，共同研讨反思，提升教师的跨学科课程开发能力和教育教学能力。在评选项目中，很多教师针对跨学科主题学习的考查点，注重任务（问题）设计，让学生获得了真实的体验和活动经验，有鼓励、有预期地诊断干预，重点关注、难点突破，使学习目标能够有效达成。有效的评价有助于教师和学生共同成长。

三、跨学科主题学习的几点思考

1. 什么是跨学科主题学习？如何有效地实践跨学科主题学习？对这些概念和内容，如果理解不到位，实施则无从落实。此外，通过某一学科课程实现跨学科主题学习，"跨学科"强调的是学科间的关联与整合，是植根某一学科，是侧重落实某一学科本体、通过"跨"更好地落实核心素养。在本次评选项目中，有部分教师设计的跨学科项目学习方案未立足一个学科、清晰地整合不同学科知识与方法、去有效解决问题。

2. 跨学科主题学习对教师的个人专业素养提出了更高要求。教师不仅需要重视本学科的知识和技能，更要关注各学科之间显性或隐性的联系，并能在此基础上结构化地组织学习内容，即思考如何保证课程实施的关联性、达成跨学科教学的内涵，而不是各自独立的几个模块，这对教师提出了"复合型""全能型"的发展要求。此外，跨学科主题学习也要求教师选择真实问题，探究有真实意义、与本学科知识应用相关的难题，并整合相应观点提出解决方法，以促进学生深度学习，凸显跨学科主题学习的真实性、实践性、探究性、综合性等特点。

3. 跨学科主题学习的教学实施对学校和教师提出了新的要求。课程标准要求每门学科课程用不少于10％的课时来实施跨学科主题学习。跨学科教学具有单元教学和长作业特性，各学科教师都可能是跨学科主题学习方案的开发者，但授课只由一位主干学科教师进行。主干教师和其他学科教师如何有机制地配合，进行协作教学？此外，在教学中教师的教学重心仍然是本学科课程教学，如何处理好本学科教学和跨学科主题学习的关系？这些问题有待学校教学组织、深度校本教研解决，通过相应的教学教研机制，以实现跨学科主题学习活动开展的常态化，并增强其有效性。

4. 跨学科主题学习的实施要关注教育性。跨学科主题学习强调从学科课程教学任务的完成走向育人为本，从教师各自为政走向自主自愿的联合。这些变革最终让学生从传统的小教室走向具有跨学科学习情境的大教室、走向社会,从而培养出有理想、有本领、有担当,能够创造美好生活、美好社会的时代新人。

时丽娟　余安敏

上海市民办中小学青年教师教学竞赛总项目组

编者注:本次 2024 年第五届上海市民办中小学青年教师教学竞赛活动面向本市民办中小学 8 门学科课程。

目　　录

小 学 语 文

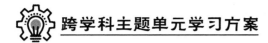

跨学科主题单元学习方案

我为曲阳社区的发展建言献策

上海市民办宏星小学　陈　浩　邬志芳　魏　捷　裔治强　丁　波

一、主题概述

（一）主题背景

部编版语文五年级下册第六单元的人文主题是"异域风情"，单元内编排了《威尼斯小艇》《牧场之国》以及《金字塔》这些描写国外风土人情的课文，单元习作为《中国的世界文化遗产》。单元人文主题是"异域风情"，单元习作却是聚焦中国令人骄傲的世界文化遗产。我们可以发现，从地理方位来看，学生将会先走出国门再回到国内；从思维方式来看，学生将经历向外探索而后向内思考的过程。因此，结合对教材编排的分析以及跨学科主题学习的要求，以教材内习作为基础进行了再创造：

- 寻找更小的切入口，将地域范围由中国改成了城市，以城市为一级主题。
- 设计贴近学生的情境，将城市进一步缩小到学生更为熟悉的社区。
- 延伸单元主题，除了需要学生了解社区外，还要学生了解社区现状以及成因。
- 匹配年段特点，聚焦解决社区"出行难"的问题。

由此形成了一条由远及近的地域变化主线：探世界之奇—感中国之美—说社区之好。因此，结合第六单元的学习，将此次跨学科主题定为"我为曲阳社区的发展建言献策"。

（二）主题情境

曲阳社区位于上海市虹口区的曲阳街道，是改革开放以来上海市重点建设的大型居民住宅区。这里曾有多位国家领导人到访,在他们的关心下,社区快速发展,建起了上海最早一批的高楼,上海首家家乐福卖场在这里入驻,《新民晚报(社区版)》也曾刊发曲阳社区专版。

宏星小学的学子,甚至是他们的父辈、祖辈都是在这个社区成长的,见证了社区的变化。作为社区这个大家庭的一员,自然也应该了解社区的变迁,知道社区发展中所取得的成就,面对社区发展中出现的问题,并肩负起社区居民的使命——以主人翁的姿态为曲阳社区的发展建言献策,建设更高品质的社区,让曲阳社区成为总书记所期许的"居民最放心、最安心的港湾"。

(三)核心素养的体现

学生在学习的过程中,将通过阅读各类文献来获取曲阳社区历史发展的相关信息以及国内外社区优化的方法;运用在信息技术课堂上掌握的电脑软件——Excel 来完成数据统计;运用数学学科的数据阅读以及数据分析能力,形成对社区现状的合理判断并明确社区优化的方向;最终将所有的成果以提案的形式呈现出来。

此外,"我为曲阳社区的发展建言献策"跨学科主题学习旨在引导学生在真实的情境中发现问题,并从人文关怀的视角关注社区发展中存在的问题,以科学的态度分析问题的成因,秉承着创造精神和实践精神提出解决方案。

本次主题学习的场景放在了社区之中,引导学生关注自己每天生活的社区——城市的缩影,及其所呈现的社会、环境等方方面面的问题,也提升了学生的社会参与度,建立了公民意识,进而培养其心系祖国的家国情怀。

二、主题单元目标的制定

(一)学情分析

1. 前备经验

(1)小学五年级的学生已经具备一定的社区生活经历,对社区的架构、社区的作用已经有了初步的感性及理性的认知,道法学科的学习也深化了他们对于社区以及与社区有关概念的认识。

(2)经过四年多的语文学习,学生初步具备阅读不同类型文本的经验以及技能,能够较为准确地提取文本中的重要信息,并进行筛选、归纳、总结。在日常交流中,能够熟练运用口语交际中所学到的交流技巧,在真实的情境中基于表达的目的选择合适的表达方式进行表达并倾听。

(3)能够使用搜索引擎搜索相关信息,并借用 Excel 等信息技术工具处理数据,具备阅读数据的能力。

2.学习难点

(1)主题学习内容涉及社会、环境、科学等多方面内容,阅读材料中会遇到一些专有名词,产生阅读障碍。

(2)学生缺乏对社会的深刻认识,对产生的问题以及成因的思考容易片面化或过于简单。

(3)调查时产生的数据量较大,学生难以直观地发现规律,需要教师进行指导。

(二)主题学习目标

1.通过阅读文献、调查研究等方式梳理曲阳社区变迁的过程并探究发展中出现的问题。

2.分析数据以及访谈结果,阐释曲阳社区现存的"出行难"问题成因。设计解决方案,并在交流中优化方案。

3.能说出对社区以及城市的不同认识,以提案的形式展现出作为社区居民乃至公民的使命感。

(三)目标说明

以上教学目标主要基于学情,指向语文课程的核心素养,涉及语文以及其他关联学科,同时也体现出学习过程的进阶性。

第一条:"通过阅读文献、调查研究等方式梳理曲阳社区变迁的过程并探究发展中出现的问题。"此条对应语言运用,引导学生运用基本能力,获取与曲阳社区变迁有关的信息并加以处理,以形成对曲阳社区的基本认识,并为下个阶段的学习做准备。

第二条:"分析数据以及访谈结果,阐释曲阳社区现存的'出行难'问题成因。设计解决方案,并在交流中优化方案。"此条对应思维能力和审美创造。学生在学习的过程中将会经历分析数据和问卷结果以探究现存问题、阅读国内外文献以寻求解决方案、在交流中优化方案的过程,形成"发现问题—提出设想—优化方案"的思维方式,并在此过程中培养科学、严谨的态度和仔细阅读的习惯。

第三条:"能说出对社区以及城市的不同认识,以提案的形式展现出作为社区居民乃至公民的使命感。"此条直接指向"文化自信"这一素养,并且贯穿于整个主题学习的过程。培养了学生爱社区的情感,并以小见大,激发学生的爱国情怀。

三、实施路径

(一) 内容组织架构

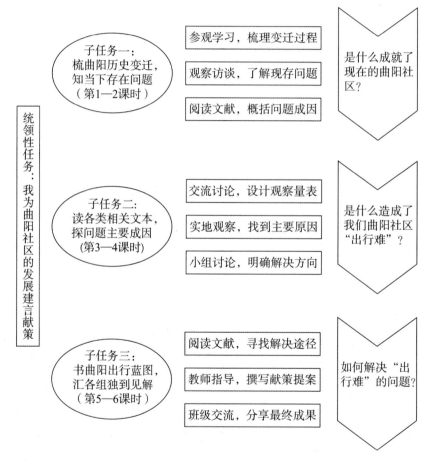

图 1　跨学科主题学习内容组织架构图

竖栏是本次跨学科主题学习的统领性任务,基于统领性任务产生了最右侧的箭头需要解决的问题。再以问题为驱动,对应设计了三个子任务,最终将子任务分解为具体的教学内容。

（二）具体教学安排

"我为曲阳社区的发展建言献策"主题学习活动的学习场景不局限于课堂内，可获取的学习资源多元。因此，学生将在不同的场景中采取不同的方式学习，丰富了学习体验。

1. 实地走访，梳理变迁（1课时）

学生将通过参观"曲苑"，了解改革开放后曲阳社区是如何在党的领导下不断发展的。在此基础上，学生还将在课后搜索资料并对生活在曲阳社区的居民进行简单的访谈，甚至是实地取证，对社区的历史变迁有更多维度的认识，同时了解到社区现存的最大问题——"出行难"。要注意的是，虽然我们的最终目的是发现问题、解决问题，但我们也要引导学生去肯定社区发展的成就，学会辩证地看待问题。

学习资源：曲阳社区变迁梳理表（见表1）、曲阳社区走访记录表（见表2）。

表1 曲阳社区变迁梳理表

时间点	具体事件	所属类别*

＊所属类别填写序号：A. 道路变化　B. 居住环境变化　C. 配套设施变化　D. 精神文化建设改革　E. 发展的契机

表2 曲阳社区走访记录表

活动一：走进社区，倾听心声 　　走进曲阳社区，对居民进行访谈，倾听社区居民对于社区发展的心声。
访谈对象： **访谈的主要问题：** **通过访谈得到的结论：**

（续表）

活动二:实地观察,实证结论 　　根据访谈的结果,实地观察并拍摄影像资料,实证结论。   贴照片处
得到实证的现象:

　　学习成果:(1)以思维导图、视频、文字等多种形式勾勒出曲阳社区的变迁;
(2)访谈记录表。

　　2. 阅读文献,概括成因(1课时)

　　在这节课中,学生将阅读各类有关"出行难"的文本,包含了记叙文、新闻报道、法律条款、视频……并且在阅读的同时调动自己的阅读技能,提取文中造成"出行难"的各类原因,为后面找到曲阳社区"出行难"的特定原因确定方向。

　　学习资源:阅读材料(见图2)、阅读工具表(见表3)。

图2　阅读文本材料

表3 阅读工具表

题目	文本类型*	提取导致"出行难"的原因

* 文本类型填写序号：A. 记叙文　B. 新闻报道　C. 法律条款　D. 网页论坛　E. 漫画 F. 视频

3. 提取因素,设计量表(1课时)

要想找到曲阳社区"出行难"的具体原因,学生需要进行实地观察。一张观察量表给观察提供了明确的方向,并方便学生记录观察的结果,以便进一步分析原因。第三课时就主要指导学生设计"曲阳社区'出行难'观察量表"。共分为三步: (1)在概括出的这些潜在原因中提炼出因素,即观察的对象;(2)认识表格的组成部分;(3)将因素合理地填入表格,课后学生将完成观察并记录数据。

学习成果:曲阳社区"出行难"观察量表(见表4)。

表4 曲阳社区"出行难"观察量表

日期：_____ 天气：_____ 观察点：_____

因素 \ 流量 \ 时段		高峰时段 (　：　)—(　：　)			备注：
		左转	直行	右转	
车	机动车				
	非机动车				
	人				
设施	红绿灯				
	车道				

4. 交流谈论,明确方向(1 课时)

经过课后的观察,学生已经找到了社区"出行难"的各类原因及问题。但是,这些问题是否真的能够被解决? 在这一课时中,学生将聆听交警带来的有关交通设施建设的讲座,并且通过讨论,找到可以解决的问题,明确下一阶段提案的方向,学生也将在这个过程中领悟要对自己提出的建议负责的道理。

学习资源:交警讲座。

5. 阅读文献,获取方法(1 课时)

在这一课时中,学生将根据自己小组确定要解决的问题,通过多种渠道搜索国内外相关的文献找到解决问题的方法,经由小组讨论后进行筛选、汇总。阅读教师提供的几份提案范例,归纳出提案的三大组成部分,即问题、对于问题的分析(主要是造成问题的原因)以及改进措施,对应前期调查走访、阅读相关文献、听交警作讲座等学习经历,将了解到的相关情况呈现于提案之中,并总结出解决问题的一般方法:发现问题—探究成因—解决问题。

学习资源:各类提案范例(见表 5、表 6)。

表 5　提案样表 1

中队		记录员	
辅导员姓名		联系电话	
提案标题			
提案类型	活动类(　) 组织建设类(　) 科技类(　) 学习类(　) 其他(　)		
问题描述			
问题分析			
解决建议			

表6　提案样表2

提案人			附议人	
联系方式			填写日期	
提案内容	案名			
	案由			
	具体意见或建议			
提案审查委员会意见	立案	退回重提	不予立案	作为意见或建议处理	其他意见
	建议由　　　　承办,并于　　年　　月　　日前做出书面答复。 　　　　　　　　　　　　　　　　　　　　　负责人签字: 　　　　　　　　　　　　　　　　　　　　　　　年　　月　　日				

学习成果:"我为曲阳社区'出行难'献策"提案表

6.交流分享,优化方案(1课时)

作为本次跨学科主题学习活动的最后一课时,在这一节课上,各小组将展示各自的提案。在展示的过程中,各小组将根据评价表对汇报的小组提案进行评价,提出自己的疑问和建议。汇报小组将进行答辩,或采纳建议后对提案进行修改。

(三)主题学习评价

对本次跨学科主题活动的评价将从两个维度展开:一个维度指向方案的本身,即学生经过一系列的调查研究后形成的方案是否具备有效性、可操作性以及科学性;另一个维度指向方案的表达以及交流,对学生表达的准确性以及有效性作出评价,除此以外还关注了学生在交流时表达和倾听的习惯。

对于不同的评价指标,给予了不同权重的赋值。由于是以语文学科为主导的跨学科主题学习活动,基于立足语文的思想,对于与语文能力以及素养有关的指标赋予了更多的权重。

每一位学生都将在"方案内容"和"方案的表达与交流"两个维度得到评价。(见表7、表8)

表 7　方案内容评价表

评价指标	星级
能够针对社区某一路段"出行难"提出合理、有效的解决方法。	★★★
解决方法具有可操作性。	★★★
解决方法科学,不会造成其他的负面影响。	★★★

表 8　方案的表达与交流评价表

评价指标	星级
方案表达连贯,通顺,没有错别字。	★★★★
方案能够将现存问题说清楚,将解决方法说明白。	★★★★
交流时能够认真倾听别人的分享,在倾听之后能够有理有据地交流自己的看法。	★★★★★

总计摘得____颗★

四、反思

跨学科主题学习相较于以往其他单一学科的学习,最大的特色就体现在一个"跨"字。但是如何理解这个"跨"呢？在一开始设计跨学科主题学习方案时,我们也陷入了一个误区:不假思索地将其他学科塞进学习方案中,全然不考虑这些学科的参与是否有意义,这显然是为了"跨"而"跨"。

可是在撰写方案的过程中,我们发现为了引导学生完成统领性任务,不得不运用一些其他学科的知识或是技能。也就是在这个时候,"跨"的真正内涵终于浮出水面。

跨学科主题学习是要解决一些真实情境中的复杂问题。要解决一个复杂的问题,仅靠单一学科的知识或技能是难以做到的。

因此,究竟要跨哪些学科,是由我们要解决的这个问题以及解决这个问题的方式而决定的。也只有这样,学生才会对自己所学的这门学科的价值有充分的认识,从而达成跨学科主题学习活动的真正目的。

让我们用这样的学习方式唤醒学生对于学科知识的记忆,唤醒学生运用学科技能的意识,唤醒学生对于学科价值的认识,同时也唤醒教师对本学科教学的使命感！

教学设计

第3课时 探寻"出行难"的原因

上海市民办宏星小学 陈 浩

一、教学目标

1. 阅读各类文本,阐释造成"出行难"的一般原因。

2. 提炼造成曲阳社区"出行难"的因素。

3. 设计曲阳社区"出行难"观察量表。

二、教学重难点

1. 提炼造成曲阳社区"出行难"的因素。

2. 设计曲阳社区"出行难"观察量表。

三、教学时长

1课时。

四、教学准备

媒体、板贴、平板。

五、教学过程

教学环节	师生活动	设计意图
一、交流分享,发现问题。	1. 揭示主题。 2. 复习回顾,发现曲阳社区存在的主要问题。 (1) 回顾第1课时的学习,说说自己的所得与发现。 (2) 交流讨论,发现曲阳社区存在的主要问题。 【相机板书:交通拥堵 高峰时段 部分道路】	本环节的学习,旨在引导学生在实践、访谈的过程中,自主发现日常生活中存在的问题,将学生的探究置于真实的情境中;通过小组合作,自主分析问题,激发学生主动探究的欲望。

（续表）

教学环节	师生活动	设计意图
二、提炼"出行难"的因素。	1. 小组交流阅读篇目、文体和曲阳社区"出行难"的主要原因。 2. 提炼造成曲阳社区"出行难"的因素。 【相机板书:车 道路 红绿灯 人 因素】 3. 小结:看来,造成"出行难"的原因往往是两个或两个以上的因素,仅单一因素是不会构成拥堵的。	本环节要求学生运用学科知识,通过自主阅读文本,梳理信息,归纳曲阳社区"出行难"的主要原因;整合信息,提炼造成曲阳社区"出行难"的因素。这样的设计,旨在让学生经历资料的收集与选择,培养学生"阅读—梳理—归纳—提炼—整合"信息的能力。
三、明确观察点,形成观察量表。	1. 了解观察量表的组成部分。 【相机板书:曲阳社区"出行难"观察量表表格】 2. 小组合作,完成平板中的活动一,将"出行难"的因素填入观察量表中。 3. 交流讨论,完善观察量表内容。 【相机板书:设施 数量 观察点 时段 流量 高峰时段 直行 左转 右转 天气 日期 车道 秒/次 备注】 4. 小结:结合《金字塔》一课的学习,我们了解到非连续性文本相对连续文本,有更直观的特点。通过探究,我们将阅读的文本转化为了非连续性文本,这有助于我们确定观察的方向,进行定向观察,便于下一阶段的探究。 5. 小组合作,完成平板中的活动二,用另一种方法设计曲阳社区"出行难"观察量表。 6. 小结:设计表格的方法不是唯一的,要根据需求确定行和列,力求简洁、直观,让表格这一类非连续性文本,帮助我们快速获得更有效的信息。	《义务教育语文课程标准（2022 年版）》在"教学提示"中指出:"创设情境,应建立语文学习、社会生活和学生经验之间的关联,符合学生认知水平。"本教学设计中围绕这一教学理念,立足学生核心素养的发展,创设了真实的学习情境——设计一张曲阳社区"出行难"观察量表。 本环节的任务以目标为导向,重视现实与虚构的重构,意图在真实的情境下,激活学生的学习动机,让学生积极参与其中。 同时,让学生在真实的情境中,经历真实的解决问题的过程,做到知识与生活的联结。
四、总结量表设计方法,布置作业。	1. 总结:这节课我们共同设计了曲阳社区"出行难"观察量表,明确了我们要观察的具体内容。 2. 布置作业: (1) 小组分工实地观察。 (2) 小组合作完成观察记录表。	

六、板书设计

为曲阳社区"出行难"献策

交通拥堵　　高峰时段　　部分道路

曲阳社区"出行难"观察量表

日期：_____　天气：_____　观察点：_____

时段 流量 因素		高峰时段 (　：　)—(　：　)			备注：
		直行	左转	右转	
车	机动车				
	非机动车				
	人				
设施	红绿灯				
	车道				

📖 专家点评

　　"我为曲阳社区的发展建言献策"跨学科主题学习案例主题的确定,是基于五年级下册第六单元的阅读与习作的人文主题,立足学生日常生活的社区,以"探世界之奇—感中国之美—说社区之好"的思路对单元主题进行了延伸。该学习主题对促进学生社会性发展具有重要的现实意义,即引导学生以主人翁姿态为曲阳社区的发展建言献策,使学生体验以科学的态度分析社区发展中存在问题的成因,体现作为一名社区成员的使命担当。

　　该案例基于对学生学情的精准分析,制定了适切的跨学科主题学习目标。目标指向发展学生语文学科核心素养的价值追求,很好地体现了语文学科的跨学科学习。依据目标,研究团队整体架构了学习进程,以"我为曲阳社区的发展建言献策"为统领性任务,并将其细化为"梳曲阳历史变迁,知当下存在问题""读各类相关文本,探问题主要成因""书曲阳出行蓝图,汇各组独到见解"三个相互关联的子任务,促使学生聚焦所探究的问题,开展形式多样、丰富多彩的学习活动,引导学生在不同的场景下开展多样化的学习,充分体现了综合性、实践性的跨学科主题学习特征。为支撑学生自主探究活动的有效开展,研究团队对学习工具和学习资源进行了整体的设计,引导学生运用相关工具、资源来提高主题学习的有效性,综合运用相关学科的知识技能来思考解决不同学习阶段中遇到的问题,发展了学生的综合素养。

点评人:上海市徐汇区教育学院　高永娟

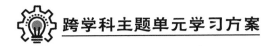
跨学科主题单元学习方案

认 识 虹 口
——设计认识虹口的"一日行走路线"
上海市民办尚外外国语小学　张艺蓓　金蓓玲　宋丽佳

一、主题概述

　　本主题活动以义务教育教科书语文三年级下册第三单元"中华优秀传统文化"为主题,结合我校的地理位置和校本课程,综合运用语文、道德与法治、信息科技和美术等学科的相关知识和技能,引导学生通过设计认识虹口的"一日行走路线"来增进对虹口的认识,从而热爱自己生活的地方。学生通过小组合作,阅读相关材料了解虹口的建筑和人物,设计行走路线,并将设计好的路线推荐给他人。这是学生文化自信、语言运用、思维能力和审美创造的综合体现。具体信息见表1。

表1　信息汇总表

学校:上海市民办尚外外国语小学	
主题名称:认识虹口——设计认识虹口的"一日行走路线"	关联学科:语文、道德与法治、信息科技、美术
教师小组:张艺蓓、金蓓玲、宋丽佳	
学习对象:三年级学生	主题时长:5课时
教学单元: 部编版语文三年级下册第三单元	相关核心素养: 文化自信、语言运用、思维能力、审美创造
驱动性问题:虹口有哪些地方值得我们去寻访?	
主题学习成果:① 设计认识虹口的"一日行走路线" ② 推荐"认识虹口的'一日行走路线'"	

（一）背景与价值

义务教育教科书语文三年级下册第三单元以"中华优秀传统文化"为主题，编排了《古诗三首》《纸的发明》《赵州桥》《一幅名扬中外的画》4 篇课文，从不同侧面展现了中华优秀传统文化的魅力。中华优秀传统文化是中国人的根，一方水土养一方人，历史文化与人的培养息息相关。我校位于上海市虹口区，作为一名虹口人，了解虹口的历史文化能够帮助我们了解自己的"底色"。而虹口的特色建筑，以及生活在这里的人物，是我们探寻虹口的媒介。

虹口区充满海派文化气息，拥有多处优秀历史建筑、红色旧址与展示场所，它们见证了上海的发展。自 20 世纪以来，鲁迅、瞿秋白、郭沫若等许多文坛名流曾在虹口生活。习近平总书记将虹口誉为"海派文化发祥地""先进文化策源地""文化名人聚集地"。虹口拥有丰富的历史文化资源，值得我们探索和发扬。

一直以来，我校引导学生在课内外实践活动和少先队体验活动中激发家国情怀、树立文化自信、承担社会责任。2023 年起，我校开展了"WALKING WALKING"假日行走校本课程活动，以户外体验为主要方式，让学生在看、思、寻、访中了解我们生活的地方，感受和弘扬中华优秀传统文化，彰显文化自信。

《义务教育语文课程标准（2022 年版）》（以下简称《课标》）强调，跨学科学习旨在引导学生在语文实践活动中拓宽语文学习和运用领域，围绕学科学习、社会生活中有意义的话题，开展阅读、梳理、探究、交流等活动，在综合运用多学科知识发现问题、分析问题、解决问题的过程中，提高语言文字运用能力。第二学段的学生可以选择自己关心和发现的日常问题进行调查研讨，与同学交流。

在积极投身"WALKING WALKING"假日行走课程时，学生产生了这样的疑问：虹口有哪些地方值得我们去寻访？我校虽地处虹口，不过有不少学生来自外区或外省市，而即使是我们出生、成长在虹口的学生，又是否了解虹口？它的过去是什么样的？现在是什么样的？未来又会如何发展？为解决这些疑惑，我们开展了"认识虹口——设计认识虹口的'一日行走路线'"这一跨学科主题学习活动。

（二）内容结构

为解决如何设计认识虹口的"一日行走路线"这一核心问题，学生需要调动语文、道德与法治、信息科技、美术等学科的知识技能。具体内容见图 1。

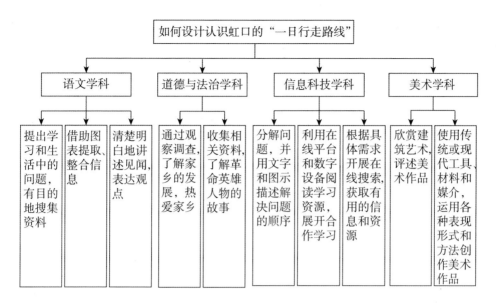

图1　各学科知识技能应用结构图

（三）学情分析

本次学习活动的教学对象是本校三年级学生。学生在语文三下第三单元的学习中接触到事物类说明文，初步掌握了提取信息、整合信息的方法，这为学生利用任务单提取资料信息，初步了解虹口的情况打下了基础。道德与法治学科中，学生学习了第二单元《我在这里长大》，对自己成长生活的地方有了探究热情。信息科技学科中，学生学习了如何使用在线平台阅读所给资料，利用搜索引擎收集资料。美术学科中，学生通过专题欣赏初步拥有了分析作品的能力，还能够收集素材，根据主题采用不同的表现形式创作富有创意的美术作品。此外，在与家长沟通后，家长了解了课程的目的和安排，普遍认可学校的教育理念，愿意积极配合学校，为小队出行做好后勤保障。因此，本次跨学科学习活动设定在三年级。

在具体的真实情境中解决问题时，学生也会遇到许多新的问题，例如从长文章、视频中提取主要信息；在跨学科学习这一时间空间跨度比较大的学习活动中，根据不同的场景合理运用口语交际的技巧；用多种途径了解虹口的建筑和人物；根据不同的要求，用合适的方式搜集信息；欣赏现实生活中更复杂多样的艺术建筑，通过合作表达感受与想法等。这些都需要教师进一步指导。

二、主题单元教学目标

1. 阅读虹口建筑和人物的文本资料,观看相关视频资料,借助任务单提取信息。

2. 运用多学科知识和技能,通过小组合作,收集、整合相关信息,初步拟定路线。通过实地走访发现问题,讨论、修改、调整路线,确定一条合理高效的认识虹口的主题行走路线。

3. 借助任务单,小组合作,向同学推荐一条认识虹口的"一日行走路线"。能借助评价表,根据不同路线主题,优化路线推荐内容,并给其他组的推荐内容提出恰当的建议。

4. 能与小组成员有效沟通,积极完成任务,提高对虹口的认识。

三、教学实施进程

本次跨学科主题单元学习活动的实施进程见表2。

表 2　教学实施进程表

统领性任务	学习任务	学习活动	学习资源	学习评价	课时安排
设计认识虹口的"一日行走路线"	任务一:明确学习任务,梳理学习流程	学习活动一:创设情境,明确学习任务	多媒体课件、任务单	能主动融入情境,明确学习要求,对学习任务产生探究兴趣,厘清项目流程	1课时
		学习活动二:根据兴趣和主题,形成学习小组			
		学习活动三:梳理项目流程,形成任务清单			
	任务二:阅读相关材料,提取信息,搜集资料,完善任务单	学习活动一:利用在线平台阅读相关材料,借助任务单提取信息	多媒体设备、阅读资料、任务单	能通过文本阅读梳理、提取信息,搜索、整理合适的资料	1课时
		学习活动二:利用搜索引擎搜寻资料,完善任务单			

（续表）

统领性任务	学习任务	学习活动	学习资源	学习评价	课时安排
设计认识虹口的"一日行走路线"	任务三：小组合作收集信息，筛选地点，初步设计"一日行走路线"	学习活动一：运用信息技术整合信息，标绘地点 学习活动二：运用信息技术查询出行线路，筛选地点，初步设计"一日行走路线"	多媒体设备、任务单	能根据介绍对象的特点，完成一份路线合理、绿色出行的"一日行走路线图"	1课时
	任务四：实地走访，修改完善路线，制作汇报材料	学习活动一：根据行走需求，讨论"一日行走路线"推荐评价标准；接受行前安全教育；按照路线图实地走访，观察记录 学习活动二：小组讨论，修改完善路线 学习活动三：整合信息，制作汇报材料	路线图、任务单	能根据任务单，在实践中记录自己的所见所闻，修改更为合理的路线图，并选择合适的方式组织和呈现收集的资料	1课时
	任务五：小组汇报交流，评价总结学习	学习活动一：小组汇报交流，推荐行走路线 学习活动二：根据评价表评价学习经历，总结学习经验	路线图、多媒体课件、任务单、评价表	积极交流评价，善于吸取他人的意见 能根据评价标准评价自己的学习经历	1课时

（一）任务一

回顾三年级下册第三单元的语文学习和我校以往"WALKING WALKING"假日行走活动，结合对虹口的认识现状，引出任务：设计认识虹口的"一日行走路线"，为明年三年级学生的"WALKING WALKING"行走活动作推荐。

教师出示虹口建筑与人物罗列表（见表3），简单讲解虹口建筑与人物的分类方式，学生按照兴趣分组，4—6人为一组，按小组就座。确定"设计认识虹口的'一日行走路线'"这一主任务后，梳理项目流程，确定学习任务。

表 3　虹口建筑与人物罗列表

类别	建筑	人物	类别
红色场馆	中共四大纪念馆	鲁迅	左翼作家联盟
	左联会址纪念馆	叶圣陶	
	1925 书局	瞿秋白	
	景云里	茅盾	
上海历史	上海大厦	夏衍	
	1933 老场坊	丁玲	
	上海证券博物馆	冯雪峰	
	今潮 8 弄	许幸之	
	虹口足球场	李白	中共革命战士
	上海邮政博物馆	曾联松	
	上海犹太难民纪念馆	汤恩伯	国民党党派人士
	景灵堂	孔祥熙	
	下海庙	白崇禧	
上海发展	世界会客厅	冯铿	左联五烈士
	建投书局（浦江店）	胡也频	
	北外滩友邦大剧院	李伟森	
	北外滩国际客运中心	殷夫	
	上海科学节能展示馆	柔石	

（二）任务二

教师已经将罗列表上所有建筑和人物的相关文字和视频资料放入了在线平台，学生可以自行登录查看，借助任务单（见表 4、表 5）提取和梳理信息。任务单有两张，学生根据"建筑"和"人物"的分类，将使用不同的任务单。课堂上，教师以虹口足球场的文字资料和茅盾的视频资料为例，教会学生如何使用任务单。学生自主阅读相关材料，借助任务单提取信息，并根据主题自主搜寻资料，完善任务单。

表4 "认识虹口的建筑"任务单

建筑信息卡		
建筑名称		
原名/曾用名		
地址		
建成时间		
建筑特点/风格	（文字描述）	（粘贴照片）
重要事件		
走访后		
你对这个建筑有什么新的认识？		

表5 "认识虹口的人物"任务单

人物信息卡	
姓名	
虹口居住/工作地	
职业/从事/身份	
主要事迹(他/她有什么贡献？在虹口有哪些经历？)： (提示:什么时候,谁在哪里/什么活动中做了什么？结果怎么样？)	
你还想知道什么？	

（续表）

走访后
补充事迹：
你对他/她更深的了解：

（三）任务三

本堂课教师引导学生用信息技术的思维方式分解本课学习目标，分步落实指导。学生在电子地图上确定景点位置，连成路线图，再查询景点到景点的交通方式，记录在任务单（见图 2）上。学生还可以利用电子地图的全景模式初步浏览景点的现实风貌，提高走访兴趣。

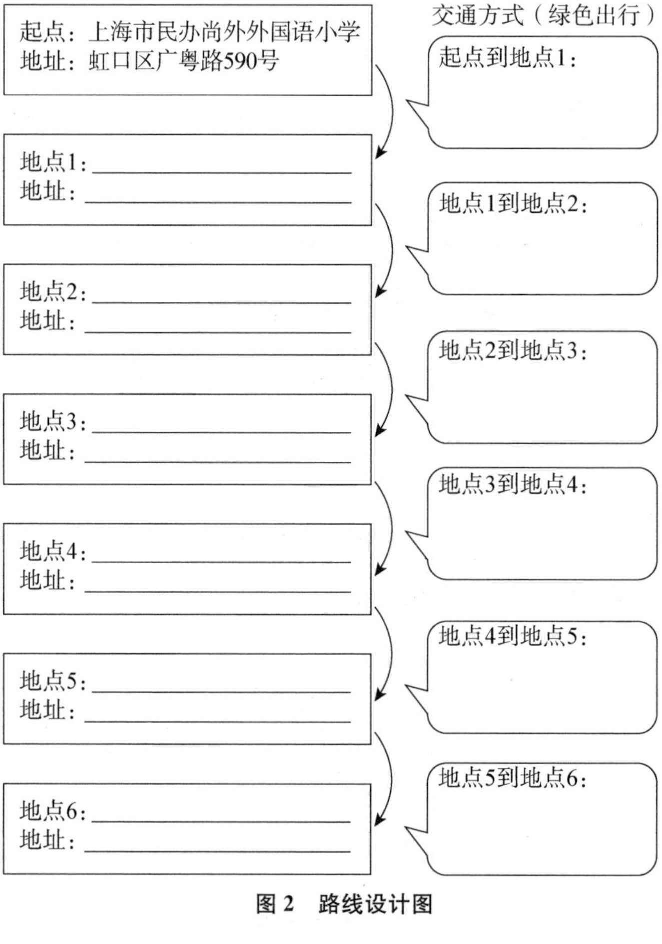

起点：上海市民办尚外外国语小学
地址：虹口区广粤路590号

交通方式（绿色出行）：
起点到地点1：

地点1：_____
地址：_____

地点1到地点2：

地点2：_____
地址：_____

地点2到地点3：

地点3：_____
地址：_____

地点3到地点4：

地点4：_____
地址：_____

地点4到地点5：

地点5：_____
地址：_____

地点5到地点6：

地点6：_____
地址：_____

图 2　路线设计图

(四)任务四

学生根据行走需求,讨论"一日行走路线"推荐评价标准,确定路线及表达两方面的评价内容。教师进行课外实践活动的安全教育后,学生结合任务单和走访记录表,实地走访、观察记录。小组交流任务单的补充内容和走访记录表的记录,讨论出行安排、走访内容是否合理,并合作调整路线,完善走访记录表(见表6)。

表6 走访记录表

初步拟定路线	
走访地点	
交通时间	
参观时间	
参观内容	
走访后调整路线	
调整后的走访地点	
调整原因	

小组讨论,为最终汇报选择合适的方式,并合作整理组织汇报材料。

(五)任务五

回顾已经完成的学习任务,明确这节课的任务。学生已经把修改后的行走路线制成了小报,教师请学生借助评价表(见表7)初次介绍行走路线,明确评价要求。本堂课的重点是教师指导学生优化推荐方式。在介绍时,可以借助第2课时完成的任务单,指导学生根据行走主题,提取景点信息,并将提取的内容转化为自己的语言,使路线的介绍更加吸引人。最后学生根据评价表(见表8)评价学习经历,总结学习经验。

表7 路线推荐评价表

评价维度	评价内容	评价等级
路线	选择典型景点,安排合理	☆☆☆
	能满足我的愿望	☆☆☆
表达	语言通顺、连贯	☆☆
	态度大方	☆☆

表8 "认识虹口"跨学科主题单元学习评价表

评价维度	评价内容	自评	互评
情感态度	我能积极参与本次跨学科学习活动	☆☆☆	☆☆☆
	通过本次跨学科学习活动,我对虹口有了更深的认识,并为虹口人的身份感到骄傲	☆☆☆	☆☆☆
合作交流	我能积极参与小组的分工和讨论,完成分配的任务	☆☆☆	☆☆☆
	我能认真倾听别人的发言,给出自己的意见	☆☆☆	☆☆☆
	我善于接受别人的建议并改正	☆☆☆	☆☆☆
学习技能	我能借助任务单,提取、查找并整合信息	☆☆☆	☆☆☆
	我能小组合作,设计并绘制出一条合理高效、具有特色的认识虹口的出行路线	☆☆☆	☆☆☆
	我能利用出行路线图,介绍并推荐出行路线	☆☆☆	☆☆☆
成果展示	我参与设计的路线出行合理,主题鲜明,具有特色	☆☆☆	☆☆☆
	我在发言时与组员配合默契,表达流畅,音量合适,态度大方	☆☆☆	☆☆☆

四、成果反思

"认识虹口——设计认识虹口的'一日行走路线'"这一跨学科主题学习活动与我校学生的生活实际相关联。在学习过程中,学生要综合运用各学科的相关知识和技能。学生在真实的语言运用情境中启发自己的好奇心和求知欲,主动积累、梳理与整合相关的语言实践资料,获得较为丰富的审美经验,培养对社会文化生活的感知与热爱。

跨学科主题学习强调以学习主题为引领,以问题为导向。我们将"如何设计认识虹口的'一日行走路线'"这个主任务分解为多个子任务,并设计相应的任务单。任务单既能对学生的自主学习起到导向功能,又能作为学生自主学习的评价工具。教师可以通过任务单的使用实时观察到学生的学习情况,发现学习问题,提供辅导和帮助,并为后续的教学调整提供依据。

依照《课标》的要求,本次学习活动注重过程性评价,考查学生在学习过程中表现出来的学习态度、参与程度和核心素养的发展水平,重在鼓励与培养学生的兴趣与习惯,强调学生的主体评价地位,引导学生积极开展自我评价和相互评价,达到"以评促教""以评促学"的效果。课堂教学评价是过程性评价的主渠道。教师在课堂教学、小组讨论时关注学生的讨论内容、规则意识等,引导学生内化评价标准,反思学习过程。

教学设计

第 5 课时　认识虹口

上海市民办尚外外国语小学　张艺蓓

一、主题概述

　　语文三年级下册第三单元以"中华优秀传统文化"为主题,启发了学生有什么样的历史文化就会培养出什么样的人,了解我们生活的地方,能帮助我们更好地了解自己的"底色"。我们学校位于虹口,为了更好地认识虹口、认识自己,本次跨学科主题学习活动以"虹口有哪些地方值得我们去寻访"的驱动性问题引导学生思考,以"设计认识虹口的'一日行走路线'"为统领性任务,引导鼓励学生综合运用语文、道德与法治、信息科技、美术等学科的相关知识和技能分析问题、解决问题,在真实的语言运用情境中启发自己的好奇心和求知欲,主动积累、梳理与整合相关的语言实践资料,获得较为丰富的审美经验,培养对社会文化生活的感知与热爱。

二、学情分析

　　本课的教学对象是本校的三年级学生。活动前期,学生已经根据兴趣形成了小组,通过小组分工合作,阅读虹口的建筑和人物的相关资料,并提取整合信息,运用信息科学技术设计路线,还实地考察修改完善路线,绘制了路线图。本堂课会在此基础上,请学生将自己设计的路线推荐给大家,评选出"最佳行走路线"。

　　在以往的口语交际中,学生已经学会了要注意说话的语速和音量,知道如何借助图片或实物把自己想说的内容按一定顺序说清楚;在小组交流中,学会耐心听别人讲完,不打断别人的话、边听边思考,尊重不同的想法等。在讲清景点安排和交通的前提下,如何通过提取阅读任务单上的信息,结合自己走访后的感受,用自己的话介绍景点的特点,使路线更吸引人,是本堂课的指导要点。

三、教学目标及重难点

（一）教学目标

1. 借助任务单进行小组合作,向同学推荐一条认识虹口的"一日行走路线"。

2.能借助评价表,根据不同路线主题,优化路线推荐内容,并给其他组的推荐内容提出恰当的建议。

3.能与小组成员有效沟通,积极完成任务,提高对虹口的认识。

（二）教学重点

能根据路线推荐评价表的评价内容进行路线推荐,按一定顺序清楚地表达自己的观点,语句通顺,态度大方。

（三）教学难点

能在教师的指导下小组合作,优化推荐方式,借助阅读任务单提取信息,并将提取的内容转化为自己的语言。

四、教学资源

教学资源包括多媒体课件、评价表、任务单、路线图等。

五、教学过程

教学环节	师生活动	设计说明
一、主题回顾	1.回顾跨学科学习主题。 2.回顾学习过程,了解完成情况。	通过回顾主题和已完成的任务,梳理跨学科学习过程,明确本节课的学习任务和目标。
二、成果汇报	（一）借助评价表初次介绍行走路线,明确评价要求 1.明确本课时任务,出示路线推荐评价表并赋星。 2.请一组交流路线,学生根据评价表评价。 点拨:可以补充一些景点的特点,或者我们走访后的感受,这样才能吸引别人去走这条路线。 （二）指导优化推荐方式 1.从任务二中完成的阅读任务单里提取 1—2 句话来介绍某个景点。小组讨论。（3 分钟） 2.学生交流,教师相机点评。	评价表是根据学生选择路线的需求讨论得出的,评价表可以引导学生根据评价内容,有逻辑、有重点地表达。同时引导学生根据评价标准,有目的、有要求地评价。评价表既是辅助,也是引导学生合理推荐路线的保障。 学生的阅读任务单上信息复杂,文字较多,如何在短时间内快速提取、整合出合适有用的信息?教师通过引导学生讨论、点评归纳出提取使用信息的方法,如:增加实地考察次数,合并、删减信息,将任务单上的内容转化为自己的语言,等等。

教学环节	师生活动	设计说明
二、成果汇报	（三）根据评价要求，修改自己小组的路线推荐并交流，评选"最佳行走路线" 1. 根据评价要求，小组合作尝试优化推荐。（3分钟） 2. 小组交流展示，学生点评，评选"最佳行走路线"。 3. 小结：设计行走路线的时候，可以先根据自己的愿望确定路线的主题和行走时间，在设计的时候要考虑景点的安排及交通等方面的因素。	
三、主题活动评价与反思	对照评价表，评价自己本次跨学科学习活动的表现。	
四、主题活动总结	在本次跨学科活动中，我们运用多学科知识发现问题、分析问题、解决问题。在活动中认识虹口，热爱虹口，为作为一名虹口人而骄傲。在四年级的时候，我们的"WALKING WALKING"行走课程还将继续，希望同学们积极参与。	

六、板书设计

<h1 style="text-align:center">认识虹口</h1>

——设计认识虹口的"一日行走路线"

选择典型景点，安排合理	主题 数量 不重复	☆☆☆
能满足我的愿望	交通 时间 提升认识 ……	☆☆☆
语言通顺、连贯		☆☆
态度大方		☆☆

 **专家点评**

"认识虹口"跨学科主题学习方案较好地体现了义务教育新课标关于跨学科学习的要求与定位。能在坚持语文学科立场的基础上,根据学校所处区域优势及学校课程资源,围绕"认识虹口——设计认识虹口的'一日行走路线'"这一主题,将语文、道德与法治、信息科技、美术学科的内容进行有机整合。方案能紧扣中心主题统筹教学目标、内容、资源、方式及评价等诸要素,通过任务驱动,促进学生在有目的的行动中,实现多方面能力发展,在实践中提升学习素养。

方案还很好地体现了设计者对语文跨学科学习的深入思考。一是坚持学科立场,语文学科作为基础学科,其在信息提取、语言表达、思维发展和文化理解等方面的核心作用得到了充分体现。学生通过阅读、讨论、写作等语文实践活动,加深了对虹口区历史文化的认识,同时发展了语言表达和文化理解能力。二是学习活动更具挑战性,超越了学科之间单向的、表面化的浅层联系,而是建立起与生活、社会实践相关的综合性认知,学生在解决真实而复杂的问题中学习运用不同学科知识,产生整合性的成果与理解。三是更具主体性和合作性,每个学生都要"把自己放进去",在理解"我为什么要做"(认识虹口、了解虹口文化等)的基础上,清楚地知道"我要做成什么"(成功设计并推荐虹口"一日行走路线"),"我如何一步步做"(借助任务单、过程性评价单等,获得行动策略);相关任务的完成不仅需要学生知道"我在做什么",更需要知道"我们在做什么""我们共同做成了什么"。四是学习成果更具多样性。在设计"一日行走路线"的过程中,学生需要发挥创意,结合个人兴趣和小组讨论,这鼓励了学生在语文学习中的创新思维和个性化表达。所以,学习结果不再是整齐划一的、唯一的标准答案,一定更灵动、更多元。

综上,方案能站在学生学习、成长的角度来设计,让学生在真实情境中学习处理真实问题,完成有价值的学习任务,让学生获得了真正的成长。

点评人:上海市教师教育学院(上海市教育委员会教学研究室)　薛　峰

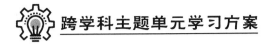

跨学科主题单元学习方案

走进静安，邂逅红色文化

——红色研学游览路线我来定

上海市民办童园(实验)小学

冯 馨 彭思梦 沈 艳 杨 柳 钮晓庆 傅 蓓 梁佳跃

一、主题概述

　　本主题活动以部编版语文五年级下册第六单元"世界各地"为主线,结合数学、信息与技术、美术等多门学科,引领学生从阅读课本走向阅读社会,通过小组合作学习、实地考察,深入体验静安的红色历史和文化,发展学生的观察力、沟通与表达能力,培养爱国情感和民族自豪感;在设计路线、进行个性化介绍的过程中,发展学生的语言文字运用能力,培养探索精神和创新精神,增强社会责任感和公民意识。同时,通过该活动尝试培养学生形成一种较为规范的、积极的思维方式,对学生的全面发展产生积极而深远的影响。

　　（一）单元主题的学情分析

　　从三年级开始,"综合性学习"板块就在持续培养学生信息搜集的能力。从中年级的"收集"到高年级的"搜集",可以看出教材强调有目的地搜集、整理、分析和运用资料。通过五年级下册第三单元的学习,学生已经初步学会并掌握了搜集资料的方法,包括查找图书、网络搜索、请教别人等。本单元要求学生继续运用以上方法搜集资料,并在教师的指导下对搜集的资料进行筛选、分类、排序、整合,为介绍静安红色景点做好准备。

　　通过五年级下册第六单元《威尼斯小艇》《牧场之国》《金字塔》等课文的学习,学生对中国的特色景点充满了探索兴趣。在语文课堂中学习的关于抓住景物特点进行描写的方法,有助于学生对红色景点进行个性化介绍。非连续文本的学习,为红色景点游览路线的绘制提供了学习蓝本,在绘制路线图时,学生能自觉从课内联系到课外,学习迁移运用。

(二)真实情境下的问题驱动

目前,红色文化在全国开展得有声有色,静安更是推出了"红色静安"特色板块,大力宣传红色文化。学校作为"人文静安"建设中的一员,推出"走进静安,邂逅红色文化"主题活动,并向全校五年级的学生征集意见——我们身处"红色静安"之中,怎样设计出一条合适的红色研学游览路线呢? 这一驱动性问题与语文新课标中强调的"立德树人"根本任务相契合,既从课文、单元整体的角度出发,又将语文学习与学生的实际生活相结合,促使学生通过对不同学科知识技能、方法、策略的协调运用,在思考问题、解决问题的过程中整体发展核心素养。

(三)跨学科主题活动,潜移默化中育人

新课标中提出"义务教育语文课程实施应从学生语文生活实际出发,创设丰富多样的学习情境,设计富有挑战性的学习任务"。课堂教学改革的核心目标之一就是"实现以学为中心,让学习真正发生"。在本次跨学科主题学习中,学生始终是学习的主人。因此,"走进静安,邂逅红色文化"游览路线设计活动从学生熟悉的地方着手,激发学生的好奇心、想象力及求知欲;活动内容与静安区的红色人文景观结合,增进学生的文化认同与多元理解;在活动过程中,学生将有机会深入体验静安的历史、文化、社会和生活方式,仔细观察周围的环境和人文景观,发现其独特之处,并设计出一条独特的红色路线,对红色景点进行个性化的介绍,锻炼和提高学生的观察力和语言表达能力,培养高雅的审美情趣,同时加深对城市红色文化的认同感和自豪感。

二、主题学习目标

1. 阅读静安红色景点的各类文本资料,尝试运用筛选、梳理、整合信息的方式,提取自己感兴趣的景点信息,形成交流提纲。

2. 有意识地运用数学、信息技术、美术等学科的相关知识,解决位置与距离、构图与布局、所耗时间等问题,初步绘制出一条合理的红色研学游览路线。

3. 借助访谈提纲进行实地采访,了解不同人群对路线的评价及参观红色景点后的真实感受,结合收集到的一手资料反思路线的合理性,形成优化后的路线设计图。

4. 通过小组合作,探究撰写景点介绍词的思考路径和要求,能够从不同角度思考并准确地表达自己的观点,尝试借助多种资源撰写个性化的景点介绍词,绘制一份具有小组特色的静安红色研学游览路线手册。

5. 在参观红色景点的过程中,引导学生深入了解革命历史和英雄事迹,感受革命先烈的坚定信念,激发爱国情感,增强民族自豪感和责任感。

三、教学实施路径

就语文学科而言,跨学科学习旨在拓宽语文学习和运用领域,在综合运用多学科知识发现问题、分析问题、解决问题的过程中,使学生的学习从“零散”走向“整合”,从“习得”走向“迁移”,从“浅层”走向“深层”。为帮助学生解决核心问题,设计真实问题序列,开展问题链教学(见图 1)。

(一)任务 1:“阅读”红色静安,了解景点特色(第 1 课时)

教师提供文本阅读资料,学生阅读不同题材的文本,尝试在阅读过程中提出相关问题,学习运用各种阅读策略,展开阅读分析、比较、概括等抽象思维活动。学生运用提取信息的方法,从中筛选出对自己有用的部分,了解上海静安的红色历史和人物故事,为后续的活动做好准备。

表 1　任务 1 教学设计

活动内容	活动过程	活动要点	与目标的关系
“阅读”红色静安,了解景点特色。	1. 引导学生阅读不同体裁的文本,如文章、新闻报道、视频等。运用提取信息的方法,了解上海静安的红色历史和人物故事。 2. 同桌之间相互讨论,选择自己喜欢的红色人物纪念馆或展馆等。 3. 鼓励学生利用课外时间,通过自媒体平台,查找与主题相关的资料,如视频、图片、新闻报道等。	1. 学生阅读、理解信息的主要内容,并能从中筛选出对自己有用的部分。 2. 引导学生运用分析的能力,对信息进行深入的理解,选择自己感兴趣的景点。 3. 学生对搜集到的信息进行批判性分析,判断信息的真实性和实用性,再做出决策。 4. 在确定红色景点的过程中,学生需要运用清晰、准确的语言表达自己的想法,并学会倾听他人的意见,尊重他人的选择,共同制订计划。	1. 在阅读和信息搜集的过程中,让学生学会如何提取关键的信息。 2. 培养学生的思维能力,使他们学会从多个角度分析和理解文本内容。 3. 激发学生对红色文化的兴趣和热爱,培养他们的爱国情怀和社会责任感。

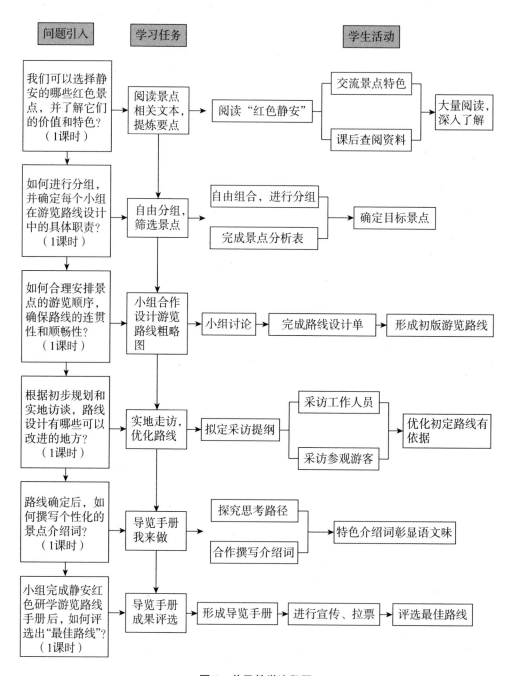

图1　单元教学流程图

学习支架:静安红色景点一览表。

评价关注点:关注学生的阅读策略运用、问题提出的质量、抽象思维活动的表现、信息提取和筛选的能力。

(二)任务2:确定红色景点游览类型,进行小组分组(第2课时)

学生相互交流和讨论课下收集的有关静安区红色景点的资料,整合不同视角和观点,并运用清晰、准确的语言来表达自己的想法,同时认真倾听他人的意见,尊重他人的选择。让学生根据自己的兴趣选择加入各个小组,产生想深入探究场馆或名人故居的欲望,基本确定小组成员的职责及分工,共同制订计划,提高学生独立思考、团队协作等方面的能力。(6人为一小组,共分成6组)

表2　任务2教学设计

活动内容	活动过程	活动要点	与目标关联
确定红色景点游览类型,进行分组。	1. 通过课堂讨论,交流学生课下搜集的有关静安区红色景点的资料。 2. 将学生感兴趣的红色场馆或人物归类,形成不同的旅游路线类型。 3. 让学生根据自己的兴趣选择加入各个小组,并基本确定小组成员职责及分工。(6人为一小组,共分成6组)	1. 学生课下通过各种渠道了解每个红色景点的特点。 2. 红色地标推荐。学生可以适当补充所知的红色地标。 3. 学生选择哪个类型的景点,要说明自己的理由。 4. 小组成员分工明确,各司其职。	通过小组讨论,筛选、梳理、整合信息,提取自己感兴趣的景点信息。形成相应的目标小组。

学习支架:景点分析表(见表3)。

评价关注点:关注学生对信息的整合能力、语言表达能力、倾听与尊重他人的态度、兴趣与探究欲望、团队协作与分工情况。

表3　景点分析表

景点名称	地理位置	游览特色	营业时间	推荐游览时长
中共二大会址纪念馆				
中共上海地下组织斗争史陈列馆(刘长胜故居)				

（续表）

景点名称	地理位置	游览特色	营业时间	推荐游览时长
上海毛泽东旧居陈列馆				
刘晓故居				
……				

（三）任务3：设计"走进静安，邂逅红色文化"游览路线（第3课时）

学生先查阅相关景点的资料，如开放时间、建议游览时间、车程等，再进行规划，合作讨论一条合理的游览路线应满足哪些要求，明确思考路径。在教师的引导下，注重考虑景点间的关联度，合作初步形成游览路线方案，尝试借助生活中的信息技术工具地图软件绘制出较为合理的路线图，并进行展示与交流。

表4　任务3教学设计

活动内容	活动过程	活动要点	与目标关联
小组合作，初步形成"红色静安"游览路线。	1. 学生讨论一条合理的游览路线应满足的要求，明确思考路径。 2. 小组合作，根据路径，形成初步游览路线方案。 3. 借助相关工具初步绘制，形成景点路线粗略图。 4. 小组合作完成路线设计方案。	1. 学生在设计路线时，要考虑景点间的关联度。 2. 小组讨论时，分条列出景点的特色。 3. 学生应先充分查阅相关景点的资料，如开放时间、建议游览时间、车程等，再进行合理规划。	学生通过讨论交流，明确解决问题的路径，在小组合作中求同存异，形成一致意见，并运用现代信息技术进行制作和展示。

学习支架：路线设计方案（见表5）。

评价关注点：关注学生思考路径的逻辑性和条理性、规划的合理性、交流与沟通能力以及学生在规划游览路线时是否能够体现出一定的创新和独特性。

表5　路线设计方案

（四）任务4：进行实地考察，借助多方访谈，完成红色研学路线优化（第4课时）

小组携带初步设计的路线方案进行实地考察，验证其是否可行。在优化的过程中，综合考虑多个方面，包括路线的逻辑性，内容的丰富性、可行性，游客体验与互动性以及资源的可持续性。优化后的路线能够减少游客的行走时间，避免不必要的重复参观，使游客在有限的时间内尽可能多地了解和感受红色文化。

表6　任务4教学设计

活动内容	活动过程	活动要点	与目标关联
1. 小组成员对照初步形成的游览路线，进行实地考察。 2. 完成景点实地访谈。	1. 组内成员进行实地考察准备，完成计划表。 2. 提前拟定好访谈提纲，到达目标景点后，进行实地访谈。采访对象为景点工作人员、游客、附近居民等。 3. 梳理访谈结果，优化小组的路线设计图。	1. 学生在实地考察之前需要进行合理的小组分工。 2. 学生需要考虑不同人群的特点，设计问题，拟定采访提纲，进行实地采访。 3. 明确游览路线的优化方向为车程、游览时间、地点的选择是否适宜等。	学生借助实地采访得到的一手资料对路线进行优化。过程中需要从多角度考虑问题，包括路线的逻辑性、内容的丰富性、可行性、游客体验与互动性以及资源的可持续性。

学习支架：路线优化实地考察采访提纲（见表7）、路线制定优化表（表8）。

评价关注点：关注小组各成员的实地考察执行情况，是否分工明确、各司其职，在面对不同人群进行访谈时能否清晰、得体地表达，能否针对群体特点提出有针对性的问题，并挖掘出有价值的内容。

表7　路线优化实地考察采访提纲

采访提纲
身份_____
问题1
问题2
问题3
优化点1
优化点2

（续表）

优化点 3	
示例： 景区工作人员： • 您在这个景点工作几年了？ • 在您所接待的游客中，年龄的分布情况大概是怎么样的？ • 游客在参观的过程中，对哪一部分的内容比较感兴趣？ • 游客游览景点后，对这里的整体的评价是什么，感受如何？ 参观者： • 您为什么会选择来参观这个景点？ • 您参观整个景点总共花费了多少时间？ 分情况进行追问： 1. 若时间长（超过 2 小时）： 在此次游览过程中，哪一部分最吸引您？ 2. 若时间短（不足 1 小时）： 您这次的游览体验怎么样？ • 您会向朋友或家人推荐这个景点吗？为什么？ ……	

表 8　路线制定优化表

路线名称	景点	参观重点	预期效果	遇到的问题	拟解决方案要点

（五）任务 5：确定最终路线，撰写导览手册中的景点介绍词（第 5 课时）

路线优化后，小组合作尝试撰写景点介绍词。在教师的引导下，明晰撰写介绍词的思考路径以及一份面向同龄人的介绍词应满足的要求。小组利用前期搜集的各类资料合作尝试撰写。根据评价标准,学生投票选出最喜欢的介绍词,交流喜欢的原因,进一步明确优秀的介绍词应具备的特点。

表 9 任务 5 教学设计

活动内容	活动过程	活动要点	与目标关联
合作撰写景点介绍词。	1. 各小组确定红色研学游览路线。 2. 小组讨论已有资料中的哪些信息可以用来写介绍词,并进行提取,尝试加工组合信息,写一段对红色景点基础信息的介绍。 3. 思考实地采访到的内容中哪些可以作为补充放到介绍词里。教师运用 AI 技术,引导学生关注介绍词的语言风格。 4. 根据总结出的思考路径和写作要求,小组合作尝试撰写介绍词。 5. 根据评价标准,投票选出最喜欢的介绍词,交流喜欢的原因。	1. 将复杂问题分解为若干个子任务,通过任务引导学生明确介绍词应包含的基本信息,以及如何对已有信息进行加工。 2. 引导学生挖掘实地采访内容的有效价值,并将其作为介绍词的补充。 3. 引导学生关注介绍词的语言风格,在写作时具备对象意识。	学生需要充分利用已有的知识和信息,发挥各自的特长和优势,通过讨论、分工、协作等方式,共同完成写作任务,将所学知识应用到实际问题中,加深理解并转化为解决问题的能力。

评价关注点:关注学生合作探究的积极性与参与度、资料的利用与整合程度,能否挖掘实地采访内容的有效价值,能否发挥各自的特长和优势并通过讨论、分工、协作等方式共同完成写作任务,能否融入情感、关注语言风格,使介绍词更具吸引力和特色。

(六)任务 6:路线成品展示,评选"最优路线"(第 6 课时)

小组成员借助路线图讲解路线关键点,同学互评,为他组设计的红色路线提出自己的宝贵建议,增进团队之间的交流与合作,相互学习、借鉴优秀的设计思路和创意,促进集体智慧的汇聚与提升。将每小组制作好的各条路线图装订成册,通过公众号宣传拉票。利用学校微信公众号,以图文结合的方式进行活动展播及宣传。最终通过展示投票,评选出"最佳路线"。

表 10　任务 6 教学设计

活动内容	活动过程	活动要点	与目标关联
选出"最佳路线"。	1. 小组成员讨论,讲解路线关键点。(可借助场馆的照片或文物来讲解,通过讲故事的方式让讲解更有趣。) 2. 同学互评,为他组设计的红色路线提出自己的宝贵建议。 3. 将每小组制作好的各条路线图装订成册。 4. 利用学校微信公众号,以图文结合的方式进行活动展播及宣传。 5. 最终通过展示投票,评选出"最佳路线"。	1. 汇报的过程中,学生需要认真倾听、思考、对比,并提出自己的见解。 2. 学生需要尝试借助多方平台,对自己的路线进行宣传,突出自己路线的特点和优势。	学生通过互评,分享路线设计,讲解有趣生动,显示出深厚的红色历史文化背景,能让游客感受到来自静安红色文化的魅力。

四、主题(单元)学习评价设计

跨学科学习的关键特征是指向现实世界真实问题的自主学习与实践。以真实问题带动学生发展,培养学生的创造力、批判性思维等高阶思维能力。跨学科学习的开放性、真实性等特征,决定了学习过程要与评价过程同步进行,边学习边接受评价的反馈信息。同时,由于跨学科学习场域的多元性,要让教师跟踪每个小组的学习情况并作出及时的评价往往比较困难。在学习活动中,要让学生成为评价的主人,要强化自我评价和同伴互评的运用。因此,我们设计了多评价维度的评价表,综合过程性评价与结果性评价(见表 11)。

表 11　跨学科主题学习评价表

评价维度	评价指标	评价星级		
		自评	互评	师评
学习态度与习惯	1. 有强烈的表达愿望和好奇心 2. 善于提出问题和解决问题 3. 善于在学习中总结和反思			
主题领悟与体验	1. 对景点的相关内容非常清楚 2. 能正确合理地规划路线 3. 能积极参加发布的任务			

（续表）

评价维度	评价指标	评价星级		
		自评	互评	师评
过程性交流与探讨	1. 小组讨论时,能主动表达自己的想法并耐心倾听他人的意见 2. 小组分工明确,任务分配合理,积极认真完成自己的任务 3. 有搜集和整理资料的能力,能有效剔除无关信息并分类整理			
结果性呈现与评价	1. 路线图主题明确,信息多样 2. 图画生动,标注清晰可见 3. 评价所设计的路线,能提出修改意见			

教学设计

第5课时　导览手册我来做

上海市民办童园(实验)小学　沈　艳

一、主题介绍

　　"走进静安,邂逅红色文化——红色研学游览路线我来定"的活动与小学语文五年级下册第六单元"世界各地"主题的内容存在着密切关联。同时,静安区拥有总长15.2千米的红色经典步道,苏州河静安段正成为"水脉、文脉、绿脉、人脉"四脉合一的世界级滨水中央活动区,还有一批批融汇古今、滋润人心的新型文化空间。如何充分利用这些生活中宝贵的红色资源,在红色研学的过程中增进学生的文化认同,增强民族自豪感,成为此次跨学科主题学习活动设计的考虑重点。

二、学情分析

　　本课的教学对象是我校的五年级学生,在学习了第六单元以"世界各地"为主题的课文后,他们已初步掌握了抓住景物特点进行描写的方法,但学生未经历过如何个性化地介绍红色景点这一较为特殊的要求。活动前期,学生已经搜集、筛选、整合了与红色景点相关的基本资料,也通过实地采访获得了一手资料,充分了解了参观者对各景点的真实感受,为接下来介绍词的撰写做好了前期准备。

三、教学目标

1. 通过师生合作,探究撰写景点介绍词的思考路径和要求。

2. 通过小组合作,尝试借助多种资源撰写个性化的景点介绍词。

四、教学技术与学习资源应用

教学技术与学习资源包括教学课件、AI 软件、投票软件等。

五、教学过程

教学环节	师生活动	设计意图
环节一: 合作探究,寻找方法	(一)回顾活动,明确任务。 撰写红色景点的介绍词。 (二)师生合作,明晰思考路径,了解写作要求。 1. 出示任务一:小组讨论已有资料中的哪些信息可以用来写介绍词,请把它们提取出来。 (1)小组讨论,尝试提取信息。 (2)全班交流,教师引导学生提取重要信息。 (3)尝试加工组合信息,写一段对红色景点基础信息的介绍。 2. 出示任务二:思考实地采访到的内容中有哪些可以作为补充放到介绍词里。 (1)学生交流可用的采访内容。 (2)教师引导学生关注采访对象对红色景点的情感。 3. 教师运用 AI 技术,引导学生关注介绍词的语言风格。	本环节旨在通过合作探究的方式,引导学生发现问题,并寻找解决问题的方法。过程中,教师将复杂问题分解为若干个子任务,通过任务一引导学生明确介绍词应包含的基本信息,在加工已有信息的过程中强化学生提取、整合信息的能力;通过任务二进一步引导学生挖掘实地采访中有价值的内容,并将其作为介绍词的补充。最后,教师引导学生关注介绍词的语言风格,在写作时具备对象意识。

教学环节	师生活动	设计意图
环节二： 小组合作，初试身手	1. 出示任务三：小组合作，完成一份简短扼要、有特色的介绍词。 2. 根据总结出的思考路径和写作要求，小组合作尝试撰写介绍词。	本环节教师明确提出需小组合作完成的任务，不仅要求学生准确把握红色景点的重要信息，还要在介绍中融入情感，关注语言风格，使介绍词更具吸引力和特色。在这一过程中，学生将充分利用已有的知识和信息，发挥各自的特长和优势，通过讨论、分工、协作等方式，共同完成写作任务，将所学知识应用到实际问题中，加深理解并转化为解决问题的能力。
环节三： 进行投票，学习经验	1. 阅读各小组完成的介绍词。 2. 根据评价标准，投票选出最喜欢的介绍词。 3. 小组代表介绍景点，学生交流喜欢的原因。	本环节旨在通过互动投票的方式，激发学生对景点介绍词的创作热情，同时促进小组间的交流与学习。学生在根据标准进行投票和评价的过程中，能够更加明确优秀的介绍词应具备的特点。
环节四： 主题活动总结	基本的重要信息、实地采访的真实感受，再加上面向小学生的活泼语言，就能组合成一份独特的介绍词。这是一种写介绍词的很好的思路，以后就可以用这样的方法来写。	
板书设计	导览手册我来做 　　　　　　　　　　　时间 加工信息　突出重点　　　背景 写介绍词　　　　　　参观内容 　　补充信息　真情实感 　　　　　　面向同龄人	

六、成果反思

本方案的设计充分保持学科立场，以"我们身处'红色静安'之中，怎样设计出一条合适的红色研学游览路线"为驱动性任务，融合了语文、数学、信息与技术、美术等多门学科,激励学生调动多门学科知识解决生活中的实际问题,努力彰显语文学科以文化育人的独特功能,又突出不同学科协同育人的整体效应。

课标中所倡导的跨学科主题学习是"一个带有跨学科特点的主题学习活动",即构建一个以学习者为中心的课堂,强调学生自主的学习过程。回顾本方案的全部流程,如何建立新的过程性评价体系,引导学生自我监控、记录自主学习的过程,以便教师全面评估学生在跨学科学习过程中综合运用多学科知识思考问题、解决问题的态度和能力,仍值得深入思考。教师可以教授学生使用元认知策略,如自我提问(我现在的思路是什么? 这个观点有依据吗?)、计划(制订计划和问题解决的步骤)、监控(在学习过程中检查自己的理解程度和进度)和调节(根据反馈调整学习策略)。

跨学科主题学习对教师和学生都是一次充满挑战且意义深远的学习之旅,跨学科学习研究永远在路上。

 专家点评

本方案系统、完整,因地制宜,充分借助区域内红色文化资源,在完成任务的过程中,鼓励学生运用调查研究、动手操作、观察访谈等多样化方法来增进体验,获取结果,并促使学生综合运用多学科的知识技能、思维方法来解决问题,提升实践能力。

第一,方案设计强调了语文知识与能力在日常生活和学习中的应用价值,提升了学生的语言文字运用能力和核心素养。基于五年级教材"世界风情"单元的学习,依托已有经验,设计驱动性问题,以研发静安红色研学路线游览手册为成果导向,由学生自主制订学习计划、开展探究活动,充分发挥了学生的主动性和创造性。

第二,实施流程严密,问题链和六大任务围绕核心问题和主体任务展开,各问题之间形成有机联系,各任务之间衔接紧密,有助于学生从整体上把握学习内容,建立清晰的思维路径,提高学习效率。具体的课时和教学设计重视与目标的关联,具体、明确。

第三,活动具有实效性和趣味性,如"进行实地考察,开展多方访谈""小组合作尝试撰写景点介绍词"等内容具有较强的情境性,有助于激发学生的好奇心和探索欲。评价标准始终融入学习进程,发挥了有效的调控作用。

点评人:上海市普陀区教育学院 颜欣玮

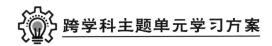

跨学科主题单元学习方案

"我为学校代言"跨学科主题学习教学设计

上海金山区世外学校　裘　瑾　张天奕　刘　卉　王雪珍　沈紫忆

一、主题概述

在信息时代,学校的宣传方式正经历着前所未有的变革。随着学校的快速发展和教育理念的不断更新,原有的宣传折页已不能充分展现学校的新面貌和教育成果。面对这一挑战,我们提出了一个跨学科的主题活动——"我为学校代言",旨在引导学生在实践活动中,通过资料搜集、采访调研、实地考察等多种途径深入理解学校文化并撰写宣传文稿。以小组合作的形式,综合运用道德与法治、美术、信息技术等知识共同创作一份新的学校宣传折页。将自己熟知的学校生活通过文字、图片的表达方式向来访客人进行宣传介绍,以自身实际的行动投入美好学校的宣传。具体内容见表1。

表1　信息汇总表

学校	上海金山区世外学校		
跨学科主题名称	我为学校代言		
年级	四年级	主题时长	5课时
主学科	语文	关联学科	道德与法治、美术、信息技术
驱动性问题	绘制学校宣传折页		
主题学习成果	上海金山区世外学校宣传折页		

(一)主学科内容分析

《义务教育语文课程标准(2022年版)》"梳理与探究"第二学段要求学生学习组织有趣味的语文实践活动,在活动中学习语文,学会合作,结合语文学习,观察大自然,观察社会,积极思考,采用书面或口头方式,并可尝试用表格、图像、音频等多种媒介,呈现自己的观察与探究所得。第三学段要求学生初步了解查找资料、运用资料的基本方法。利用图书馆、网络等渠道获取资料,解决与学习和生活相关的问题。"表达与交流"第二学段要求学生敢于发表自己的意见,说清自己的观点;能根据内容表达的需要分段表述,学写常见应用文。

课内融合:

1. 部编版小学语文二下第八单元口语交际《推荐一部动画片》。

2. 部编版小学语文三上第五单元习作《我们眼中的缤纷世界》。

3. 部编版小学语文三下第八单元习作《国宝大熊猫》。

4. 部编版小学语文四上第三单元课文《蟋蟀的住宅》。

(二)关联学科内容分析

1. 道德与法治学科

《义务教育道德与法治课程标准(2022 年版)》在小学第一学段设置的首个学习主题就包含熟悉学校环境,愿意亲近学校,感受自己成为一名小学生的光荣与责任。第二学段在此基础上提出更高的要求:要求学生了解个体与集体的关系,关心集体,积极参与集体活动,维护集体荣誉。学校生活是童年生活的重要部分,道德与法治课程要求学生熟识学校环境和学校文化,引导学生把个人理想与学校育人文化紧密联系起来,提升小小主人翁的使命感和责任感,从小做起,做好小主人。

2. 美术学科

《义务教育美术课程标准(2022 年版)》在第一学段提出,学生尝试不同工具,用纸以及容易找到的多种媒材,通过看看、画画、做做、拼贴等措施大胆、自由地体现所见所闻、所感所想,体验造型活动旳乐趣。第二学段在此基础上提出初步了解线条、形状、色彩与肌理等造型元素的要求,学习使用多种工具,体验不同媒体的效果,通过观测、绘画、制作等步骤体现所见所闻、所感所想,激发丰富的想象,唤起创作的欲望。建议学生使用照相机、摄像机收集素材,进行美术创作。

3. 信息科技学科

《义务教育信息科技课程标准(2022 年版)》在第一学段提出,学生能有意识地使用数字设备处理文字、图片;能利用数字设备,通过文字、图片等方式记录自己在学习与生活中发生的事情,需要时进行提取。在第二学段中提出,学生能利用数字设备获取学习资源,开展合作学习,并能借助信息科技进行简单的作品创作、展示、交流,尝试开展数字化创新活动。

4. 主题式课程

主题式课程是金山世外小学部的校本课程,自建校以来,学校采用 PYP 国际文凭组织质疑探究的课程模式,以学生自主学习为导向,以打破学科界限、实现跨学科整体学习为目标,围绕"自我认识""自我组织""自我表达""身边科学""地球空间"和"技术工程"六大主题开展质疑探究活动。学生在生物科学、天文学、历史、地理、人文、美术和科学等主题式跨学科学习体验的过程中激发思考、获得知识,提高批判性思维和应对实际生活的能力。

主题式课程在一、二学段以"自我认识""自我组织""自我表达"三个主题开展探究活动,培养的是学生的高阶思维能力,如观察、解释、预测、知识迁移、逻辑推理、批判性思维、创造性思维等。

(三)学校背景分析

金山世外是站在世外 30 年办学的经验基础上,整合世外各学部优势的生命体,是所有世外人的梦想。金山世外是世外优质教育的辐射和延伸,它延续和发展"让世界走进学校 让孩子走向世界"的世外办学理念。学校的培养目标是"培养走向世界的现代中国人",培养具有"中国心、世界眼、现代脑"的未来精英人才。

不管孩子的天资和背景如何,金山世外都能通过行之有效的教育和教学,让每个孩子都有机会充分实现潜能,达到最优,并能在未来社会生存和发展。金山世外培养的学生是具有"WFL DREAM"九大特质的"走向世界的现代中国人"!DREAM,指 Duty——责任意识,Digit——数字公民,Rule——规则意识,Risk——冒险精神,Empathy——同理心,Elite——精英意识,Expression——表达能力,Action——实践能力,Mind——创新、思辨能力,学校希望通过教育赋予学生受益一生的品质。

(四)学生学情分析

金山世外小学部四年级学生自入校以来,在学校育人理念、主题式课程、学科课程、项目化学习的熏陶下,批判性思维和分析、综合、评价、反思等高阶思维能力较强,能围绕驱动性任务,综合利用多学科的知识和能力解决真实情境中的问题。尽管如此,在此跨学科项目中,学生可能在信息筛选的精准性、团队协作的效率以及技术工具的熟练运用上遇到挑战。通过"绘制新的学校宣传折页"活动,我们旨在加强学生在这些领域的能力,同时进一步激发他们的创新精神和责任感,促进其综合素质的全面提升。

（五）语文跨学科主题设计分析

自2018年小学部成立以来,越来越多的各省区市领导、同行、代表团来校参观、交流,基于学校快速发展的现状,学校原有的宣传折页需要更新。在此真实情境下,提出"如何绘制新的学校宣传折页"这一驱动问题。在该问题驱动下,引导学生在语文实践活动中,以阅读文本为载体,通过资料搜集、采访调研、实地考察等多种途径撰写宣传文稿;以小组合作的形式,综合运用道德与法治、美术、信息技术等知识绘制校园宣传折页;将自己熟知的学校及学校生活通过文字、图片的表达方式向来访客人进行宣传介绍,以自身的行动投入美好学校的宣传。

"绘制学校宣传折页"跨学科学习活动,将学习历程融入学校的日常生活,鼓励学生在参与活动的过程中,为即将步入的五年级毕业校园生活描绘浓重的一笔,以主人翁的姿态宣传学校,提升使命感和责任感,从小做起,做好小主人。

围绕驱动性任务绘制一份学校宣传折页,设计如下三个子任务(见图1):

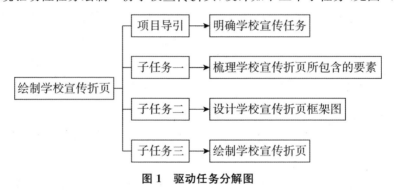

图1　驱动任务分解图

二、主题学习目标

1.熟知学校环境和学校文化,以主人翁的姿态宣传学校,增强使命感和责任感,从小做起,做好小主人。

2.通过资料搜集、采访调研、实地考察等多种途径获取学校相关资料,筛选、分析、提炼有效信息。

3.勇于表达个人见解,说清自己的观点,能根据内容表达的需要,运用书面分段表述,呈现自己的观点与探究所得,撰写宣传文稿。

4.能使用数字设备进行基础图片的拍摄与编辑,体验团队合作中的创新与共享精神,认识到传播的价值。

5.通过团队学习,提升与他人沟通、合作、协调的能力及问题解决能力,在团队合作中培养领导力和责任感。

三、主题实施路径

表 2　单元教学流程表

单元教学进程	学生活动	对应教学目标
项目导引 （1课时）	明确学校宣传任务，我为学校宣传出份力。	教学目标1
子任务一： 梳理学校宣传折页 所包含的要素 （1课时）	1. 借助平板，用关键字搜寻并筛选有效信息，知道什么是折页。 2. 阅读各学校宣传折页，梳理学校宣传折页所含的要素。 3. 阅读本校宣传折页，梳理新折页需要调整、补充的内容。	教学目标1、2
子任务二： 设计学校宣传折页 框架图 （1课时）	1. 根据目标对象，撰写学校宣传折页主标题和各模块标题。 2. 围绕标题，进行构思设计，绘制内容框架图。	教学目标2、5
子任务三： 绘制学校宣传折页 （2课时）	1. 合作设计调查记录表。 2. 提炼文本，撰写文案。 3. 拍摄、搜集、选择图片，排版美化。	教学目标2、3、4

（一）任务导引：明确学校宣传任务，我为学校宣传出份力（1课时）

活动目标：发布驱动性任务——绘制学校宣传折页，把个人理想与学校育人文化紧密联系起来，提升小小主人翁的使命感和责任感，从小做起，做好小主人。

具体活动流程如下。

活动一：学校的前世今生

1. 图片导入：你知道 10 年前，这片土地长什么样吗？

2. 勾起回忆：说说你第一次进校时的所见所闻。

活动二：发布驱动性任务

1. 情境引入：在学校学习、生活近四年，你对学校有多少了解呢？越来越多的客人来校参观、交流，基于学校快速发展的现状，学校原有的宣传折页需要更新。即将步入五年级的你们，如何绘制新的学校宣传折页，为更好地宣传新校园出一份力？

2. 任务发布。以小组合作的方式，绘制新的学校宣传折页。

（二）子任务一：梳理学校宣传折页所包含的要素（1课时）

活动目标：通过关键字搜索，搜集和筛选关于折页的有效信息；阅读各种学校宣传折页,比较异同,梳理学校宣传折页的要素。阅读本校原有宣传折页,结合近几年来学校的发展现状,梳理新折页需要调整、补充的内容。

具体活动流程如下。

活动一:什么是宣传折页

学生借助平板,通过关键字搜索,搜集和筛选关于折页的有效信息:什么是折页? 它有什么作用? 折页的宣传优点是什么?

活动二:什么是学校宣传折页

1. 通过阅读各种学校宣传折页,比较异同,梳理学校宣传折页的要素,填写表格(表3)。

表 3　学校宣传折页要素梳理表

要素 1:主标题	要素 2:＿＿＿＿＿＿＿＿＿＿
要素 3:＿＿＿＿＿＿＿＿＿＿	要素 4:＿＿＿＿＿＿＿＿＿＿
要素 5:＿＿＿＿＿＿＿＿＿＿	......

2. 阅读学校原有的宣传折页,结合近几年来学校的发展现状,梳理新折页需要补充、调整的内容,填写表格(见表4)。

表 4　新折页内容梳理表

内容 1:＿＿＿＿＿＿＿＿＿＿	内容 2:＿＿＿＿＿＿＿＿＿＿
内容 3:＿＿＿＿＿＿＿＿＿＿	内容 4:＿＿＿＿＿＿＿＿＿＿
......	

(三) 子任务二:设计学校宣传折页框架图(1 课时)

活动目标:

1. 根据目标对象,撰写学校宣传折页主标题和各模块标题,围绕学校宣传的目的进行构思设计,绘制折页内容框架图。

2. 通过小组合作,提升与他人沟通、协调的能力及问题解决能力,培养团队合作中的领导力与责任心。

具体活动流程如下。

活动一:撰写学校宣传折页的标题

小组交流讨论宣传折页的各个模块,根据不同的来校访客设计并撰写主标题和各个模块标题(见表5)。

表5　折页标题设计表

组号：＿＿＿＿＿　　小组成员：＿＿＿＿＿＿＿＿＿＿＿＿＿＿＿＿＿＿＿＿＿＿＿＿＿

目标对象：□新生及家长　　□各校交流学生　　□各校教师团队　　□各级领导干部

□综合性主标题：＿＿＿＿＿＿＿＿＿＿＿＿＿＿＿＿＿＿＿＿＿＿＿＿＿＿＿＿＿＿＿＿

□专题性主标题：＿＿＿＿＿＿＿＿＿＿＿＿＿＿＿＿＿＿＿＿＿＿＿＿＿＿＿＿＿＿＿＿

模块标题＋组员：

模块一标题：＿＿＿＿＿＿＿（　　　　）　模块二标题：＿＿＿＿＿＿＿（　　　　）

模块三标题：＿＿＿＿＿＿＿（　　　　）　模块四标题：＿＿＿＿＿＿＿（　　　　）

模块五标题：＿＿＿＿＿＿＿（　　　　）　模块六标题：＿＿＿＿＿＿＿（　　　　）

……

活动二：初步绘制宣传折页内容框架图

根据折页标题，小组交流讨论宣传折页各模块的具体内容，选择折页方式，画出折页封面、封底及内页的框架图。详情见图2。

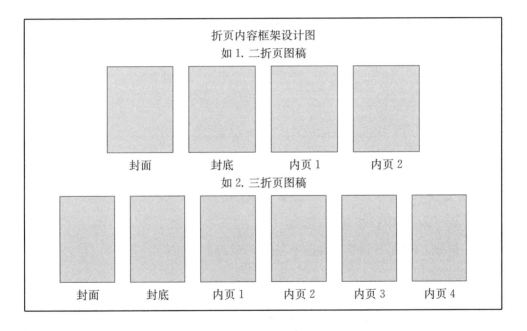

图2　折页内容框架设计图

活动三：小组交流

（1）小组交流分享。

（2）修改框架图。

（四）子任务三：绘制学校宣传折页（2课时）

活动目标：

1. 通过资料搜集、采访调研、实地考察等多种途径获取学校相关资料，筛选、分析、提炼有效信息。

2. 敢于发表自己的意见，说清自己的观点，能根据内容表达的需要，以书面形式分段表述，呈现自己的观点与探究所得，撰写宣传文稿。

3. 能使用数字设备进行简单的图片拍摄和处理，感受合作创新、分享传播的优势。

具体活动流程如下。

活动一：对比信息，罗列问题

对比信息，罗列宣传折页中未解决的模块问题，填写调查内容分类表（见表6）。

表6　小组调查内容分类表

第_____小组调查内容分类表		
模块已知信息	模块未知信息	获取方式： □官网　□采访　□阅读公众号　□实地调查

活动二：小组分工，完成信息采集

小组分工，各组员认领相关任务，完成小组调查信息采集（见表7）。

表7　小组调查任务表

第_____小组调查任务表	组员：_____
折页主标题：_____ 负责模块标题：_____ 我的任务：_____	
通过哪种方式完成：□官网　□采访　□阅读公众号　□实地调查	
我的调查：	

活动三：撰写文案

借助《国宝大熊猫》一文中学习的查找资料、整合信息、围绕提示问题撰写文本的方法，梳理已有材料，整合信息，撰写各模块文案（见表8）。

表8　小组文案撰写表

第_____小组文案撰写表	组员：_____
对应模块标题：	
对应模块文案：	

活动四：图片采集

围绕文案中的关键词，搜集图片或借助数字设备进行简单的图片拍摄和处理。

活动五：绘制宣传折页

根据内容框架图、文案撰写表，尝试用搜集到的多种媒材，通过绘画、拼贴等更直观、生动的方式呈现学校的文化。

四、主题学习评价

表9　"绘制学校宣传折页"过程性评价表

情境任务	表现性 评价观察点	观察点 具体内容	评价标准 基本达到1分 完全达到2分	得分
任务一： 梳理学校宣传折页所包含的要素	学校宣传折页要素梳理表（表3）	有效利用平板等工具搜集相关信息	广泛搜集信息	
	新折页内容梳理表（表4）	筛选出与学校宣传折页相关的内容	筛选信息与宣传主题高度相关	
任务二： 设计绘制学校宣传折页框架图	折页标题设计表（表5）	对学校文化的理解程度，以及在宣传折页中体现学校文化的能力	标题体现学校特色，文字简练	
	折页内容框架设计图（图2）	在宣传折页中体现的视觉表达能力，包括排版设计、色彩搭配、图文布局等	排版整洁有序、图文布局合理	
			设计吸引眼球	
			色彩搭配和谐	

（续表）

情境任务	表现性 评价观察点	观察点 具体内容	评价标准 基本达到 1 分 完全达到 2 分	得分
任务三： 绘制学校宣传折页	小组调查内容分类表（表6）	小组遇到设计难题时的问题解决能力和适应性	分工明确，协作有效	
	小组调查任务表（表7）	有效利用平板等工具搜集相关信息，并筛选出与宣传折页主题相关的内容	信息来源多样	
		在团队中的协作精神，以及与队友沟通交流的效果	沟通积极，团队氛围融洽	
	小组文案撰写表（表8）	在宣传折页中体现宣传文案撰写的能力	折页内容体现学校特色	
	照片、图片	使用数字设备进行图片拍摄、编辑和排版的技术熟练度	拍摄技巧得当、图文相符	
小组合计				

表 10　学校宣传折页作品评价表

评价点	评价标准	满分	得分
1. 信息真实、易读性	1. 折页中的信息是否真实、准确，无误导性错误。	10	
2. 设计创新性	2. 设计是否具有新颖性，能吸引目标受众的注意。	15	
3. 色彩与布局协调性	3. 色彩搭配是否和谐，布局是否合理，整体视觉效果是否舒适。	15	
4. 图文一致性	4. 文字与图片是否相辅相成，共同传达信息。	10	
5. 目标受众适应性	5. 折页是否根据不同的目标受众进行了适应性设计。	10	
小组合计			

五、教学反思

本方案基于校情,提出"如何绘制新的学校宣传折页"这一驱动性问题。在该问题驱动下,引导学生在语文实践活动中,以阅读文本为载体,通过资料搜集、采访调研、实地考察等多种途径撰写宣传文稿;以小组合作的形式,综合运用道德与法治、美术、信息技术等知识绘制校园宣传折页;将自己熟知的学校及学校生活通过文字、图片的表达方式向来访客人进行宣传介绍,以自身的行动投入美好学校的宣传。

活动中,教师的角色从传授者转变为学生学习的协助者和引导者,鼓励学生主动探索、积极思考,并提供适时的帮助和指导。通过不断的实践、反思和改进,为学生提供更加丰富、有效的学习体验,帮助他们成长为具有社会责任感的新时代公民。

活动尚有改进之处。首先,应优化时间分配,以确保学生在各个环节都能得到充分的学习和实践。其次,应增加对学生的个性化指导,如美术设计或计算机技术应用方面。

 教学设计

第4课时　撰写折页文案

上海金山区世外学校　张天奕

一、"我为学校代言"主题活动目标

1. 熟识学校环境和学校文化,以主人翁的姿态宣传学校,增强使命感和责任感,从小做起,做好小主人。

2. 通过资料搜集、采访调研、实地考察等多种途径获取学校相关资料,筛选、分析、提炼有效信息。

3. 勇于表达个人见解,说清自己的观点,能根据内容表达的需要,运用书面分段表述,呈现自己的观点与探究所得,撰写宣传文稿。

4. 能使用数字设备进行基础图片的拍摄与编辑,体验团队合作中的创新与共享精神,认识到传播的价值。

5. 通过团队学习,提升与他人沟通、合作、协调的能力及问题解决能力,在团队合作中培养领导力和责任感。

二、本课时教学目标

1. 在资料搜集、采访调研、实地考察等多种途径获取学校相关资料的基础上，筛选、分析、提炼有效信息。

2. 能根据内容表达的需要，运用书面语言通顺、有条理地分段表述。

3. 在探究所得的基础上，敢于发表自己的意见，说清自己的观点，撰写宣传文稿。

三、教学活动

（一）回顾《国宝大熊猫》的习作步骤，唤起旧知

出示"大熊猫外貌"的相关资料，引导学生回忆习作步骤。

预设1：选一选（筛选出有用的信息，删除无用、重复的信息）。

预设2：调一调（调整语序，加上一定的语句使其通顺）。

预设3：改一改（适当加入自己的认识）。

教师小结：搜集资料，通过选一选、调一调、改一改的方法写一段话。

（二）方法迁移，尝试撰写折页各模块文案

1. 师生合作尝试撰写模块文案，共同制订评价标准

学生小组代表交流小组的折页主题、各模块标题和自己需撰写的模块标题。

（1）请学生思考模块文案字数应该控制在多少字以内。

预设：150—200字。

教师小结：模块文案和平时习作不一样，应根据版面控制文案的字数。

教师板书：字数合适。

（2）学生根据模块标题，选择需要的文字。

预设1：选择的内容都围绕模块标题。

预设2：与标题无关的，内容重复的句子要删去。

教师小结：选择的内容应该紧紧围绕模块标题。

教师板书：内容和标题一致。

（3）学生调整已选文字的语序。

预设1：这样的顺序很合适，通顺，有条理。

预设2：第二句前可以加一个连接词，这样更通顺。

教师小结:按一定顺序说,并适当地加上一些连接词,能使介绍更有条理,便于读者看明白。

教师板书:表达通顺、有条理。

（4）请学生思考能否在此基础上补充自己的认识。

教师小结:可以适当地补充自己的认识。

教师板书:有适当补充。

2. 学生尝试撰写模块文案,小组内交流

（1）学生根据评价标准,尝试撰写模块文案。

（2）小组内交流,学生互评。

表 11 小组评价表

评价标准	评价
内容和标题一致	☆
表达通顺、有条理	☆
有适当补充	☆
字数合适	☆

（3）根据评价,修改模块方案。

3. 小组代表交流,师生共同点评

预设 1:我在收集资料的时候,关于这方面的资料很少,我根据自己和同学们四年学校生活的所见所闻,进行了适当的补充。

教师小结:在资料不足的情况下,可以调查、访问相关对象,进行适当补充。

学生继续修改模块文案。

（三）学生誊抄模块文案

（四）教师总结

通过 4 个课时的学习,我们从初步认识折页,确定折页主题和各模块标题,搜集资料,到今天成功撰写学校宣传折页的各模块文案,收获很大。特别是在资料不足时,大家能通过调查、访问,梳理数据,补充不足资料,大胆表述,更是让老师欣喜。

（五）布置作业:完成折页整体美化

（六）板书设计

我为学校代言

选一选　内容和标题一致
调一调　表达通顺、有条理
改一改　有适当补充
　　　　字数合适

 **专家点评**

"我为学校代言"跨学科主题学习基于学校快速发展的现状，提出"绘制新的学校宣传折页"这一核心任务，引导学生在语文实践活动中，通过阅读文本、资料搜集、采访调研、实地考察等多种方式，并综合运用其他学科的相关知识或技能完成任务，以自身的行动投入对学校的宣传。此方案有以下特点：

1. 与学校育人文化相结合，提升学生使命感和责任感。把学生的个人理想与学校育人目标、育人文化紧密联系起来，鼓励学生在参与活动的过程中，以主人翁的姿态宣传学校，提升使命感和责任感，帮助学生成长为具有社会责任感的新时代公民。

2. 创设真实情境，增强学生主体参与感。此方案设置了学生能够主动介入的学习主题，创设了学校原有的宣传折页需要更新的真实情境，将学生所学与生活建立紧密而生动的意义联系，有利于激活学生的学习动机，使学生更有综合运用知识和经验去解决真实问题的意愿，激发学生的创造力。

3. 丰富学生体验，引导思维进阶。此方案构建起层层递进的活动链，引导学生根据不同的活动目标，采用阅读文本、资料搜集、采访调研、实地考察等不同的方式来完成任务，使学生经历"梳理折页要素—设计内容框架—绘制折页"的过程，培养学生梳理、归纳、提炼信息及语言表达的能力。在此过程中，学生运用语文知识，并结合其他学科知识和技能创造性地解决问题，形成了解决问题的路径、方法，获得了丰富的学习体验，提升了思维能力。

4. 设计学习支架，提供学习支持。方案中设计了较为清晰的核心任务和若干个子任务，并根据学生在解决实际问题过程中的真实需求提供了多种工具，如框架设计图、调查任务表、文案撰写表等，引导学生用多种方法呈现自己的观察和探究所得。丰富的资源支持，带动了学生的主动活动和自觉学习。

点评人：上海市虹口区教育学院　张　蓉

小学信息科技

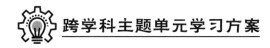

跨学科主题单元学习方案

设计"跌倒报警助手"关怀老年人的智慧实践

上海市民办宏星小学　丁　波　肖彩虹

一、主题概述

　　本主题活动内容对应《义务教育信息科技课程标准(2022 年版)》"身边的算法"模块中的"算法的执行"部分,结合信息科技学科、科学学科,采用小组合作探究的方式,为老人设计制作一个侦测跌倒后及时报警的便携式"跌倒报警助手"。学生经历以信息技术手段解决实际问题的过程,体会如何针对简单问题,尝试设计算法,并通过程序进行验证。在探究实践中,培养学生综合运用多学科知识解决实际问题的能力及关爱老人的意识,养成"分析问题—初步尝试—发现新问题—迭代改进"的实践习惯,感知科学精神,发展创新意识。具体信息见表1。

表 1　信息汇总表

学校:上海市民办宏星小学	
主题名称:智慧助老——跌倒报警助手	关联学科:科学
教师小组:丁波(信息科技学科)、肖彩虹(科学学科)	
学习对象:五年级学生	主题时长:4 课时
教学模块: 《义务教育信息科技课程标准(2022 年版)》 算法的执行	相关核心素养: 计算思维、数字化学习与创新、信息社会责任、科学思维、实践探究
驱动性问题: 你想设计制作一个什么样的"跌倒报警助手",来帮助老人跌倒后被及时发现呢?	
主题学习成果: 1. 多样化的"跌倒报警助手"产品 2. 在线式项目档案(各小组 1 套),包括支持学生自主学习的在线知识库、每课时的在线学习单、在线评价单	

（一）单元主题的学情分析

本单元主题的学习对象为五年级学生。该年龄段学生已经懂得关心身边的长辈，但还未能从生命安全角度关注老人，未能用实际行动帮助老人解决实际问题。在之前的信息科技课程学习中，学生对算法已有了初步的认识，知道顺序、分支和循环三种基本控制结构，但对较复杂问题的算法描述和分析仍有一定困难。另外，学生已初步认识图形化编程软件，掌握其基本操作，但还缺少使用该软件将算法转换为程序求解实际问题的编程经验。

我校配有科技实践类特色课程，其中以光环板、童芯派这两个设备为载体的学习均已在三年级和四年级完成。大多数学生能通过图形化编程软件对设备进行编程，而且还尝试过运用设备和编程软件来开展小项目。我校学生在以上校本特色课程中，已经接触过一些常见的传感器，如红外传感器、温度传感器等，但还未学习使用过陀螺仪传感器。

总之，我校五年级学生对发现问题、分析需求、设计方案、实施方案、展示作品这一系列解决问题的流程已经初具经验，但对使用信息技术求解身边的问题还缺少一定的经验和灵活性。

（二）真实情境下的问题驱动

习近平总书记一直非常关心老年群体、重视老龄事业，要求我们深入开展"智慧助老"行动。现正值我校开展"孝道润心爱传承"德育活动之际，大队部提出"我们能做点什么力所能及的事情来帮助老人呢?"这个命题。经过调查，学生发现老年人非常容易跌倒，导致伤残甚至更严重的后果。那我们能为老人设计制作一个侦测跌倒后及时报警的作品吗? 本主题活动以此为驱动性问题，小组合作探究，设计算法、编程实现"跌倒报警助手"的功能程序和外观包装制作，并进行改进与展示。学生在本主题学习过程中对于"针对简单问题，尝试设计算法，并通过程序进行验证"有了更具体的实践，对于"分析问题—初步尝试—发现新问题—迭代改进"的实践习惯也有了更深的理解。

（三）跨学科主题学习，促进核心素养发展

《义务教育课程方案和课程标准(2022 年版)》中明确提出"加强课程内容与学生经验、社会生活的联系，注重培养学生在真实情境中综合运用知识解决问题的能力"。因此，本次跨学科主题学习以信息科技学科为主学科，融合科学学科中的"工程设计与物化"的相关内容,采用小组合作探究的方式,通过对影响老年人健康的因素进行调查分析,发现问题。结合实际需求,确定侦测跌倒的传感器感应方式以及报警方式,进而选用合适的设备,设计算法并编程实现跌倒报警功能。最后,对报警设备进行包装,制作出多样化的跌倒报警助手并改进、展示。强化做中学、用中学、创中学,培养学生综合运用多学科知识解决实际问题的能力及关爱老人的意识。

二、主题单元教学目标

1. 主动发现身边的问题,学会分析"跌倒报警助手"的需求,讨论各种可能的方案,并从中选出合适的解决方案。

2. 能用自然语言和流程图描述算法,编程实现"跌倒报警助手"的功能。

3. 能根据设计图和实际使用需求,选用合适的工具和材料,包装制作出"跌倒报警助手"作品。

4. 能根据"跌倒报警助手"的使用效果,调整方案、优化程序并迭代改进。

5. 具有良好的合作意识与习惯,在信息分享与交流活动中,养成尊重他人观点、理性发表个人观点的习惯。

6. 经历以信息技术手段解决实际问题的过程,养成"分析问题—初步尝试—发现新问题—迭代改进"的实践习惯,感知科学精神,发展创新意识。

教学重点:分析"跌倒报警助手"的需求,根据设计的算法,编程实现"跌倒报警助手"的功能并改进程序、完善包装制作。

教学难点:经历以信息技术手段解决实际问题的过程,体会"针对简单问题,尝试设计算法,并通过程序进行验证"的实践思路,养成"分析问题—初步尝试—发现新问题—迭代改进"的实践习惯。

三、实施进程

本次跨学科主题学习围绕三个子任务开展,从分析设计到编程制作再到最后的改进与展示,具体的实施进程规划如下(见图1)。

(一)分析及设计"跌倒报警助手"(1课时)

学生通过课前调研形成的调研报告"影响老人生命健康的因素"及分析数据图和词云图,发现危害老人生命健康的重要因素之一——跌倒,进而讨论如何利用信息技术,帮助老人减少跌倒未被及时发现这种情况的发生,然后各组根据明确的需

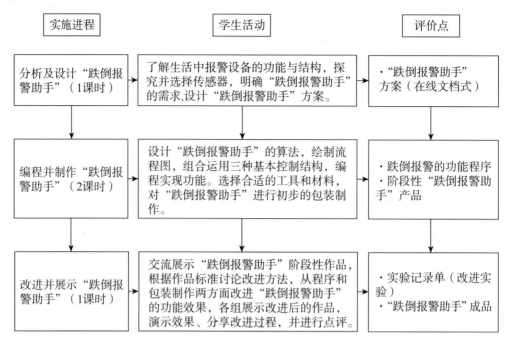

图1 "跌倒报警助手"跨学科主题学习实施进程规划

求,尝试分析并设计"跌倒报警助手"的功能,确定使用到的设备(光环板或童芯派),从侦测方式、报警方式、固定方式等方面,设计解决问题的方案。

学习支架:在线知识库(智慧助老社会调研)、调研报告、在线知识库(传感器、童芯派、光环板及其工作原理)、在线实验单(需求分析及功能设计,如表2)。

表2 "跌倒报警助手"功能设计

跌倒侦测方式	通过传感器侦测＿＿＿＿＿＿＿＿(填写侦测条件),来判断是否跌倒。
报警方式	□声音 □灯光 □震动 □其他＿＿＿＿＿
佩戴方式	□手环 □臂环 □腰带 □项链 □帽子 □其他＿＿＿＿＿

评价关注点:根据调研数据,主动发现问题。形成"跌倒报警助手"方案(在线文档式),方案包括小组成员分工、"跌倒报警助手"的侦测方式、报警方式、固定方式以及设计图等。

(二)编程并制作"跌倒报警助手"(2课时)

本任务的主要内容是设计算法并编程实现跌倒报警功能。基于学生已知的分支结构和循环结构理论知识,引导其根据绘制的流程图,借助图形化编程语言,通过拼搭积木式代码编写程序实现功能后,选择合适的工具和材料,对"跌倒报警助手"进行包装制作,形成"跌倒报警助手"阶段性作品。体验工程实践的一般思路和方法,即"分析问题—初步尝试—发现新问题—迭代改进"。

学习支架:在线知识库(童芯派参考程序、光环板参考程序)、在线实验单二(程序实现及包装制作,如表3)。

表3 编程实现"跌倒报警助手"

跌倒报警助手的流程图和对应的程序。

流程图	程序截图

记录不同的侦测值带来的实际效果。

传感器的侦测值	效果

评价关注点:借助在线知识库自主探究编程,实现跌倒报警功能,初步制作出阶段性"跌倒报警助手"产品。积极调试程序并交流分享设计的程序。

(三)改进并展示"跌倒报警助手"(1课时)

参考在线知识库中的演讲模板,结合程序,根据在线实验单一和在线实验单三中记录的内容,介绍方案、演示功能、解说程序,交流展示"跌倒报警助手"阶段性作品,各组学生共同发现作品存在的问题,分析并讨论解决方法,进而小组合作改进"跌倒报警助手"作品,并使用"实验记录单"记录改进过程。

学习支架:在线知识库(演讲模板及小贴士)、在线实验单三(改进并展示"跌倒报警助手",如表4)、多样化的"跌倒报警助手"阶段性作品。

表 4　改进"跌倒报警助手"

实验步骤一　发现问题	
□运动状态不全 □参数不精准 □其他＿＿＿＿＿＿	□传感器选择不正确 □设备与材料不固定

实验步骤二　确定解决方法	
□增加侦测状态 □调整参数 □其他＿＿＿＿＿＿	□重选传感器 □完善固定方式

实验步骤三　改进作品		
	改进记录	改进后的程序截图
程序方面		
	改进记录	改进后的作品视频
制作方面		

评价关注点：根据产品标准改进"跌倒报警助手"，相比前一阶段的作品，有所改进。从方案、功能、程序完整介绍并演示"跌倒报警助手"，并能够有条理、重点突出地展示介绍"跌倒报警助手"的改进部分。

四、成果反思

本次跨学科主题学习方案以信息科技学科为主学科，融合科学学科中的"工程设计与物化"的相关内容，采用小组合作探究的方式，联系学生经验和社会生活，注重培养学生在真实情境中主动发现问题并结合实际需求，综合运用知识及信息技术来解决问题的能力及关爱老人的意识，并养成"分析问题—初步尝试—发现新问题—迭代改进"的实践习惯。

（一）经验分享

1. 项目主题结合国家智慧助老行动和学校德育活动，不仅贴近生活，激发了学生兴趣和动力，还让学生有了关注社会问题的意识。

2. 采用语雀在线工具、公共在线知识库和各小组私有在线学习单,既实现了共享式实时协作,又保护了小组的学习成果。

3. 在线知识库为学生自主探究提供了有价值的基础知识、操作指导、参考程序及微视频等。采用集成了多种传感器的光环板和童芯派,学生不仅了解了众多传感器的作用,而且能够自主选择设备制作出丰富多样的"跌倒报警助手"。

4. 项目融合了信息科技学科和科学学科中的相关内容和思维方式,学生在项目中展现出较强的自主学习能力,通过自主研究和探索解决问题,学生提高了学习主动性。

（二）项目改进

1. 在项目实施中,需要加强对学生的监督,确保学生各司其职,以合作的方式完成任务,避免小组项目主要靠某几个主力学生完成。

2. 项目实施的整个过程节奏紧凑,可多留出时间给学生尝试不同的改进方式,比如同时用多个传感器制作"跌倒报警助手"。

3. "跌倒报警助手"测试时,不同小组使用的人偶高度不同、材质不同,可改进为使用1∶1还原真人的人偶。

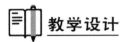 教学设计

第 4 课时　改进并展示"跌倒报警助手"

上海市民办宏星小学　丁　波

一、主题介绍

交流展示"跌倒报警助手"阶段性作品,发现作品存在的问题,分析问题并讨论解决方法,进而改进"跌倒报警助手"作品。最后,展示介绍改进后的作品并进行评价。培养学生的创新能力和工程实践能力。

二、学情分析

在"跌倒报警助手"上一子任务的学习中,学生已经使用图形化编程软件对光

环板或童芯派进行编程,实现了跌倒报警的功能,并且根据设计图制作出了阶段性作品。但每组的作品在功能和外观方面都还存在一定的问题,还需进一步交流讨论、发现问题、解决问题,进而改进作品。

三、教学目标及重难点

(一)教学目标

1. 能根据"跌倒报警助手"作品标准,发现作品存在的问题,并尝试找到解决方法。(计算思维)

2. 能够阅读理解程序并通过调整参数、完善侦测状态、调整传感器侦测方式等改进程序的功能效果。(数字化学习与创新)

3. 能够从固定材料、固定方式等方面,改进"跌倒报警助手"的包装制作。(科学)

4. 养成"分析问题—初步尝试—发现新问题—迭代改进"的实践习惯。(科学)

(二)教学重点

教学重点:根据作品标准发现问题并确定解决方法。

(三)教学难点

教学重点:根据解决方法改进"跌倒报警助手"作品。

四、教学技术与学习资源应用

硬件设备:光环板、童芯派、声音传感器。

图形化软件:慧编程。

语雀在线协同文档:实验记录单、学习手册、学习评价单;教学课件、板书。

五、教学过程

本次跨学科主题学习方案的第 4 课时——改进"跌倒报警助手"的具体教学过程如表 1 所示。

表1 改进"跌倒报警助手"教学过程

教学环节	师生活动	设计意图
一、回顾项目	1. 导入 回顾"智慧助老——跌倒报警助手"跨学科主题学习的整个活动过程。	回顾项目过程,激发兴趣,明晰本节课任务。
二、交流展示阶段性作品	1. 回顾作品标准 学生回顾项目初期共同制定的"跌倒报警助手"作品标准:跌倒能够报警,报警信号明显,设备稳固。 2. 展示交流作品,并提出修改建议 以小组为单位,学生根据作品标准,结合实验记录单,交流"跌倒报警助手"阶段性作品。交流内容包括简单介绍"跌倒报警助手"选用的设备、传感器、实现方法,并模拟演示跌倒后的报警效果,以及分享程序积木代码。 其他学生根据作品标准发现作品的问题,并讨论可行的解决方法。	1. 让学生参照评价要求进行自我监控、自我评价,不断调整、把控作品的完成情况。 2. 培养学生在信息展示分享与交流活动中,养成尊重他人观点,理性发表个人观点的习惯。
三、改进作品	根据发现的问题和探讨出来的可能的解决方法,以作品标准为依据,小组合作进行作品的改进,并完成"实验记录单三"。	根据实际效果进行修改迭代,了解科学学科中技术与工程实践的一般过程和方法。
四、展示分享改进后的作品	以小组为单位,学生分享改进后的作品演示效果和改进过程,其他组的学生根据作品标准进行点评。	对改进的作品进行反馈、展示,激发学生相互学习、创新作品。
五、总结拓展	1. 总结 学生总结收获。 教师简单提示,整个项目过程融合了信息科技学科的计算思维和科学中的工程物化思维。 2. 拓展提升 如果老人摔倒时,身边正好没有人,那报警声音再大、信号再明显,也都没什么用。那我们还可以如何改进呢?	总结收获,拓展提升,提高创新思维和实践能力,增强自信心和自主学习能力。

（续表）

教学环节	师生活动	设计意图
六、板书	智慧助老——改进"跌倒报警助手" 作品标准 → 发现问题 → 解决方法 跌倒能够报警　运动状态不齐全　增加侦测状态 报警信号明显　传感器选择不正确　重选传感器 设备稳固　参数设置不精准　调整参数 　　　　设备与材料不稳固　完善固定方式	

 专家点评

　　"智慧助老——跌倒报警助手"以关心老年群体、重视老龄事业的社会性话题为背景,结合学校的"智慧助老"德育系列活动,让学生在社会调研中自主发现问题后,为老人编程设计并包装制作出一个侦测跌倒后及时报警的"跌倒报警助手"产品。本活动巧妙地将科学和信息科技学科结合在一起,综合不同学科知识,用实际行动帮助老人解决实际问题,学生既培养了解决问题的能力,又提升了关爱老人的意识。

　　本主题学习活动实施的最大亮点是,将单元主题"智慧助老"中的"智慧"二字贯穿于整个主题活动。采用在线协作平台进行在线实验单的设计,提供在线知识库,辅助学生有目的地在线获取资料及自主学习。让学生全方位感受信息技术在现实生活和学习中的应用,感受多人在线协作的同时,提升合作能力、自主学习能力及信息意识。另外,提供多种传感器、多种设备及图形化编程软件,让学生以扮演团队不同角色的形式真实地参与到功能设计、编程实现、包装制作、改进展示等系列活动中,促进学生形成多样化的"跌倒报警助手"作品,达成主题学习目的的同时,充分发挥学生的创造性,培养社会责任感和创新实践意识,体现"做中学,学中创,创中乐"的设计理念,让学生乐于学习,善于学习。

　　　　　　　　　　　　　　　点评人:上海市浦东教育发展研究院　朱一军

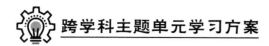

探秘数据世界，提升学生素养

上海金瑞学校　张　爽　杨连芳

一、主题概述

在数字化时代，数据的收集、分析和应用已经成为必备的基础技能。本单元教学活动以"数据探究"为主线，结合科学、数学和语文等学科内容，帮助学生理解数据在日常决策中的重要性。通过多学科整合，学生将学习如何收集、整理和分析数据，并运用数据可视化工具直观地展示分析结果，初步形成信息意识。通过将实际问题分解为可处理的子问题并逐一解决，培养计算思维，提升信息社会责任与数字化学习创新能力。最终综合应用所学知识设计方案，增强数据处理能力和团队合作精神，实现跨学科知识的综合应用与提升。具体内容见表1。

表1　信息汇总表

学校：上海金瑞学校	
主题名称：跟着数据去旅行	关联学科：信息科技、科学、数学、语文
教师小组：张爽、杨连芳	
学习对象：四年级学生	主题时长：8课时
教学单元： 信息科技第二学段　数据与编码	相关核心素养： 信息意识、计算思维、数字化学习与创新
驱动性问题：如何根据历史气候数据选择最佳旅游地点？	
主题学习成果：金小瑞旅游推荐方案	

（一）真实情境下的问题驱动

气候和环境因素对旅游体验有着较为直接的影响。如何选择合适的旅游目的地成为人们关注的焦点。本主题活动以"如何根据历史气候数据选择最佳旅游地点?"为驱动性问题,激发学习兴趣,引发学生思考。通过收集、整理和分析气候数据,引领学生从数据角度出发,作出科学的决策,初步形成信息意识。通过数据可视化处理,直观地展示分析结果,综合应用跨学科知识设计合理的旅游方案,提升学生的计算思维和团队合作能力。

(二)学情分析

依据信息科技课程标准,本主题单元应面向四年级学生开展。四年级学生对信息科技有强烈的好奇心,喜欢动手操作和合作解决问题。他们具备基本的数据分析能力,对电子表格工具(如 Excel)有所了解,但在数据收集、处理和可视化方面经验不足。对不同图表类型适用场景的理解和选择对学生而言具有一定的挑战性。小组合作中也可能因沟通不畅或分工不均影响任务进度。因为四年级学生的认知发展水平和合作能力存在个体差异,所以在单元设计过程中需提供多样化的学习支架,关注小组合作情况,提供适当的指导和示范,促进有效的团队合作。

二、主题单元教学目标及重难点

依据信息科技课程标准,本教学单元旨在以"数据探究"为主线,结合信息科技、科学、数学、地理和语文等学科内容,帮助四年级学生理解数据在日常决策中的重要性,并掌握数据处理相关技能,设定如下教学目标。

1. 通过分析气候数据解决旅游地选择的实际问题,理解数据在日常决策中的重要意义,提升信息意识和创新应用能力。

2. 通过在线收集气候数据并使用电子表格软件(如 Excel)录入、整理和初步分析,掌握数据收集与记录的方法,培养数字化学习应用能力。

3. 通过对气候数据进行比较分析,做出合理的解释与预测,理解各统计量(如平均值、极值)的意义,掌握基础的统计方法。

4. 利用数据可视化工具将分析结果转换为图表形式,能根据数据类型和展示目的选择合适的图表类型,阐述图表所反映的趋势和结论。

5. 通过小组学习,明确任务分工,制订旅游方案,培养责任意识与团队合作精神。

6. 通过汇报与展示,根据评价反馈优化方案流程,培养计算思维和创新意识。

教学重点:在真实情境中,有效应用信息科技工具,完成数据收集、整理、分析和可视化,并基于结果作出合理决策。

教学难点:比较不同图表类型的特点及适用场景,根据分析目的选择合适的图表类型,准确表达图表所反映的信息含义。

三、实施进程

与传统课程相比,跨学科主题学习的核心在于引导学生在真实情境中发现并解决问题,"以教师讲授为主体"的教学方式转变为"以学生学习为中心"的模式。依据课程标准及单元教学目标,规划如下单元教学实施进程(见图1)。

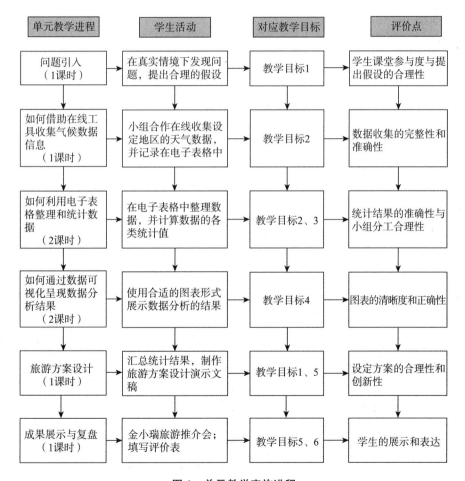

图1 单元教学实施进程

(一)问题引入(1课时)

本课时旨在引导学生理解数据在日常决策中的重要性,通过实例分析和小组讨论,了解数据影响决策的过程。通过分享实际生活中数据影响决策的案例,引发学生对数据在生活中的重要性的思考,从而引出驱动性问题"如何根据历史气候数据选择最佳旅游地点"。通过头脑风暴活动提出解决问题的关键步骤,为后续的数据分析和决策打下基础。

学习支架:生活中的数据介绍视频、学习任务单(见表2)。

表2 问题引入 学习任务单

小组成员:
观看视频并思考"数据如何在日常生活中发挥作用"。
小组讨论并分享"你能想到哪些决策依赖于数据"。
小组讨论并思考"如何利用数据作出更好的决策"。
小组讨论并明确"为了解决问题需要做哪些准备"。
备注:

评价关注点:提出假设的合理性、学生课堂参与度。

(二)如何借助在线工具收集气候数据信息(1课时)

本课时旨在引导学生使用在线工具,通过可信赖的气象数据收集平台(如国家气象局网站)获取所需气候信息。通过演示如何有效使用在线资源获取所需信息,引导学生采用小组合作的方式,选取适当的在线工具收集目的地的气候数据,为后续数据整理和分析做准备。

学习支架:气象数据影响与建议指南(见表3)。

表3　气象数据影响与建议指南

数据信息	影响	建议	是否收集
温度	直接影响旅行的舒适度。极端天气影响户外活动的安排。	在极端温度条件下,选择适宜的衣物,并适时安排户外活动。	
湿度	高湿度可能使空气感觉更闷热,影响体感温度并增加不适感。低湿度可能导致皮肤干燥或呼吸道不适。	在高湿度地区旅行时,穿着透气衣物并补充水分;在低湿度地区,注意皮肤保湿。	
降水量	可能影响户外活动的计划,还可能导致交通延误或引发安全风险。	提前了解降水预报,准备雨具或防水设备,并灵活调整行程。	
风速风向	强风可能影响飞行、乘船等交通工具的安全,也可能影响户外活动。	在强风天气下,避免高风险的户外活动,选择安全的交通方式。	
空气质量	直接影响呼吸系统健康,尤其对有过敏或呼吸道疾病的人群更为重要。	避免在空气质量差的条件下进行剧烈运动或长时间户外活动。	
小组关注的其他气候数据有哪些?			

阶段学习成果:天气数据记录表。

评价关注点:数据收集的准确性与完整性、工具使用的熟练程度。

（三）如何利用电子表格整理和统计数据（2课时）

本课时旨在引导学生将收集到的气候数据进行整理和统计分析,为后续的决策提供支持。通过演示数据处理过程,帮助学生有效地整理数据并计算平均值、差值、峰值等统计量,为数据可视化和分析奠定基础。

学习支架:Excel操作教学视频。

阶段学习成果:天气数据统计表。

评价关注点:统计结果的完整性与正确性。

（四）如何通过数据可视化呈现数据分析结果（2课时）

本课时旨在引导学生借助Excel的图表功能,将统计后的数据进行可视化展示。通过实例分析,学生基本了解了常用统计图表的特征和适用场景。小组讨论并根据展示目的选择并制作图表,完成数据可视化处理。

学习支架:统计图表的特征与适用场景介绍（见表4）。

表 4　统计图表的特征与适用场景介绍

图表类型	特征	示例	适用场景
柱状图	由一系列矩形条组成,每个条形的长度(或高度)表示数据的大小或频率。		比较不同类别的数量差异,如不同地区的温度差异等。
折线图	一系列由线段连接的数据点,显示数据的变化趋势。		分析数据的趋势或变化,如某一地区的温度变化等。
饼图	一个圆形被分割成若干扇形,每个扇形的面积表示某个类别在整体中的比例。		展示整体中各部分的占比,如某地区一年内的天气(晴、雨等)情况等。
雷达图	由一个中心点向外扩展的轴组成,每个轴代表一个维度。		比较多维数据的表现,如学生不同学科的成绩等。
选择哪类图表展示数据信息? 为什么?			

阶段学习成果:天气数据统计图表。

评价关注点:图表转换的正确性、图表类型选择的合理性。

(五) 旅游方案设计(1 课时)

本课时旨在引导学生综合运用所学知识,基于数据分析设计旅游方案。通过分享旅游方案参考案例,帮助学生明确旅游方案设计框架。通过小组合作,结合数据分析结果,制作旅游方案演示文稿,准备展示讲解。

学习支架:旅游方案演示文稿模板文件(PPT 格式)。

阶段学习成果:旅游方案演示文稿。

评价关注点:旅游方案的完整性与合理性。

(六) 成果展示与复盘(1 课时)

本课时旨在通过"金小瑞旅游推介会"的形式展示学生的学习成果,帮助学生将所学知识应用于实践,并通过分享与反馈进一步提升信息素养和解决问题的能力。活动邀请各年级学生代表、各学科教师及校领导共同参与。小组展示汇报旅游方案、分享设计思路、接受反馈与评价,并反思活动过程中遇到的挑战与收获,交流心得与体会。

学习支架:小组工作日志(见表5)、小组评价量表(见表6)。

表5 小组工作日志

小组成员:						
日期	任务内容	主要负责人	进展情况	遇到挑战	解决办法	备注

表6 小组评价量表

小组编号:	
评价人:	
评价内容(0—5分)	得分
小组合作:分工合理,沟通顺畅,合作有效,能积极解决问题。	
任务完成度:时间分配合理,任务按时完成且符合要求,进度符合预期。	
工具应用:信息科技工具使用熟练,工具选择得当且有效。	
方案可行性:方案设计符合实际需求且可操作性强,数据分析结果能有效应用。	
方案创新性:设计思路新颖,解决问题策略具有创新性,有效整合不同学科知识与技能,展现出跨学科的创新思维。	
作品质量:展示作品内容完整,逻辑清晰,信息表达准确,设计美观。	
表达能力:能清晰阐述方案内容并回应反馈意见。	
总计得分	

评价关注点:展示作品的完成度、表达的清晰度和逻辑性。

四、反思小结

本方案以学生为主体,以真实情境下的问题解决为核心,重视教、学、评的一致性。从学习目标出发,设计驱动性问题,围绕驱动性问题组织学习活动,开展伴随式评价,培养学生的数据处理能力和利用信息技术工具解决问题的能力。在探究气候数据和设计旅游方案的过程中,培育学科核心素养,提升跨科学的综合素养,达成核心素养导向的教学目标。

活动实施过程中,教师通过观察学生课堂参与情况和提交的课堂学习任务单,实时评估学生对数据处理的理解与掌握程度,对于学习困难的小组,及时提供指导,帮助完成教学目标。学习成果以"旅游推介会"的方式呈现,引导学生经历自主探究、合作体验、展示交流的实践过程,为学生提供综合运用多门学科知识解决问题的实践应用平台,更好地培养学生的创新应用能力、提升表达能力、激发学习自信心。然而,如何在课堂中更好地引导学生自主发现问题、自主解决问题,而非先讲后练、讲练结合,形成真正的"做中学"的学习模式,仍需持续关注与深入探索。

📖 教学设计

第 5 课时　藏在数据里的秘密

上海金瑞学校　张　爽

一、主题介绍

在数字化时代,数据可视化已成为理解和传达信息的关键技能之一。本课时活动围绕"如何通过数据可视化呈现气候数据分析结果?"这一问题组织学生活动。通过本课时学习,学生将掌握数据可视化的基本技能,在应对实际问题时,学会用直观的图表展示数据信息,逐步形成信息意识,提升数字化创新应用能力,为今后更复杂的数据处理奠定基础。

二、学情分析

在学习数据可视化之前,学生已经具备了基本的数据处理能力,如数据的收集、整理和统计分析,但缺乏使用图表展示数据信息的经验,对图表的理解和选择可能存在一定的困难。考虑到学生个体认知发展水平的差异,在课时设计过程中需提供多样化的学习支架,以及详细的指导和示范,促进有效学习,提升学生的数据处理和展示能力。

三、教学目标及重难点

（一）教学目标

1. 通过实例分析,知道不同类型的图表(如柱状图、折线图等)在数据展示中的作用和特点。

2. 借助 Excel 等工具,将数据分析结果转换为合适的图表形式。

3. 能根据数据类型和展示目的选择合适的图表类型,阐述图表数据含义,提升数字化工具应用能力。

4. 通过小组合作,明确任务分工,完成数据可视化处理,培养责任意识与团队精神。

（二）教学重点

能根据展示目的,选择并制作合适的图表类型,清晰直观地展示气候数据的分析结果。

（三）教学难点

能正确理解并应用不同类型的图表,并通过图表准确传达数据背后的信息和意义。

四、学习资源

教学课件、统计图表的特征与适用场景介绍指南、小组工作日志。

五、教学过程

教学环节	师生活动	设计意图	评价关注点
引入阶段	教师活动:通过展示《1812—1813年对俄战争损失示意图》,引发学生思考数据可视化的重要性。	激发学生兴趣,明确本节课的学习目标和任务。	学生对数据可视化重要性的理解与讨论参与度。
	学生活动:学生观察并讨论图表的作用,初步了解数据可视化在信息传达中的作用。		
讲解展示	教师活动:讲解常见图表的特点及适用场景,演示如何使用 Excel 制作不同类型的图表。	通过实例分析,帮助学生理解不同类型图表的特点和应用场景,掌握图表制作的基本技能。	学生对不同类型图表特点的理解,能否操作 Excel 制作图表。
	学生活动:学生观看演示并记录关键步骤,提出问题并参与讨论。		
自主实践与合作	教师活动:巡视指导,帮助学生解决操作中的问题。	通过实践操作,学生能将所学内容应用于实际数据处理,提升动手能力和合作能力。	学生的操作技能、合作情况及图表制作的准确性。
	学生活动:小组合作制作图表。		

（续表）

教学环节	师生活动	设计意图	评价关注点
展示 与反馈	教师活动:组织学生展示小组的图表,邀请其他学生进行评价并提出改进建议。 学生活动:展示制作的图表,解释选择的图表类型并接受反馈。	提供展示平台,促进学生之间的交流与反馈,帮助他们反思和改进。	图表选择的合理性、解释的逻辑性。
总结 与反思	教师活动:总结本课内容,强调数据可视化的重要性,鼓励学生在日常学习中多使用图表表达数据。 学生活动:学生回顾本课所学,反思自己在图表制作中的表现,思考如何在其他学习中应用这些技能。	帮助学生巩固所学内容,激发他们在未来学习中应用数据可视化工具的兴趣。	学生整体课堂参与度与理解度。

 专家点评

本跨学科主题学习方案在设计上展现了较强的教育价值和跨学科融合性。方案巧妙地将信息科技与科学、数学、地理和语文学科结合,通过"数据收集、分析与可视化"这一主线任务,引导学生利用信息科技工具收集和分析气候数据,进而设计出最佳旅游方案。这种设计不仅紧扣《义务教育信息科技课程标准(2022 年版)》的要求,培养了学生的数据分析与处理能力,还通过将气候数据与旅游文化相结合,增强了学生对环境问题的关注和可持续发展的意识。方案在跨学科融合上表现突出,信息科技在整个学习过程中发挥了核心作用,通过与科学的气候知识、数学的统计分析、地理的空间理解以及语文的表达能力的有机结合,学生能够在实际问题解决中深刻理解各学科的联系与应用,全面提升了综合素养和解决复杂问题的能力。

在课时教学设计中,教师围绕"如何通过数据可视化呈现气候数据分析结果?"这一驱动性问题,设计层层递进的学习任务,引导学生逐步深入理解数据可视化的基本概念、方法及其在气候数据分析中的应用。在课堂实施过程中,教师仔细演示并讲解数据转化为表格的过程,给学生充足的时间去巩固和应用所学本领,对学生可能会遇到的问题预估准确。建议在学习过程中给学生更多自主探究、自主发现的机会,进一步关注学生高阶思维的培养。

点评人:上海市教师教育学院(上海市教育委员会教学研究室)　费宗翔

小 学 美 术

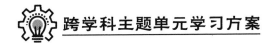

跨学科主题单元学习方案

我为海洋发声

——电子公益海报制作

上海市浦东新区民办正达外国语小学　张　瑞　朱盈盈　江璐丽

一、主题概述

　　本主题活动是依据沪教版美术教材五年级第一学期第三单元《校园海报》拓展衍生出的新内容,以"制作电子公益海报"为主线,结合科学学科、现代信息技术学科,以保护海洋为出发点,从问题解决的视角引领学生在实际情境中探究造成海洋污染的具体原因,创意绘制一幅主旨突出、富有感召力的电子公益海报。学生通过小组合作,总结归纳海报设计的基本方法,感受像设计师一样设计一幅富有创意的平面作品。在实践操作中,体会运用设计思维解决生活中的问题,发展创新意识。具体内容见表1。

表1　信息汇总表

学校:上海市浦东新区民办正达外国语小学	
主题名称:我为海洋发声	关联学科:科学、现代信息技术
教师小组:张瑞、朱盈盈、江璐丽	
学习对象:五年级学生	主题时长:5课时
教学单元: 沪教版美术五年级第一学期《校园海报》	相关核心素养: 文化理解、审美感知、创意实践、艺术表现
驱动性问题: 如何创意设计一幅电子公益海报来宣传保护海洋?	
主题学习成果: 海洋污染具体原因及危害探究报告;绘制出一幅保护海洋的电子公益海报。	

（一）单元主题学情分析

本单元主旨是"设计制作一幅宣传保护海洋的电子公益海报"。公益海报作为相对普及的平面设计门类,经常出现在现代生活的真实场景中,内容贴近学生的生活。结合执教的五年级学生的发展情况可知,他们具有很强的主观能动性,正义感强烈,想象力丰富,对新鲜事物具有敏锐的观察力;他们还在以往的项目式学习中积累了学习经验,熟悉小组合作与讨论、探究学习、方法归纳、组内自评和互评评价,这为项目的顺利完成奠定了基础;他们已初步具备了不同学科的素养能力(见表 2),这些能力能够在项目中支撑学生去解决不同阶段的子任务,最终设计出个性化的海报作品。

但我校五年级学生的平面设计经验还不是特别丰富,尤其在运用电脑软件去设计表现上,因此,在教学过程中教师通过为学生设计微课、学习手册、任务单、评价表等内容建立学习档案,让学生能够厘清项目不同阶段的知识点,做到有"据"可依、有"法"可循,保证项目的顺利展开。

表 2　我校五年级学生已经具备的学科能力

学科	学生已掌握的知识技能
美术学科	• 能够利用绘画语言创意性地表达自己的想法。 • 掌握不同的构图表现方法。 • 多次为学校活动设计 logo 以及邀请函。 • 为校园设计文创产品效果图。 • 为班级设计吉祥物。 • 具有一定的设计思维和审美能力。
科学学科	• 初步具备科学思维和科学观念,以及探究问题的能力。 • 能够归纳概括总结问题的能力。 • 会使用思维导图归纳总结问题。 • 了解海洋污染的部分原因及危害。 • 有自己对海洋污染的思考以及如何减少海洋污染的认识。
信息技术学科	• 会使用平板电脑,能够正确使用网络,浏览网址中的文字、图片、视频资源,通过搜索引擎及词条找到自己想要的答案。 • 已学习 PPT 排版、插入图片、选择素材、拉伸图片、抠图、调色、字体使用等相关技能。 • 已学习美图秀秀、醒图等图片处理工具,掌握文字、图片基本的编排规律。 • 已学习摄影以及利用 AI 处理照片技术。

（二）真实情境下的问题驱动

海洋是地球上最宝贵的自然资源之一,目前正遭受着前所未有的污染危机。随着全球工业化和人口增长,大量未经处理的废弃物和污染物被排入海洋,导致水质恶化、生态系统破坏。塑料垃圾是主要的污染源之一,它们不仅破坏海洋生物的栖息地,还可能通过食物链影响人类健康。石油泄漏、化学污染和核废料排放进一步加剧了海洋环境的脆弱……海洋污染的严重性不仅威胁到海洋生物的生存,也对人类社会的可持续发展提出了严峻挑战。我们迫切需要呼吁更多的人关注海洋健康。

本项目基于海洋污染的真实现状,以"如何创意设计一幅电子公益海报来宣传保护海洋?"为驱动性问题引发,学生思考,促使学生在活动中更加科学、全面地认识海洋面临的多种污染及威胁;运用艺术思维,学习像设计师一样巧妙设计海报中的元素(图案、文字、色彩);利用现代科学技术,完成电子海报的制作。

（三）跨学科主题学习,促进核心素养发展

《义务教育艺术课程标准(2022 年版)》(以下简称"新课标")强调要坚持以美育人,加强美术学科与其他学科的联系,引导学生运用多学科的知识与方法解决问题。本项目以"制作一幅电子公益海报来宣传保护海洋"为驱动任务,通过跨学科的合作,引导学生从科学、美术和信息技术三个维度深入探究海洋污染问题,制作出主旨突出、视觉冲击强的公益海报。

在过去的教学实践中,学生在美术课上虽然能够设计出形式美观的作品,但作品中的图案和文字内容在深度和个性化表达上往往显得千篇一律、不够深刻。在本次项目中,我们利用科学学科的探究活动让学生对海洋污染有了全面、深刻的认识。学生通过资料搜集,不仅了解到了塑料污染、化学污染、核污染、生活污染等多种海洋污染的成因,更对污染对生态系统(人类和自然界)的影响有了直观的感受,这种科学认知为学生在后续海报设计活动中对图案选择和文字表述提供了坚实的基础和明确的指向。

除此之外,深入了解海洋污染现状也激发了学生自身的环保意识和责任感。学生开始思考如何通过自己的行为减少对环境的消极影响,这种自我反思不仅体现在他们的日常生活中,也为海报设计中图案及文字的选择提供了新的灵感。整个科学探究的过程,不仅锻炼了学生的思维能力,还将德育渗透进整个项目,落实了"立德树人"的新课标精神。

在美术学科中,学生将学习海报设计的基本规律与设计方法。运用创意思维将科学探究的成果转化为视觉艺术。通过对图案(替换、夸张、重复)、文字(字体设计、文案设计)、色彩(色彩寓意、对比强烈)、版式(左右、上下、四角、中心)的创意设计与组合,学生将完成海报稿图的创作。这一过程不仅提升了学生的艺术素养,也锻炼了他们的沟通、表达能力。

在本项目中,信息技术学科的融入为电子海报的呈现提供了技术支持,它为学生提供了将创意转化为数字化作品的工具,让学生在创作过程中体验到了科技带来的便捷。在软件中,他们根据自己的设计稿图,能够快速地选择设计元素,尝试不同的布局和色彩搭配,直至调整出最佳的视觉效果。这种灵活性和高效性是传统手绘难以比拟的。同时,信息技术也为手绘基础薄弱的学生提供了表现创意的便捷方式。利用信息技术创作出具有时代感和创新性的电子海报作品,有助于在真实的网络上分享和传播,扩大了作品的影响力。它不仅提高了学生的创作效率和作品质量,还培养了他们的信息素养和创新能力。

在本次跨学科项目活动中,三个学科相互串联、递进和支撑。通过对不同学科知识的综合运用,培养学生运用多学科素养解决问题的思维,让学生在原有单一学科的知识层面上,发展深度思考力和创新力,不仅提升了学生的核心素养,也为他们的终身学习和全面发展奠定了坚实的基础。

二、KUD 模式下单元主题教学目标

本项目的单元教学目标可以用 KUD 模式设计表述:K(Know)——学生知道,U(Understand)——学生理解,D(Do)——学生能做,也就是技能。KUD 理论的核心是理解,因为只有理解了才能对知识有全局的把握,才可以融会贯通地使用相关技能。具体内容见表3。

表 3　KUD 单元教学目标

(K) 学生知道	1. 通过文字、图片、视频了解海洋正在面临严重污染的现状,了解海洋保护人人有责,从我做起。 2. 了解什么是海报、海报的种类、公益海报以及公益海报的意义。 3. 通过网络欣赏国内外优秀设计师的公益海报,能够感受海报表达的深刻含义。 4. 能够从网络中选取一幅自己喜欢的海报,简单表达原因(提示词:创意表现、含义共鸣、文案内容……)	美术学科素养: 文化理解; 审美感知

（U）学生理解	1. 通过任务单、小组合作，自主探究总结海洋污染的不同原因（塑料垃圾、石油污染、工业污染、核污水……），了解海洋污染给动物、环境及人类带来的不同危害。 2. 通过思维导图、学习手册、任务单了解海报构成元素基本的设计方式——图案（夸张、重复、替代、讽刺……）、文字（字体设计和文案设计）、色彩（对比强烈、象征性）及排版样式（左右、上下、对角、包围……），掌握创意设计公益海报的基本规律。 3. 通过"描述、分析、解释、评价"四步法欣赏解读国内外设计师对于保护海洋主题海报的创意诠释。 4. 通过教师微课展示 Canva 工具使用——导入图片、复制、抠图、变形、字体选择、色彩使用、画笔使用、拖动等常规基本操作，学会根据教学视频、任务单，练习总结操作方法。	1. 科学学科素养：科学思维能力，科学探究能力 2. 美术学科素养：审美感知 3. 信息学科素养：数字素养，信息素养
（D）学生能做	1. 能够掌握基本的平面设计方法，根据表达的主题，选择自己需要的图案（网络下载或者手绘拍照）、文字、色彩和版式，简单绘制出设计草图。 2. 利用 Canva 软件，设计出彰显个性、主旨鲜明、视觉冲击力强、创意十足的电子海洋公益海报，学生与时俱进掌握现代多媒体技术，方便生活。 3. 通过本项目的学习，提升海洋保护的意识，保护环境，更加热爱我们共同生存的家园。 4. 能够把制作完成的电子公益海报作品通过学校公众号、抖音账号、微信朋友圈或者打印张贴在校园进行宣传，呼吁更多人关注海洋问题。	1. 美术学科素养：艺术表现，审美感知，创意实践 2. 信息学科素养：媒体素养，信息素养，创新素养

三、实施进程

本项目以"制作电子公益海报宣传保护海洋"为驱动性任务，通过一系列子任务来引导学生主动思考与探究学习，学生围绕任务展开小组合作与探究，从立项准备到制作完成再到展示环节，学生在主动学习中发现问题、归纳方法、解决问题，整个项目的教学内容分成以下几个环环相扣的环节（见图1）。

（一）立项阶段

"你们知道我们的海洋现在正面临着怎样的污染吗？我们要如何去做呢？"当教师让学生观看海洋污染现状视频并公布驱动性问题后，学生们知道了本项目最终是需要分组完成一幅保护海洋的电子公益海报。但是如何设计一幅电子公益海报呢？该如何入手呢？"我在手机上见过微信图片，那种公益的保护野生动物的。"

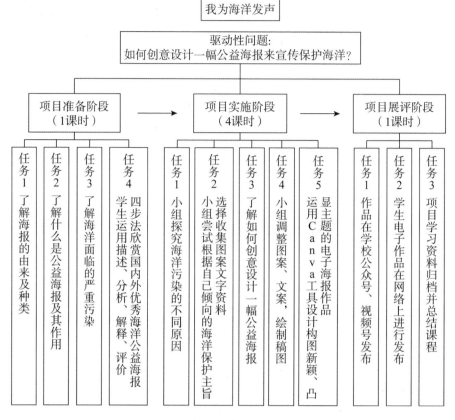

图 1　单元教学进程流程图

"我在地铁上见过公益类的海报,是不是和我们这次要完成的差不多?"同学们的头脑风暴开始了,大家一边交流,一边以志趣是否相投为依据进行分组。

(二)项目架构阶段

想要如期完成项目的最终任务,首先需要将其拆解为若干子任务。为了更好地帮助学生完成任务拆分,师生共同将此项目拆分成四个依次完成的子任务。

子任务 1:了解认识公益海报,明确项目主旨(1 课时)

什么是海报?它有哪些种类?公益海报在生活中有什么作用?你最喜欢的公益海报作品是什么?通过一系列的问题,引导学生在欣赏、了解公益海报过程中,主动投入到知识的搜集与总结中去。他们了解了公益海报的作用,利用费德曼四步欣赏法欣赏了国内外优秀的公益海报作品,加深对文字的创意表达以及主旨表达的理解和认识,加强公益海报画面的视觉冲击力,初步感受海报设计的方法,为后续的学习奠定基础。此阶段的资料搜集和学习可在课间或者课后完成。

学习支架:认识公益海报任务单(见表4),费德曼四步欣赏法任务单(见表5)。

表4 认识公益海报任务单

任务单:认识公益海报
1.什么是海报?它有哪些种类?
2.什么是公益海报?它在社会生活中有什么作用?
3.你们愿意通过制作公益海报为海洋发声,让更多人参与到海洋保护中来吗?

表5 费德曼四步欣赏法任务单

2.1 海洋公益海报赏析学习单		
自主选择优秀海洋公益海报作品进行简单概括(打印出来附在背面)	简单描绘:	
费德曼四步欣赏法	描述	从这幅作品中,你看到了哪些元素?它们表现了什么主题?
	分析	请结合海报作品中的文字、图形、色彩要素,分析作者如何通过设计更好地传达主旨。
	解释	通过这幅海报,作者向我们传递了什么?有什么意义?
	评价	你喜欢这幅海报设计作品吗?为什么?

评价关注点:小组成员间互评配合度和参与度,教师可以及时掌握、调节和指导;学生自评对于国内外优秀公益海报的学习和探究情况是否达到预期。

子任务2:巧用思维导图,探究海洋污染源头(1课时)

海洋的污染是哪些原因造成的?不同成因会给海洋带来哪些不同的危害?海洋污染会给海洋生物带来哪些危害?海洋污染会给人类带来哪些污染?

这一阶段学生以小组为单位,教师提供平板电脑及网址,学生利用网络中的文字、视频资源,探究归纳海洋污染有哪些具体原因及污染源造成的相关危害。通过了解海洋污染的现状,学生对海洋污染进行思考及自我反思,再通过小组交流讨论,最后以思维导图的形式呈现出来,为下节课创意设计海报中的图案、文字、色彩提供创作依据和源泉,使学生设计出来的海报"言"之有物。

学习支架:教师提供的网络地址、不同思维导图的样式、探究海洋污染任务单(见表6)。

表 6　探究海洋污染任务单

任务单:绘制思维导图呈现探究海洋污染的具体原因及危害(格式不限)

评价关注点:学生在讨论、探究的过程中能否准确归纳海洋污染的主要原因及其危害,能否根据探究原因找出相关的图案及文字资源。

子任务 3:掌握海报设计方法,创意设计海报稿图(2 课时)

如何设计出具有视觉冲击力的海报? 如何创意设计海报中的图案? 如何创意设计海报中的文案及字体? 色彩如何搭配以增强视觉冲击?

海报作为视觉艺术传达的形式,需要强烈的视觉冲击力。因此,在创作中,如何创意设计出引人注目、主旨突出的图案是本阶段的核心任务。首先,学生结合上阶段科学探究的成果,从海洋污染的多种原因及危害出发,选择海报图案中将要使用的形象。例如核污染,学生选择的形象有核辐射的标志、排水管、黑色的水源、鱼骨、变异海洋生物等;相应的文案设计也跟核污染有关,例如"核"以为家、"核"去"核"从;塑料污染则选择塑料袋、塑料瓶、外卖盒、海龟,文案也相应和"塑"有关,例如不"塑"之客;除此之外,也可以从学生自身的思考和反思出发——"使用环保袋""少食外卖""抵制核污染食物"等也是海报图案形象选择的依据。

确定好了图案形象,师生在课堂中通过解析海报案例,一起归纳创意设计图案(重复、夸张、替换、拟人)、文字(文案、字体)、色彩(寓意、对比强烈)的一般规律和方法。小组成员选择合适的设计方法,完成海报稿图的设计。以核污染为例,某一小组的海报稿图把排放进海水中的核污水形象夸张变形成了一个要吞噬海洋鱼群的怪兽,颜色使用黑色,和蓝色的海洋产生强烈对比,增强了海报的视觉冲击力。

在本阶段学习中,教师提供给学生任务单及学习手册。其中学习手册向学生分类提供不同图案的设计方法、文字设计方式以及色彩如何使用的国内外优秀公益海报样例,辅助学生深刻了解设计的基本规律,帮助学生完成本节课的学习任务。

学习支架:海报设计学习手册、如何创意设计一幅公益海报任务单(见表 7)、海报稿图设计创作任务单(见表 8)。

表 7　如何创意设计一幅公益海报任务单

任务单:如何创意设计一幅公益海报
1. 如何创意设计图案?

（续表）

| 2. 如何创意设计文案及字体？ |
| 3. 如何创意运用色彩？ |

表8　海报稿图设计创作任务单

任务单：请完成保护海洋公益海报稿图设计（单独附一页）	
主题选择	（塑料污染、生活污染、化学污染、核污染、综合污染……）
结合主题选择相关的形象	
文案设计（请根据需要设计文案）	标题： 正文： 说明文：
色彩运用	
制作材料（手绘、综合材料、摄影、电脑设计）	
版式设计（左右结构、上下结构、包围式、居中、对角……）	
设计说明：	

评价关注点：学生能够掌握基本的平面设计方法，根据自己表达的主题，选择需要的图案、文字、色彩和版式，创意绘制出设计草图，凸显海报主旨。

子任务4：利用现代软件技术，完成电子公益海报制作（1课时）

Canva软件该如何运用？如何利用Canva的素材库对电子海报进行创作？如何借助Canva让自己的海报作品更加完善？

本阶段任务是小组依据设计稿图，利用Canva软件制作电子海报，教师为学生提供Canva软件如何操作的微视频。小组内结合设计稿图，利用软件中"素材导入""选择素材""复制""拉伸""色彩填充""字体样式"等指令，尝试制作效果最佳的海报作品。在讨论中完成海洋电子公益海报的绘制。课堂上教师分组巡视指导，不同小组之间也可以相互交流学习，利用现代软件完成电子海报的绘制。

学习支架：教师录制的Canva使用操作微视频。

评价关注点:学生是否能运用 Canva 软件,根据设计要求,合理利用工具指令;与小组成员有效沟通,向同学提出或接受有价值的建议并改进。

（三）项目结项阶段

在最后一节课里,所有小组整理本阶段的学习资料,放入学习档案袋,并上交项目学习成果——电子公益海报作品。教师把参与此次项目的所有班级小组作品制作成动态相册,在学校门口电子屏幕、学校公众号上进行展示,赋予本项目真实的意义,呼吁更多的人关注海洋问题、参与海洋保护。让学生感受到他们的学习真正参与了社会生活,感受到社会主人翁的责任,增强公益事业责任感。

学习支架:展示评价组内自评表(见表9)。

表 9　展示评价组内自评表

评价项目	评价内容		一星	二星	三星	四星	五星
展评设计	主题突出,具有创意。						
展示评价	展评效果	根据自己作品的展示需要准备道具。合理布局,能让观者感受到作品所传达的意义。					
	观展评价	语言表达条理清晰,能体现逻辑思维能力和分析能力。					
	合作探究	能体现合作与探究精神,能积极参与小组成果展示并发表观点。					
档案袋展示	内容完整	能全面完成本单元中的主题、欣赏、技法、构思、创作评价等各阶段的学习单、评价量规等。					
	排版精美	图文并茂,富有创意和美感。					
学习小结	反思小结	能对小组的海报设计作品及自己参与本单元学习的表现进行客观的评价,对本单元的基本问题发表个人独特观点。					

评价关注点:能运用艺术语言表述或者介绍自己的海报作品;是否运用设计思维对自己组内作品提出再修改的意见;能否准确对自己在这次活动中的参与度作出公正的评价。

四、成果反思

本案例以制作电子公益海报为切入点，从驱动性问题出发，围绕项目学习目标，以任务链的方式组织学生活动，推动主题进程。在解决问题的过程中，综合运用多门学科的知识和技能，在探究海洋污染原因时培养学生的批判性思维和解决问题的能力；在艺术创作过程中，提升了学生的审美感知、艺术表现、创意实践以及文化理解的学科核心素养；在利用现代化软件实现将手绘作品转化为电子海报过程中，提高了他们使用技术的能力，让他们体验到了数字创作的便捷和高效。这一过程不仅锻炼了学生们的综合能力，也为他们积累了跨学科学习的经验，为他们以后的深度学习以及运用多学科素养解决现实生活中的真实问题奠定了良好的基础。

在整个项目过程中，我们以学生为中心，教学模式也从"以知识为本"向"培养核心素养为本"转变，给予学生自主学习的空间。教师则转变角色为"教练"，为学生提供学习支架，并在需要时及时给予针对性指导。学生也展现出较强的自主学习能力，他们主动搜集资料、提出问题、解决问题，并在小组合作中学会沟通和协作。通过这一过程，学生的综合素养能力得到了显著提升。

在本次跨学科项目活动中，学生都有不同的成长和变化，他们通过主动学习、合作探究和创造性表达，不仅学到了知识，更培养了解决问题的能力。我们将继续致力于跨学科教学的实践和创新，为学生提供更多元、更富有挑战性的学习机会。同时，我们也将继续反思和改进，以确保我们的教育能够满足学生的发展需求，将他们培养成能够适应未来社会的优秀人才。

教学设计

第4课时　如何创意设计一幅海洋公益海报

上海市浦东新区民办正达外国语小学　张　瑞

一、主题介绍

本节课作为整个跨学科项目中的核心环节，以美术学科为主导，旨在培养学生掌握平面设计的基本方法和技巧。通过本课程,学生将学习海报设计的基本原则,深入理解如何创意地将图案、文字和色彩这三个海报设计的基本要素有机结合。海报是视觉传达艺术形式,因此如何设计海报中的图案是本节课要解决的重点问题,结合上一阶段对海洋污染原因科学探究的结果,通过设计方法的总结与提炼,学生将学会把科学探究的结果转化为具有视觉冲击力的海报,从而提升公众对环境问题的认识和关注。本节课的目标是让学生掌握海报设计的基本原则,设计出主旨突出的海洋保护公益海报,实现艺术与社会责任的结合。

二、学情分析

本课的教学对象是本校五年级的学生,这个学龄段的学生具有一定的设计、审美能力,他们能够根据主题利用绘画语言创意性地表达自己的想法,利用不同的构图方法表现不同的画面。他们多次为学校活动设计 logo、校园文创产品,培养了设计思维和设计意识。但学生没有经历过完整的平面作品的设计过程,本节课的目的就是教学生学会平面设计的基本方法,帮助学生将碎片化的知识串联起来,形成全面的知识体系。活动前期,学生通过小组合作已经探究了海洋污染的具体原因及其危害,学生可以初步选择感兴趣的污染原因,搜集相应的图案及文字资源,为本节课设计方法的运用奠定素材基础。

三、教学目标及重难点

知识与技能:了解公益海报的组成要素,学会创意设计海报中的图案、文字、色彩、版式的基本方法,再次结合探究结果,优化修改图案及文字,设计出主旨突出的公益海报。

过程与方法:在学习手册的支撑下,以任务单的形式探究欣赏优秀海报示例,进行知识点的总结,学习创意设计海报的方法。

情感态度价值观:在探索和发现中感受平面设计的快乐,感受创意设计带来的惊喜,增强学生自主探索意识,提升保护海洋的意识以及平面设计能力,激发学生的创新意识。

教学重点:了解掌握如何创意设计图形、文字、色彩这海报三要素。

教学难点:能够结合污染不同原因及结果,选择合适的图案进行创意设计,结合海报排版的基本方法,绘制出版式美观、凸显主旨的海报设计稿图。

教学资源:

1.硬件:网络、媒体设备。

2.软件:课件、海报学习手册。

3.学习工具:任务单。

四、教学流程

活动一	回顾与发现
活动内容	1. 通过任务单回顾上节课的知识点任务。 2. 通过任务单、思维导图,小组交流分享,根据科学学科探究结果尝试选择污染主题及生活中相对应的海报图案形象。 3. 出示课题:如何创意设计一幅海洋公益海报?
设计意图	通过回顾上节课的教学任务,交流讨论任务单任务。
活动二	探究与发现
活动内容	1. 了解海报构成三要素:图案、文字、色彩。 2. 如何创意设计图形、文字和色彩?(以任务单为导向完成自学探究) 3. 通过思维导图梳理创意设计海报三要素的方法:通过任务单、学习手册、思维导图,师生总结具体创意设计图形、文字和色彩的方法。
设计意图	将笼统的创意设计海报拆解成如何创意设计海报的三要素,知识拆分成一个个小问题,细细品、慢慢思,构建思维框架,更加有利于提升学生对海报设计的全面认识。
活动三	归纳与总结
活动内容	通过思维导图归纳创意设计海报三要素的方法。 思维导图 驱动性问题:如何创意设计图案、文字、色彩这海报三要素? 图案 —— 对比、夸张、拟人、重复、替代 文字 —— 字体设计 —— 拉伸、变形、文字图形化、丰富字体 　　　　 文案设计 —— 主标题、副标题、描述性文字 色彩 —— 对比强烈、和谐统一、象征意义 　　　　 → 凸显主旨,视觉冲击力强

（续表）

设计意图	通过思维导图厘清创意设计海报就是创意设计海报中的图形、文字、色彩等要素，掌握平面设计的基本方法。
活动四	讨论与总结
活动内容	1. 师生结合实例理解海报三要素的设计与运用。 掌握版式构图的要素原则，强调难点。 说一说：如何创意设计图形？（小组图案形象的初步选择来源于探究海洋污染的原因） 2. 图片运用了哪些创意设计的技法？ 3. 不同的图片设计方法给你怎样的感受？ 说一说：如何创意设计文字？ • 文案设计：创意标题、解释性的副标题，描述事实、记录科普的正文…… • 字体设计：变形、字即是图案…… 说一说：如何创意运用色彩？（象征意义、对比强烈） 看一看、说一说：如何创意设计海报版式（左右、上下、中心、四周） 教师综述：所有的设计都是为了凸显设计者心中的主旨。
设计意图	通过展示优秀海报案例不同的设计方法，让学生在玩一玩、说一说、看一看的互动中，再次落实教学活动中的重难点，同时检验学生的掌握情况。
活动五	合作与创作
活动内容	根据海洋污染探究结果，结合创意设计海报的方法重新修改与完善任务单。 1. 小组合作，共同商议，选择表现主题、图案、文案字体、色彩。 2. 选择凸显主题的版式。 3. 小组完成定稿草图，并阐述说明。
设计意图	学生能整合探究海洋污染结果并结合创意设计海报的方法进行海洋公益海报的设计。
活动六	总结与评价
活动内容	自评、互评、师评。 评价标准： ◇ 0—1★：未达到基本要求 ◇ 2—3★：基本满足要求 ◇ 4★：良好，超出预期 ◇ 5★：优秀，远超预期 • 教师、组员及个人在评价时，可以根据学生表现的具体情况给予相应的评语和反馈。
设计意图	学生综合检验、判断自己是否掌握了创意设计海报的方法。

专家点评

海报设计是设计课程的重要内容之一。针对学生在主题性海报设计中的常见问题,教研团队开展了"我为海洋发声——电子公益海报制作"的跨学科项目设计。这样的设计与实施体现了以下亮点。

首先,针对美术教学内容——海报设计图案、文字雷同,艺术表现缺少创意等常见问题,探索通过跨学科学习来拓宽学生思路、丰富表现形式与内容,体现了教师立足本学科的教学基础,通过跨学科支持来解决单学科难以解决的问题的意识与研究能力,较好地体现了对跨学科教学的理解。

其次,教学设计较好体现了关联学科对海报设计的支持作用。其中,通过科学学科的探究,学生不仅了解了海洋污染现象,形成了污染对生态系统影响的直观感受,更了解了各种污染源造成海洋污染的原因,并能结合自己的生活,思考减少污染的方法,这样较为系统的探讨拓宽了学生对设计主题的认知范畴,也为学生在海报图案设计和文字内容方面提供了多样的思考与选择,为解决海报设计图案、文字雷同问题打下基础。通过信息技术的运用,学生能更加便捷地选择设计元素,尝试不同的布局和色彩搭配,更为高效地呈现自己的不同想法与创意。同时,电子形式的海报作品便于在真实的网络上分享和传播,扩大了作品的影响力,亦能使学生更强烈地体会到设计服务于生活并美化生活的意义,同时感知到自己为社会所做的贡献。

最后,建议教师能够在此基础上根据学生的学习反馈,发现存在的问题,引导学生从污染现象、污染原因、良好习惯等方面开展更深入的讨论,以进一步促进学生对海洋污染的理解,拓宽学生的设计思路,促进发散性思维的形成。同时,建议提供并分析不同设计风格的作品,来启发学生的艺术表现思路,促使学生运用更多样的视觉形象来创意表达自己的理解。另外,还可以创设更有意义的任务,来促使学生体会设计对生活、对社会的作用,感受美术学习的意义,从而进一步强化美术教育的价值。

点评人:上海市教师教育学院(上海市教育委员会教学研究室) 徐 敏

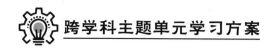

跨学科主题单元学习方案

我的课桌椅我做主

——3C 课桌椅的创意之旅

上海市民办扬波外国语小学　吴轶玲　季正蓓　王　珊

一、主题概述

（一）主题背景

《义务教育艺术课程标准（2022 年版）》的总目标中提出"发展创新思维，积极参与创作、表演、展示、制作等艺术实践活动，学会发现并解决问题，提升创意实践能力"，同时明确提出了"融入跨学科学习"的学习任务，以此提升学科综合素养。要求联系学生的日常生活和学习实际，组织学生以个人或小组合作的形式，将美术与身边校园环境、社会与科技相融合，注重引导学生建立"美术与其他学科相融合，富有创意地解决问题"的思维能力。

本方案基于一封来自四年级向日葵少先队的信，信中对目前学校传统课桌椅的功能结构、高度和舒适度等提出了一些意见。最近，学校在三至五年级学生中开展了一份关于课桌椅满意度的问卷调查，数据显示：学生认为学校现有课桌椅在功能、舒适度等方面均需要进行人性化改进，许多同学同时表达了希望亲自设计一款实用性、美观性、智能性兼具的课桌椅的意愿。基于此，我们设计并开展了"我的课桌椅我做主——3C 课桌椅的创意之旅"的跨学科主题单元学习。

（二）育人价值

此方案设计立足以美育人，遴选重要观念、主题内容和基础知识，设计学习内容，增强内容与育人目标的联系，落实核心素养。其中，3C 分别对应 Comfortable（舒适的）、Convenient（便捷的）、Conceptual（新概念的），在课桌椅的再造设计中融入不同的学科知识和相关思考,穿插对应的课程学习活动,以此实现如下育人价值。

1. 审美感知。引导学生通过观察身边的生活用品,从舒适、美观和便利的角度,发现其不足之处,了解"实用与美观相结合"的设计原则。感知造型元素和形式原理,并能在收集和欣赏中外设计师作品的过程中,产生对艺术风格的初步感受,提升学生的审美感知。

2. 艺术表现。通过学习设计师的设计流程,引导学生探索利用传统与现代的工具、材料和媒介,创作平面与立体形式的美术作品。学生运用所学的美术技能,绘制体现美观、舒适、实用、环保的新型课桌椅草图,并运用3D打印制作模型。表达自己的所见、所感、所想,学会以视觉形象的方式与他人交流,培养学生的艺术表现能力。

3. 创意实践。通过真实的问题情境,即如何设计一款集舒适、实用和美观于一体的课桌椅,引导学生运用美术、数学、信息、道德与法治等学科技能,培养综合运用多学科知识,紧密联系现实生活,进行艺术创新和实际应用的能力。

4. 跨学科主题单元学习。在探究学习的过程中,学生分组合作,彼此沟通,对课桌椅可增添的功能以及可行性进行方案探究,体现了学科整合、团队合作以及协调沟通的能力。

(三)内容结构

本方案以《义务教育艺术课程标准(2022年版)》为指导,强调创新思维与艺术实践的重要性,注重跨学科学习。课题背景源于学生对学校现有课桌椅的改进意愿,旨在培养学生的综合素养、合作沟通能力以及社会责任感。

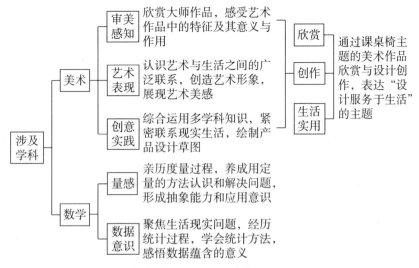

图1 跨学科主题方案内容结构图

（四）学情分析

我校美术教学一直秉承"艺术源于生活并用于生活"的理念,鼓励引导学生从生活中进行艺术学习和探寻。四年级学生对立体物体已经有了一定的空间概念。大多数学生能够认识线条,认识色彩搭配,具备一定的审美观察能力。但若在实际生活中进行应用,学生还缺乏感悟真实体验的能力。

四年级学生对物体的立体感已经有了一定概念,能够接触并且一定程度感知色彩的冷暖、明暗和宽窄等,可以初步运用线条表现物体的造型和美感。但在创意设计、灵动思维以及智能化思辨等方面,学生还有待提升和充实。在日常教学和学习生活中,我们发现学生往往不懂得如何将课堂所学的知识运用于生活之中。他们渴望有一个践行平台能将所学的多学科知识和基本技能运用至实践活动中,学生从被动到主动,对课桌椅存在的问题进行数据统计和资料搜集,对功能和外观进行假设探究,通过观察思考、动手操作、适度想象和模拟实践来解决当下实际问题,培养自身综合能力。

二、主题学习目标

1. 了解"实用与美观相结合"的设计原则,从舒适、美观和便利的角度,发现当下课桌椅的不足之处。从舒适、美观、符合学生使用需求的角度,用手绘草图等形式表达自己的想法,为学校设计课桌椅。帮助学生形成"设计服务于生活"的大观念。

2. 能够针对不同的问题,用美术与其他学科相结合的方式提出解决问题的思路和方案,设计、制作不同的作品。能够尝试通过图形化的工具和运用简单的程序语言设计日常生活物品,体验编程与设计的关系。活动中,学生通过搜集资料,将碎片化的信息进行统计归纳,学生能够根据实际问题需要,经历简单的数据收集过程,了解数据收集、整理和呈现的简单方法,通过数据收集和测量的过程,感悟数据所蕴含的信息,知道数据所反映的客观需求以及测量数据在设计中的重要作用,并且在测量活动中,将设想和数据紧密联系,养成尊重事实、用数据说话的科学态度。

3. 利用画笔和计算机,运用造型元素和形式原理,为学校设计课桌椅。尝试通过图形化工具,运用简单的程序语言,设计日常生活物品,体验编程与设计的关系。在使用人工智能软件的过程中,感受科技为艺术设计带来的便捷,同时,也进一步了解设计所需要考虑的色彩、造型、材质等因素如何影响最后作品的呈现。学生根据学习、生活中的任务情境,使用恰当的在线平台获取文字、图片、音频与视频等资源,设计、创作简单的作品。

4. 探究身边环境中存在的问题,综合运用不同学科的知识、技能和思维方式,能够提出解决环境问题的思路与方案,并进行展示与交流。学生通过此次跨学科单元学习,掌握发现问题、解决问题的能力,并能够养成做规划的习惯。

三、教学实施情况

(一)单元教学流程

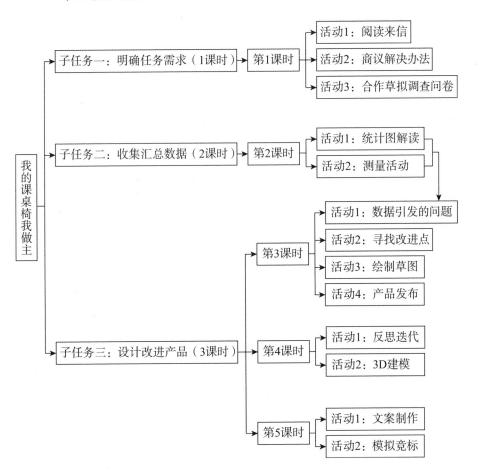

图 2　单元教学流程图

（二）课时安排

项目阶段	课时	课题	活动内容	
明确任务需求	第1课时	一封投往大队部信箱的建议信	明确任务	1. 阅读一封少先队员的来信,了解队员的需求。 2. 观看视频,学习方法。 3. 商议解决办法,策划具体流程。
			问卷调查学习评价	1. 小组分工,草拟问卷内容。 2. 学习如何使用"问卷星"设计问卷。
收集汇总数据	第2课时	数据收集	解读统计图	1. 解释问卷形成的统计图所表达的意义,根据结果统计学生需求。 2. 分组讨论本小组最想解决的课桌椅问题。
			测量活动	1. 通过小组头脑风暴商议测量内容和测量方法。 2. 交流反馈并最终确定测量内容,认读测量标识、定义。 3. 运用工具开展具体测量活动,计算、收集数据(教室课桌椅的面积范围、适合学生身高的课桌椅高低范围)。
设计改进产品	第3课时	我的课桌椅我做主——3C课桌椅的创意之旅	合作探究	1. 查阅分析调查问卷及统计数据。 2. 观察、比较一至三代课桌椅。 3. 记录学生在造型、功能、色彩和材质方面的需求,并归纳梳理出相应的改进点。
			分析创作	1. 观看视频,归纳设计师设计产品的主要流程,并记录。(客户需求—问卷调查—分析归纳—头脑风暴—绘制草图—3D建模—反思迭代—模型打印) 2. 运用各种资料尝试设计。
			交流拓展	1. 展示作品,介绍设计构思。 2. 模拟竞标。 3. 选出最受欢迎的设计图,教师对最佳方案进行 AI 生成。

（续表）

项目阶段	课时	课题	活动内容	
设计改进产品	第4课时	AI建模	反思迭代	1. 运用Bilndbox等人工智能技术生成效果图。 2. 对生成的效果以及课桌椅的实际可行性进行探究讨论后，二次修改设计草图。生成最终效果图。
			3D建模	运用3Done等软件打印三维模型，展示分享。
	第5课时	产品发布会	文案制作	进行宣传文案书写，文案书写呈现的内容应该对应设计产品的主要设计点，体现设计特色。
			模拟竞标	1. 在校园网、全校大会上进行创意分享，组织评选，评出最佳设计、最有创意设计等。 2. 组织学生对本次学习进行反思。

（三）教学资源

1. 运用"深瞳"查找相关数据，了解各学段学生的身高、体重等。

2. 通过Bilndbox软件，将二维手绘草图生成三维效果图，添加代码，生成预设效果。

3. 以Artefacts. AI手绘设计草图与效果图，通过人工智能呈现三维立体模型。

4. 3D打印机将电脑模型输入电脑，呈现逼真模型，接受感官体验，初步感受相关人工智能技术带来的科学魅力。

5. 使用"问卷星"制作调查问卷，可以进行数据统计并融入数据分析。

（四）教学思路

在跨学科主题单元学习活动的具体实施中，教师指导学生深入观察并自主发现问题，运用头脑风暴等激活发散性思维，重在引导学生将创意思考和过程行为制成思维导图，手绘设计草图并且制成三维模型等。在此基础上，尝试推出改进学生生活的新一代课桌椅(模拟设计产品),从中体会、理解"设计服务于生活并改善我们的生活"的社会大众审美理念。

在探究过程中,教师组织学生以个人或小组合作的形式,将美术、数学以及科技知识彼此融合,共同观察、研判和探究各种可能存在的问题,通过各类数据统计图,总结出学校课桌椅可改进的方面,知道设计来自客户需求,设计服务于生活,通过这样的互动形式,提升学生运用美术知识提高生活审美的能力,锻炼跨学科探索与知识迁移的实际能力。

此外,本次学习活动还注重培养学生的灵活性、逆向思维方式、高阶思维以及解决具体问题的能力。在探究过程中,学生将学会如何提出问题、分析问题和寻找证据,并且得出结论,从而形成较为科学的思维方式和探究习惯。

四、重点活动举例

本方案是以美术学科为主学科的跨学科主题单元学习,因此,设计、构思和草图绘制是重要的活动部分。以第 4 课时为例进行重点活动设计举例。

活动目标	1. 能根据需求和调查问卷,梳理设计过程要素。 2. 理解"设计服务于生活"的原则,了解产品设计过程与设计要素(色彩、造型、材质、功能)彼此紧密关联。 3. 能运用不同方式查阅资料,通过参考资料开展改进、设计。		
活动要求 与建议	1. 观察学习与生活用品,了解"实用与美观相结合"的设计原则,从舒适、美观和便利的角度,及时发现不足,用手绘草图等形式呈现自己的改进思路和行为想法。 2. 从实用美观和环保低碳角度,为传统课桌椅进行由里至外的自主设计和理想改造。 3. 利用美术画笔和计算机软件,运用基本元素和形式原理,为自己班级设计自己心目中的课桌椅。		
学生活动		指导要点	核心素养
1. 以一封大队部收到的学生来信为契机。 2. 回顾前三课的学习内容。		带领学生知识回顾,总结上一环节的内容。	创新意识 审美感知 文化理解
1. 查阅分析调查问卷及统计数据。 2. 观察、比较一至三代课桌椅。 3. 记录学生在造型、功能、色彩、材质方面的需求,并归纳梳理出相应的改进点。		教师引导学生通过调阅"问卷星",观察三代课桌椅的更新改进点,总结课桌椅可改进的方面,从而总结出设计要素。	创意实践 审美感知 艺术表现

（续表）

学生活动	指导要点	核心素养
1. 观看视频，归纳设计师设计产品的主要流程，并记录。（客户需求—问卷调查—分析归纳—头脑风暴—绘制草图—3D建模—反思迭代—模型打印） 2. 运用各种资料尝试设计。	帮助学生通过观看视频，总结设计师设计产品的流程。	创意实践 审美感知 艺术表现
1. 展示作品，介绍设计构思。 2. 模拟竞标。 3. 选出最受欢迎的设计图，教师对最佳方案进行AI生成。	帮助学生尝试通过不同代码，生成预知的设计效果图。	创意实践 审美感知 艺术表现

五、主题学习评价

《义务教育艺术课程标准（2022年版）》中提出"评价是检验、提升教学质量的重要方式和手段。要充分发挥评价的诊断、激励和改善功能，促进学生发展"。

重视艺术学习的学习态度、过程表现、学业成就等多方面，同时贯穿学习的全过程和艺术教学的各个环节。通过多元化评价，使学生力求全面、客观地认识自己的学习成果和不足，为未来拓展自身学习和发展的潜力打下基础。

结合学校育人目标，培养"尚礼、博文、明智"、具有自我成长能力、"三有、三会、三能"的"小CEO"，我们对本次跨学科主题式项目化研究的评价进行细化，具体内容见下表。

表1　自评表

评价内容	评价维度	小组自评
合作性	能根据不同组员的优势合理分配任务。	☆☆☆☆☆
	能感受课桌椅更新带来的便捷性，爱护课桌椅。	☆☆☆☆☆
探究性	能主动为解决问题策划具体方案、步骤。	☆☆☆☆☆
	学习使用相关工具（"问卷星"等）收集信息。	☆☆☆☆☆

表2　活动评价表

评价内容	评价维度	小组自评
探究性	在规定的时间里充分参与讨论（头脑风暴）。	☆☆☆☆☆
	能在现实情境中测量并设计图表记录。	
	运用多种检索方式查找信息、收集数据。	☆☆☆☆☆

（续表）

评价内容	评价维度	小组自评
准确性	能运用掌握的统计知识正确解释统计图表达的意义,并作出简单的判断。	☆☆☆☆☆
	测量方法科学,计算结果正确。	☆☆☆☆☆

表 3 成果评价表

目标维度	基本要求	师评	他评
造型	造型美观、简洁、符合客户需求。	☆☆☆☆	☆☆☆☆
色彩	色彩淡雅、温馨。	☆☆☆☆	☆☆☆☆
材质	材质选择注重环保、提倡绿色理念。	☆☆☆☆	☆☆☆☆
功能	多功能、能解决个性化需求。	☆☆☆☆	☆☆☆☆

备注:依托"深瞳"平台,为每一位同学建立属于自己的设计师档案袋,记录自己的学习过程。

相关附件如下:

1. KWH 表

影响课桌椅外观造型的因素我已经知道	课桌椅的设计图可以如何绘制	我该如何解决

2. 迭代表

时间	设计改进点	存在问题	改进措施

备注:此迭代表记录了"我的课桌椅我做主——3C 课桌椅的创意之旅"课题项目从调研到展示评价的主要迭代过程,每一轮都围绕不同目标进行,并根据完成情况、存在问题及改进措施来推进学习研学的持续发展。整个过程将不断调整和优化,确保项目活动能够顺利进行,力求取得预期成果。

六、成果反思

本项活动采用基于问题的学习模式,成功引导学生关注课桌椅的传承与创新,深刻领悟"设计服务于生活"的理念,并培养了学生将设计思维与实用、美观相结合的能力。项目期间,学生综合素养显著提升,自信心增强,艺术课程在审美和人文素养培育方面的价值也得到充分展现。

本次项目化学习不仅转变了学生的学习方式,也推动了其思维方式的变革,使学生以更饱满的热情和创意面对生活,深刻体会到学习的意义。我们重视反思项目化学习的作用,指导学生从学科知识、思维品质、团队合作等多维度进行深入回顾与交流,这对学生全面成长产生了积极的影响,并帮助学生树立数据意识与尊重事实的科学态度。

尽管该项目在人工智能应用方面遇到了一定的局限性,但学生也深刻体会到人工智能迭代更新对社会发展的推动作用,为后续探索替代软件指明了方向。

 教学设计

第4课时　我的课桌椅我做主

——3C课桌椅的创意之旅

上海市民办扬波外国语小学　吴轶玲

一、主题介绍

在当今教育体系中,艺术教育是培养学生综合素质的关键。依据《义务教育艺术课程标准(2022年版)》,第二学段注重通过教学实践,促进学生艺术创作与设计思维的全面发展,要求学生掌握造型元素与形式原理,构建视觉作品,并通过观察生活、反思自我,提升艺术表现力及情感表达和社会交往能力。

同时,我校注重设计思维培养,鼓励学生参与班级文化墙设计、环保标语创作等活动,培养创新思维和团队合作精神。在快速变化的时代,我校更将美术学习与数学、社会及科技领域相结合,开展跨学科的艺术探索活动,旨在拓宽学生视野,激

发好奇心,提升综合探索与学习迁移能力。我校美术教学秉承"艺术源于生活并用于生活"的理念,引导学生从生活中发现艺术之美,将理论知识转化为实践能力,相信每位学生都能在艺术的海洋中自由探索,成长为具有人文素养、社会责任感和创新能力的未来公民。

二、学情分析

本课的教学对象是本校的四年级学生,四年级学段已经对物体的立体感有了一定概念,能够接触并且一定程度感知色彩的冷暖、明暗和宽窄等,同时初步运用线条表现物体的造型和美感。但在创意设计、灵动思维以及智能化思辨等方面,学生还有待提升和充实。他们渴望在一个践行平台上将所学的多学科书面知识和基本技能运用至实践。通过观察思考、动手操作、适度想象和模拟实践来解决当下实际问题,培养自身综合能力。

三、学习目标及重难点

（一）学习目标

1. 能够初步知道统计数据在设计中的作用。
2. 能根据需求和调查问卷,梳理设计过程要素。
3. 能运用不同方式查阅资料,通过参考改进设计。

（二）学习重点

根据问卷调查结果设计改进课桌椅并建模。

（三）学习难点

梳理改进点,明确产品设计基本流程。

四、教学技术与学习资源应用

投影仪、电脑、iPad、硫酸纸、黑色铅笔、资料库、彩色卡纸。

五、教学过程

	学习活动	关键提问
回顾旧知	1. 以一封大队部收到的学生来信为契机。 2. 回顾前三课的学习内容。	前段时间大队部收到一封信,大家还记得吗? 同学们分别在数学课上学习了什么内容?
合作探究	1. 查阅分析调查问卷及统计数据。 2. 观察、比较一至三代课桌椅。 3. 记录学生在造型、功能、色彩、材质方面的需求,并归纳梳理出相应的改进点。	调查问卷显示同学们希望怎样改进课桌椅? 观察感受我校三代课桌椅实物,你有什么发现?
分析创作	1. 观看视频,归纳设计师设计产品的主要流程,并记录。(客户需求—问卷调查—分析归纳—头脑风暴—绘制草图—3D建模—反思迭代—模型打印) 2. 运用各种资料尝试设计。	设计师是如何设计产品的?
交流拓展	1. 展示作品,介绍设计构思。 2. 模拟竞标。 3. 选出最受欢迎的设计图,教师对最佳方案进行 AI 生成。	你们对课桌椅做了哪些改进,你们是如何思考的?
学习评价	合作性:我们能够合理分工,合作完成归纳分析、构思设计及分享交流。 探究性:我们能够理解产品设计的美观性和实用性。 　　　我们能够根据各种资料,通过参考改进,进行设计。 准确性:我们的设计能传达自己的设计构思。 　　　我们的设计能在一个或多个方面对产品提出合理的改进方案。	
板书	色彩　　　　　　　　　　　材质 我的课桌椅 我做主 Convenient Conceptual Comfortable 造型　　　　　　　　　　　功能	

 专家点评

"我的课桌椅我做主——3C 课桌椅的创意之旅"作为跨学科主题学习的实践探索,体现了以下亮点:

从课程主题的选择来看,教师能够引导学生发现学校生活中存在的问题,将解决课桌椅问题作为跨学科学习的起点,这样的设计有助于引发学生的学习兴趣,体验通过学习与实践提出解决问题方案的过程,能够促使学生建立起美术与生活的关联,感受学习的价值与意义。

从内容把握与目标达成来看,教师在立足美术学科教学内容和目标达成的基础上,能从关联学科的研究视野来推进跨学科学习。在教学过程中,教师具有较强的资源意识,通过对不同年代课桌椅实物的观察比较,感受"设计服务于生活并美化生活"的观念;运用信息技术以及现成的电子资源,为学生提供借鉴,降低表现难度。

建议在教学设计中进一步凸显产品设计造型、结构、功能与需求的关系,强化设计课程的特征。建议进一步结合学生的年龄特点与关联学科的学习基础,设计贴合学生理解能力的研究内容,以及符合学生表现能力的设计要求,如结合学校生活的需求,在课桌椅结构合理的基础上,启发对课桌椅功能的设计与造型表现等,使设计内容与要求更加贴合学生的实际能力,有利于学生更加大胆地思考与表现,多样化地呈现设计成果。

点评人:上海市教师教育学院(上海市教育委员会教学研究室) 徐 敏

初 中 语 文

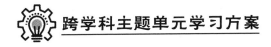

跨学科主题单元学习方案

会千古登临意　弘浩瀚传统情

——"登临诗"的文化内涵探究

上海市世外中学　赵陈惠　俞　斌　沈　彦　王娜娜　强慧超　吴欣蔓

一、主题概括

　　本主题活动以部编版语文七年级第二学期第五单元《古代诗歌五首》中的三首"登临诗"为主线,结合历史、地理、英语学科,引领学生在真实情境中感受、探究古代诗歌的文化内涵,弘扬中国传统诗歌文化。学生通过小组合作,学习并迁移运用古诗词的阅读方法,初步感知传统诗词文化;在交流实践中,感受古汉语语言表达的妙处,丰富情感和审美体会,建立文化自信。具体内容见表1。

表1　信息汇总表

主题名称	会千古登临意　弘浩瀚传统情 ——"登临诗"的文化内涵探究		
年级	七年级	课时	9课时
核心学科	语文	相关学科	历史、地理、英语
团队成员	赵陈惠、俞斌、沈彦、王娜娜、强慧超、吴欣蔓		
教学单元	七下第五单元《古代诗歌五首》中的三首(《登幽州台歌》《望岳》《登飞来峰》)		
驱动性问题	国际姐妹校交流活动中,我们要如何向外国友人介绍、弘扬中国传统诗歌文化?		

(一)学习情境与问题驱动

　　在如今全球化与互联网时代,培养具有国际视野的人才,打破文化隔阂,增进各国人民之间的相互了解、信任,促进合作与发展,是我们共同的责任和使命,而中外交流则是推动世界进步的重要力量。面对时代趋势,许多学校积极开展各类中外人文交流活动,例如我校传统特色项目——国际姐妹校交流活动、境外研学营活动等,意在提高学生的国际视野和跨文化交际能力。在这样的真实情境需求下,本主题活动以"国际姐妹校交流活动中,我们要如何向外国友人介绍、弘扬中国传统诗歌文化?"为驱动性问题,以一类古诗词为切入口,激发学生探究中华传统文化的兴趣,积累并迁移运用古诗词阅读方法,提升审美与鉴赏能力;在互相合作与交流沟通中,初步感受中华优秀文化成果,提升思想文化修养,积累文化底蕴。

(二)单元主题学情分析

《义务教育语文课程标准(2022年版)》总目标明确表述"认识中华文化的丰厚博大,汲取智慧,弘扬中华优秀传统文化,建立文化自信"。学段目标中明确要求7—9年级学生"诵读古代诗词,注重积累、感悟和运用,提高学生的欣赏品位"。"课程内容"中明确将"中华优秀传统文化"作为主题与载体形式之首,古诗词是这一内容主题的重要载体。在前三个学段的基础上,七年级学生积累了一定的古诗词阅读方法,能够品味诗句语言,并能够较流畅地表达阅读感受,初步形成比较意识与小组合作探究能力,为本主题学习与实践提供了很好的能力基础。但七年级学生较少尝试多篇古诗联读的方式,对于一类诗的阅读方法归纳及迁移运用还缺乏实践,同时跨学科方法介入对学生来说也是一次新的挑战。基于以上学情,本主题活动将"登临诗"作为抓手,引导学生借助多学科知识对诗人形象、情感主题、文化现象建立更广泛的理解与思考;通过小组合作,培养学生发现、分析和解决问题的能力;借助核心任务,锻炼学生的文化交流与表达能力。

(三)跨学科主题学习

古诗词是中华民族最优秀的文化遗产之一,具有极高的文学价值和审美价值,是语文学科内容的重要组成部分。本主题学习立足语文学科,顺应国际视野人才培养和中外交流形势提出真实问题,引导学生通过朗诵、比较等方法阅读古诗词,借助历史、地理、心理学科知识,探究古人登高行为和思想情感的出处;结合三首诗的学习归纳一类诗的阅读策略,并迁移到对感兴趣的其他类型诗歌的进一步探究,深入感受诗歌文化内涵;借助英语学科英译汉的方法翻译古诗句,并在交流实践中体会英汉表达的不同及古诗句法表达上的独特之处,传播弘扬中华传统文化。在这样的跨学科主题综合学习实践中,学生能够感受中华诗词文化的博大精深,多角度激发与古人的情感共鸣,建立比较与思辨思维,提高鉴赏能力,勇敢表达审美感受,发现语文之美。

二、主题学习目标

1. 通过反复朗读,把握朗读节奏和语气,初步感受诗歌的情感基调。运用已学的古诗词阅读方法,品读词句,能够运用比较、分析和归纳的思维方法,进一步领会不同诗人的情感。

2. 借助历史、地理、心理等跨学科知识与现代信息技术,学习信息资料搜集和筛选方法,以小组合作的形式,多角度思考并探究诗人"登临"这一特定行为与情感之间的关联,感受诗人的精神品格,体会鉴赏"登临诗"的文化内涵。

3. 归纳"登临诗"这一类诗的探究方法,能够迁移运用到感兴趣的其他题材类型古诗词的探究中,记录探究成果,形成对传统诗歌文化的个性化思考和批判性思维,并将感悟撰写成演讲稿。

4. 借助英语学科英译汉的方法,选择一首诗翻译为英文诗句,感受古诗句法表达上的特点,并能够流畅地向外国友人介绍,弘扬中华传统文化。

5. 在小组合作、交流过程中,能积极参与互动,乐于与小组成员合作沟通,敢于提出个人看法与建议,学会倾听与反思。能够在互相鼓励中克服困难,提高综合实践与表达能力。

三、教学实施路径

(一)单元教学流程

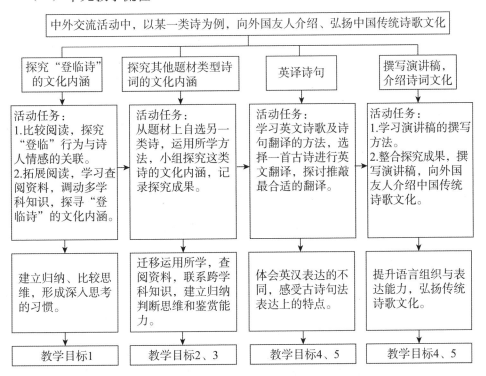

图1　单元教学流程图

（二）课时安排与学习资源

表 2　课时安排与学习资源

课时安排	整个主题学习活动以课上学习和课后活动相结合的形式开展,共 9 课时,课上与课下活动之间占比约 1∶1。 学习活动 1　探究"登临诗"的文化内涵(2 课时),以课前预习和上课交流及课后搜集整理资料为主。 学习活动 2　探究其他题材类型诗词的文化内涵(2 课时),以课下小组实践探究和课上交流分享成果为主。 学习活动 3　英译诗句(2 课时),以课上学习英语诗句和翻译方法及课后翻译和课上交流展示评选为主。 学习活动 4　撰写演讲稿,介绍诗词文化(3 课时),以课上学习演讲稿撰写方法、课下撰写及修改演讲稿和活动中分享演讲稿为主。	
学习资源	跨学科资源	地理学科:不同地域风貌、自然气候等特点。 历史学科:不同朝代的历史、政治文化发展情况。 心理学科:自然环境对心理的影响。 英语学科:英译汉方法、英语口语交流能力。
	文献等资料	著作资料:《唐代文化》《泰山诗歌意象与中日民俗》《古典诗词的艺术世界》。 论文资料:瞿明刚《试论中国文学的登高主题》、唐皓楠《唐前登高诗词研究》、邱晓《唐代登高诗研究》、王岩《古典诗歌中登高诗的传承关系与心理因素》。 视频资料:《中国诗词大会》《诗词中的登高而赋》。

（三）跨学科主题教与学的方式

《义务教育语文课程标准(2022 年版)》在跨学科学习任务群的教学提示中指出要"充分发挥跨学科学习的整体育人优势,增强跨学科学习的计划性和目标意识",因此,在教学设计过程中,需全面地思考每个活动的设计及可行性,基于课程标准,紧扣教学目标,针对学生实际,有层次、有梯度地设置具有挑战性、开放性的一系列结构化活动。本主题活动具体教与学的过程见表 3。

表 3　跨学科主题教与学的方式

第 1 课时　《登幽州台歌》《望岳》《登飞来峰》专题阅读(一)		
学习活动	实施要点	评价关注点
活动一: 诵读古诗,进入登临之境	运用合适的节奏朗读三首诗,读准字音,读出自己感受到的情感基调。	关注学生的预习成果、朗读能力及情感体会能力。

学习活动	实施要点	评价关注点
活动二： 对比阅读，分析情与景的关联	1.比较异同：比较发现三首古诗的异同点。交流归纳三首诗的共性特征。 2.品析诗句：从抒情议论性语句入手，体会诗人情感。从叙述、描写性语句入手，感受登临之景，分析情与景之间的关联。 3.发现问题：除品析诗句本身外，是否还有其他角度能帮助我们对诗中的情与景产生新的理解？布置小组课后探究任务，介绍跨学科资料搜集方法，完成学习任务单1。	了解学生初读时对三首诗的理解把握程度。 关注学生比较角度的多样性和对已学读诗方法的掌握、运用及诗句鉴赏分析能力。

第2课时 《登幽州台歌》《望岳》《登飞来峰》专题阅读（二）

学习活动	实施要点	评价关注点
活动一： 迁移跨学科知识，多维度理解情志	小组交流预习时搜集的资料，结合不同角度的资料，谈谈自己对诗中的情与景产生的新的理解。	关注学生信息搜集和筛选成果的价值性。 能够运用多学科知识帮助理解核心问题，对诗人情感来源产生更深入的认识。 能够积极参与小组合作，流利表达个人观点。
活动二： 归纳阅读方法，拓展阅读"登临诗"	归纳总结三首"登临诗"的阅读方法，拓展阅读教师补充的其他"登临诗"，从跨学科角度进一步发现心理因素、节气因素、传统民俗等多重因素对古人情感的影响，初步感受"登临诗"的特点与文化内涵。 布置课后任务：完善学习任务单2"登临诗"探究成果记录，小组自选感兴趣的其他题材类型的诗词，探究其文化内涵。	了解不同层级学生的理解掌握和迁移运用能力。 关注学生调动多学科知识解决问题的能力。 评价学生在过程中体现出的比较、归纳、发现等思维能力。

第3—4课时 拓展探究其他题材类型的诗词

学习活动	实施要点	评价关注点
活动一： 分享小组探究成果	小组交流展示对自选其他题材类型诗词的探究成果。	关注学生阅读方法的迁移运用能力，小组合作与沟通表达能力。
活动二： 小组互评，总结感悟	小组互相点评，总结交流对中国传统诗词文化的感受与认识。	关注学生倾听他人、思考辨析的能力。

（续表）

第5—6课时　英译诗句

学习活动	实施要点	评价关注点
活动一：学习英文诗歌及翻译诗句的方法	1. 英语课学习英文诗歌的表达特点。 2. 结合英语学科学习的英语诗歌的相关知识，尝试大致翻译古诗句。	学生能够感受到英汉诗歌用词与表达上的不同，体会古汉语表达的妙处。 能够运用简单的单词和句式准确传达诗句含义。
活动二：分享翻译成果	交流展示翻译的诗句，比较不同翻译版本，探讨最佳翻译方式。	在互相评价过程中，调动思维，敢于提出自己的见解。

第7—9课时　学习撰写演讲稿

学习活动	实施要点	评价关注点
活动一：学习演讲稿撰写方法	1. 体会演讲稿的一般特点。 2. 学习演讲稿的撰写方法。	能够初步感受演讲稿的一般特点，把握基本的撰写方法。
活动二：撰写演讲稿	根据探究成果，撰写并修改演讲稿。	能够结合探究成果和感悟，撰写介绍一类题材诗词的演讲稿，并在教师和小组成员的探讨下进行修缮。
活动三：分享演讲稿，与外国友人交流、介绍中国传统诗词文化	交流分享演讲稿，并评选出最佳演讲稿。	能够自信、流畅地向同学和外国友人介绍诗词文化，传达自己对诗词文化的思考与感受。

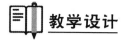

教学设计

第1、2课时　《登幽州台歌》《望岳》《登飞来峰》专题阅读

上海市世外中学　赵陈惠

一、教学目标

1. 反复朗读，把握朗读节奏和语气，初步感受诗歌的情感基调。

2. 通过对比阅读,初步理解古诗中情与景之间的关联,体会诗人情感。

3. 联系跨学科知识,多维度探究特定行为下的情感来源,理解诗人情志,感受"登临诗"这一传统文化现象的精神价值。

二、教学重难点

1. 教学重点:能够迁移运用跨学科知识,多维度理解诗人情志。

2. 教学难点:对阅读"登临诗"的方法形成初步认识,感受"登临诗"这一传统文化现象的精神价值。

三、教学过程

表4　第1、2课时教学过程

第1课时　《登幽州台歌》《望岳》《登飞来峰》专题阅读(一)		
学习活动	实施要点	评价关注点
活动一:诵读古诗,进入登临之境	运用合适的节奏朗读三首诗,读准字音,读出自己初步感受到的情感基调。	关注学生的预习成果、朗读能力及情感体会能力。
活动二:对比阅读,分析情与景的关联	1. 比较异同:结合注释,初步理解三首古诗的内容,比较发现三首古诗的异同点。交流归纳三首诗的共性特征。 2. 品析诗句:在发现三首诗都是登高望远、借景抒情的共同点的基础上,从抒情议论性语句入手,体会诗人情感。再进一步从叙述、描写性语句入手,感受登临之景,分析情与景之间的关联。 3. 发现问题:初步体会诗中的情与景,发现诗人在登高时,往往会触景生情,有感而发。引导学生思考除品析诗句本身外,是否还有其他角度能帮助我们对诗中的情与景产生新的理解。 4. 课后任务:布置小组课后探究任务,介绍跨学科资料搜集方法,根据发现的问题搜集资料,完成学习任务单1。	了解学生初读时对三首诗的理解把握程度。 关注学生比较角度的多样性和对已学读诗方法的掌握、运用及诗句鉴赏分析能力。

（续表）

第 2 课时 《登幽州台歌》《望岳》《登飞来峰》专题阅读(二)		
学习活动	实施要点	评价关注点
活动一： 迁移跨学科知识，多维度理解情志	1. 小组交流预搜集的资料，结合不同学科角度的资料，谈谈自己对诗中的情与景产生的新的理解。 探究角度预设： (1) 诗人经历：生平经历、志向抱负等。 (2) 登临地点：历史典故、地理位置及风貌特征、历史政治地位、文化背景。 (3) 文人心理：登高行为的由来及演变、自然景色对人的心理投射。 2. 通过横向比较、纵向深入，不断多角度分析，引导学生总结自己对三首诗诗人情感出处的理解与感受。	关注学生信息搜集和筛选成果的价值性。 能够运用多学科知识帮助理解核心问题，对诗人情感来源产生更深入的认识。 能够积极参与小组合作，流利表达个人观点。
活动二： 归纳阅读方法，拓展阅读"登临诗"	1. 归纳总结三首"登临诗"的阅读方法，拓展阅读教师补充的其他"登临诗"，从跨学科角度进一步发现心理因素、节气因素、传统民俗等多重因素对古人情感的影响，初步感受"登临诗"的特点与文化内涵。 2. 布置课后任务：完善学习任务单 2"登临诗"探究成果记录，小组自选感兴趣的其他题材类型的诗词，探究其文化内涵。	了解不同层级学生的理解掌握和迁移运用能力。 关注学生调动多学科知识解决问题的能力。 评价学生在过程中体现出的比较、归纳、发现等思维能力。
主题活动小结	1. 阅读方法：阅读一类诗，在从诗作内容本身入手理解的基础上，也要有发现问题的意识，循着阅读困惑查找多学科资料，不仅可以帮助我们深入理解诗歌内容，更能够培养我们解决问题的能力，成为新时代多维思考的学习者。 2. 情感价值：通过阅读"登临诗"，我们知道了登高不仅是一种登高望远的行为，还是古代文人志士生命状态和志趣情怀的呈现，更是源远流长的一种文化现象，涵养着后人的品格。作为当代青年，我们也要带着新时代的责任与使命不断去求索、攀登属于自己的人生高峰。	

	"登临诗"专题阅读				
板书设计		情　景		诗人经历	登临地点
	《登幽州台歌》	悲伤	空旷寂寥	中年　不受赏识	幽州台历史典故
	《望岳》	豪迈	秀丽壮阔	青年　考试落第	泰山地理风貌 历史政治地位
	《登飞来峰》	自信	高耸入云	而立　初涉宦海	神话传说

四、主题学习评价

　　《义务教育语文课程标准(2022年版)》在跨学科学习任务群部分指出:"评价主要以学生在各类探究活动中的表现,以及活动过程中完成的方案、海报、调研报告、视频资料等学习成果为依据。""评价要关注学生综合运用多学科知识思考问题、解决问题的态度和能力。"根据新课标的指导,跨学科主题学习的评价要侧重于评价学生能否发现和解决新问题,能否在复杂情境中运用分析比较、归纳、判断以及创造性思维,并结合主题活动过程中学生表现和学习任务单(表6、表7)等学习成果,将学习评价表设计如下(表5)。

表5　学习评价表

序号	任务	评价标准		
		5分	10分	15分
1	了解主题学习任务及学习过程,讨论明确探究问题和探究方法。	不了解	比较了解	了解
2	迁移运用已学古诗的阅读方法,初步把握古诗内容与情感。	能运用1种方法	能运用2种方法	能灵活运用多种方法
3	有感情地朗读三首古诗。	能读准读顺	能有节奏地朗读	有感情地朗读
4	能从多个角度比较三首古诗的异同,并发现显性信息背后的隐性关联,引发思考。	找到1点	找到2点	找到3点以上
5	能调动不同学科知识,思考探究登临行为与思想情感之间的关联。	能调动一种学科知识	能调动两种学科知识	能调动多种学科知识
6	总结归纳课堂学习过程中对一类诗的阅读策略的收获。	能总结一种阅读策略	能总结两种阅读策略	能总结多种阅读策略

（续表）

序号	任务	评价标准		
		5分	10分	15分
7	查阅资料,小组合作完善对"登临诗"的探究和文化内涵的理解,完成学习任务单的填写。	能探究"登临诗"的一个方面	能探究"登临诗"两方面的内容,了解文化内涵	能探究多个方面,对"登临诗"形成全面认识
8	查阅资料,迁移运用学习方法,小组合作设计探究方案,探究新的一类古诗的文化内涵,完成学习任务单的填写。	能探究一类诗的一个方面	能探究一类诗两方面的内容,了解文化内涵	能探究多个方面,对一类诗形成全面认识
9	能用英文翻译出适合诗句含义的语句。	翻译出诗句的部分意思	翻译基本符合诗句意思	翻译贴近诗句含义,体现诗人情感
10	撰写的演讲稿条理清晰、内容丰富,展现中国诗歌的文化内涵。	演讲稿条理清晰	演讲稿条理清晰、内容丰富	演讲稿条理清晰、内容丰富,传递文化内涵与个人感受
11	小组合作中能积极参与,有效沟通,学会倾听、勇于表达和反思。	能够完成任务	能够主动参与,有效沟通	能够共同合作、倾听他人,勇于表达和反思
12	中外交流活动中,能自信、流畅地介绍传统诗词文化,表达自己的感悟和创造性的思考。	能够流畅演讲介绍	能够声情并茂,自信展示	能够在介绍传统诗词文化时表达自己的独特感悟和创造性的思考
总体评价	参与教师、学生的描述性评价:	个人综合评价: （维度:理解、参与、协作、探究、创新、成果）		

表6　学习任务单1

《登幽州台歌》《望岳》《登飞来峰》比较异同		
相同点		
不同点		
跨学科资料整理记录表		
学科角度	资料内容摘要	对三首"登临诗"情与景的新理解

表7　学习任务单2

"登临诗"探究记录表				
探究方面	探究方法	小组分工	探究成果摘要记录	学习成果补充
其他题材类型诗歌探究记录表				
探究方面	探究方法	小组分工	探究成果摘要记录	学习成果补充

五、教学反思

本主题学习方案以《义务教育语文课程标准(2022年版)》为指导,立足真实情境确定驱动性问题,指向学生核心素养的提升,设计具有综合性、实践性的主题学习活动。学生在探究"登临诗"中诗人登高行为与思想情感之间的关联及文化内涵时,能主动调动、查找多学科知识,激发了发现问题、乐于探究的积极性。由三首诗到一类诗再到其他类型诗词的拓展阅读研究,使得多学科知识建立起实质性关联与整合,丰富学生的知识领域,更有助于学生对知识的深刻内化、灵活迁移和创造性运用,锻炼了学生比较分析、归纳判断等思维能力。在活动过程中,教师通过观察、交流的方式,对学生搜集的资料、探究成果和演讲稿进行评估与指导,及时给予不同层级学生相应的学习支架,肯定学生的发现与创造,引导学生自我反思,同时注重自我反思与改进,从而提升跨学科学习的质量。

回顾整个主题设计与实践过程,其实是教师与学生的双重成长之旅。从学生的真实生活需求出发,综合性、多元性、实践性的学习活动更能够激发学生兴趣,发掘学生潜能,使其深入欣赏传统文化与精神之美。同时,学习活动能否达成教学目标、学生能否把握解决问题的关键能力、评价标准是否合理等还需要教师进一步反思、调整,继续在语文学科的广泛天地中锤炼自我、深耕厚植。

 专家点评

本方案针对国际姐妹校交流这一学校传统特色活动,以"向外国友人介绍中国古诗词"为核心任务,下设四大子任务,探究"登临诗"的文化内涵→探究其他题材类型诗词的文化内涵→英译诗句→撰写演讲稿。学生以阅读七年级第二学期第五单元课文为主,结合历史、地理、英语等学科,在鉴赏、翻译古诗词与撰写演讲稿的过程中,探究诗词作者人生经历和思想情感的缘起、发展,学习与掌握阅读古诗词的策略与方法,整个方案任务明确,目标聚焦,学习内容结构合理,教学实施路径清晰,并辅以有效的学习资源。

特别是教学实施与评价设计,表现出清晰、合理、科学的特点。首先,整个教学流程用图示的方式呈现,将驱动性任务、活动与学习目标等进行关联,流程清晰、结构合理;其次,整个方案设计9课时,采用课上学习和课后活动相结合的形式展开,并提供相应的学习资料;再次,一体化设计每个课时的学习活动、实施要点和评价关注点,既关注了教、学、评的一致性,也关注了活动之间的逻辑关联,有助于达成学习目标;最后,学习评价设计针对学习活动过程和学习成果展开,评价主体有教师、同伴和学生自己,以此推动学生评估自己和他人发现和解决新问题的能力,以及在复杂情境中运用分析比较、归纳判断以及创造性思维的能力。

建议适当降低部分活动的难度,例如"活动3:英译诗句",可以改为"选用合适的英语翻译",更符合七年级学生的知识储备和认知水平。

点评人:上海市普陀区教育学院 缪亚男

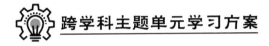

跨学科主题单元学习方案

诗 文 探 幽

——追寻苏轼黄州岁月的精神突围之旅

上海田家炳中学　陈　阳　熊一舟　彭家丽　高　涵

一、主题概括

为了深化初中生对苏轼在黄州时期精神世界的理解,并从中汲取智慧和力量,我们虚拟了一个情境:湖北省博物馆与上海博物馆即将联袂呈现"在黄州——苏轼的精神突围"苏轼黄州诗文特展,湖北省博物馆特邀我校学子策划并设计一本针对同龄人的特色导览手册。

本案例在坚守语文本位的基础上,融合地理、历史、美术等学科知识,构建了一个立体而丰富的知识框架。通过这一学习活动,引导学生在欣赏苏轼诗文独特艺术魅力的同时,将他置于北宋广阔的历史背景下,探究影响其豪放文风、豁达心态背后的政治文化因素,进而帮助学生掌握阅读古典诗歌的有效策略与方法。

（一）立足新课标,提升核心素养

《义务教育语文课程标准(2022 年版)》明确提出语文课程要培养学生文化自信、语言运用、思维能力和审美创造四个维度的核心素养,并将跨学科学习作为拓展性学习任务群之一。跨学科主题学习作为一种创新性的教学方式,"注重课程内容与生活、与其他学科的联系",对于实现这些目标具有不可或缺的作用。

在围绕这一跨学科主题开展活动时,学生需要运用语言文字知识,对诗文进行赏析和富有个性的解读。在分析苏轼精神突围的原因时,学生将了解并深入接触宋朝的历史背景,在对史料的分析中学会多维度思考问题。在导览手册的设计与展示的过程中,倡导学生走进博物馆,从中汲取优化、完善手册的灵感,并鼓励学生运用逻辑思维、批判性思维,挑战传统框架,在内容和形式上进行大胆创新。跨学科主题学习通过课堂与学校内外的紧密连接,建构了一个多学科集成的语文实践活动场域。这一创新性的教学方式不仅克服了传统教学中单一学科知识的局限性，还极大地丰富了学生的学习体验，有助于他们建立更加全面的知识体系。

（二）基于真实学情，提出驱动性问题

初中阶段，部编版教材共收录了6篇苏轼的诗文，其中《记承天寺夜游》《卜算子·黄州定慧院寓居作》《定风波·莫听穿林打叶声》均是苏轼被贬黄州时期的作品。黄州不仅仅是个地名，还是苏轼人生际遇的转折点。然而，对于学生来说，要深入理解苏轼诗文中的深刻内涵并不容易。他们往往难以将苏轼的豁达态度与其复杂的人生轨迹相结合，导致对其作品中蕴含的思想情感产生了片面化的理解。

本主题的教学对象为初三年级学生。从知识储备上看，学生在课内外已广泛涉猎苏轼的诗文，不仅熟悉其文字，更掌握了古诗文鉴赏的一般方法。同时，他们已经学过初中的地理、历史、信息技术及美术等课程，为更深层次的学习打下了坚实的基础。从学习能力上看，初三学生思维能力较之以往有所提升，且在日常学习中已逐渐培养出信息整合、理解运用和实践迁移能力。从学段特点来看，初三学生思维活跃，好奇心强，求知欲旺盛。他们已经具备了较强的自主学习和合作探究能力，对知识的深度和广度都有更高的追求。

因此，我们创设了制作特色导览手册这一学习情境，旨在引导学生深入地探究苏轼黄州时期诗文中的内涵，逐步形成对苏轼人生轨迹和艺术成就的完整认识。

二、单元教学目标及重难点

1. 通过查阅资料、阅读典籍，收集并甄选苏轼在不同时期的诗文作品，采用分类整理的方法进行整合，借用地理绘图方式梳理苏轼的人生轨迹、文学成就，完成苏轼文学地图，加深对其人和作品的整体认识。

2. 通过精读苏轼在黄州时期具有代表性的词文，分析典型意象的特征和丰富的意蕴，进行词文鉴赏，准确理解苏轼的情感变化。基于鉴赏类文章写作规范，小组合作完成一篇诗文鉴赏文章，提升语言文字运用能力。

3. 结合所学内容与历史资料，分析并归纳苏轼实现精神突围的原因。

4. 综合运用语文、历史、地理、美术等跨学科知识，从外观、内容、背景、布局、构图、色彩搭配等方面设计、制作特展导览手册。

5. 通过特展手册展示活动，增强合作沟通能力、反思调控能力、实践创新能力和问题解决能力，初步建立合作共同体。

教学重点：精读词文，剖析苏轼在黄州期间的心境特点及其心路历程；观照宏大的时空背景,探讨苏轼精神突围的多重动因。

教学难点:基于鉴赏类文章写作规范,小组合作撰写一篇鉴赏文章。

三、实施进程

立足语文教学本位的"诗文探幽——追寻苏轼黄州岁月的精神突围之旅"主题学习活动,从学生熟悉的学习经历出发,采用专题研讨这一实践导向的教学模式,让学生在完成一系列精心设计的任务中,深化对苏轼诗文艺术魅力的认识。根据既定的单元教学目标,我们设计了以下教学流程(如图1所示)。

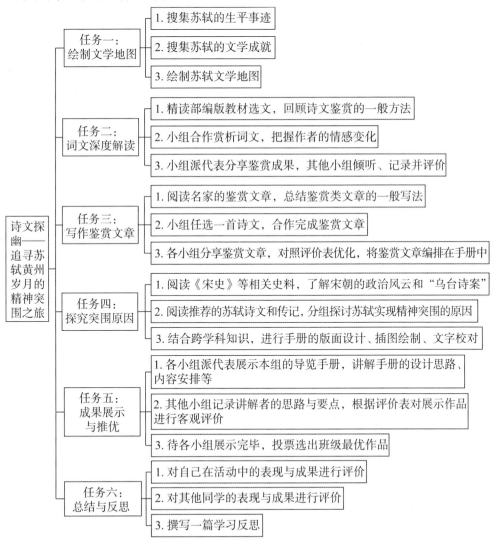

图1 单元教学流程图

（一）绘制文学地图（1课时）

首先,学生开展自主研究,广泛搜集苏轼的生平事迹和文学成就,重点聚焦于其在黄州时期所创作的代表性诗文。随后,将搜集到的苏轼生平中的关键地点与其代表性诗文进行匹配,在地图上标注诗文创作的时间和具体内容,形成直观的文学地图。最后,每组选派代表进行汇报,其他同学进行点评和提问。通过绘制文学地图,学生初步了解了苏轼的生平、诗文及创作时期,培养了理清思路、整体把握的能力。

学习支架:苏轼大事年表、"搜韵"平台、宋朝历史地图。

主题阶段性成果:绘制苏轼文学地图。

评价关注点:信息检索能力、交流沟通能力、评价能力。

（二）词文深度解读（1课时）

师生携手精读部编版教材中的《定风波·莫听穿林打叶声》,回顾并梳理诗文鉴赏的基本方法。

在此基础上,小组合作研读能反映苏轼贬谪黄州期间心路历程的另外三篇词文。找出每首词文中的典型意象,挖掘意象背后包含的意蕴;圈画词文中包含诗人情感的词句;从构思、语言形式、修辞等多角度,揣摩作者的情感。最后,每小组派一名代表分享赏析成果。分享内容应包括:选择的词文及其理由、对词文中意象特点和内涵的分析、对包含诗人情感词句的解读、从多角度对作者情感的理解。在分享过程中,其他小组认真倾听、记录并作评价。

学习支架:黄州诗文的创作背景。

主题阶段性成果:"苏轼词文赏析"任务单（见表1）、情感变化折线图。

评价关注点:语言运用、思维能力、审美体验。

表1 "苏轼词文赏析"任务单

篇目	意象	意象特点（内涵）	字词	句式/修辞	情感或心境
《卜算子·黄州定慧院寓居作》元丰三年（1080年）					

（续表）

篇目	意象	意象特点（内涵）	字词	句式/修辞	情感或心境
《西江月·世事一场大梦》元丰三年（1080年）					
《记承天寺夜游》元丰六年（1083年）十月十二日					

（三）写作鉴赏文章（2课时）

在前一课时的基础上，各小组通过阅读《唐宋诗词鉴赏辞典》《古文鉴赏辞典》等书中的鉴赏文章，总结鉴赏类文章的写作规范，包括行文结构、分析角度、语言风格等方面。每组任选一首苏轼贬谪黄州期间的诗文作为鉴赏对象，结合已有知识储备，深入分析词文的意象、情感、构思、语言形式等方面，合作撰写鉴赏文章。最后，以小组为单位，在尊重个性的前提下，交流分享鉴赏文章，对照评分标准优化提升。

学习支架：苏轼在黄州时期的作品、《唐宋诗词鉴赏辞典》《古文鉴赏辞典》。

主题阶段性成果：××小组鉴赏文章（见表2）。

评价关注点：语言运用、思维能力、审美体验、合作学习。

表2　××小组鉴赏文章

活动主题	××小组鉴赏文章		
汇报小组		汇报人	
阅读鉴赏文章【总结鉴赏文章的写作规范，包括文章结构、分析角度、语言风格等。】			
写作鉴赏文章【从意象分析、情感解读、行文构思、语言形式等方面着手。】			

（四）探究突围原因（1 课时）

小组合作，阅读《宋史》等相关史料，了解宋朝的政治风云和"乌台诗案"。根据教师推荐的材料（如苏轼的诗文、传记等）提炼出关键词和核心观点，分组探讨苏轼实现精神突围的原因，理解个人命运与社会环境的相互关系。在小组分享环节中，其他各小组做好记录，以批判性眼光审视并吸收其他组的观点，从而完善本组的陈述内容。

学习支架：余秋雨《苏东坡突围》、林语堂《苏东坡传》；纪录片《苏东坡》《定风波》和《百家讲坛》中的《苏轼和王安石之间的矛盾》《北宋神宗年间著名的乌台诗案》《苏轼的精神世界》。

主题阶段性成果：苏轼能够实现精神突围的原因分析（见表 3）。

评价关注点：信息提炼整合、语言表达、思维能力。

表 3　苏轼能够实现精神突围的原因分析

活动主题	探究苏轼能够实现精神突围的原因		
汇报小组		汇报人	
政治环境			
文化氛围			
社会交往			

（五）成果展示与推优（1 课时）

每组需推选一名代表，负责展示本组的特色导览手册，并详细讲解手册的设计思路、内容安排、创新点等。其他组在听取展示讲解时，需认真记录讲解者的思路与要点，以便后续进行评价。在所有作品展示完毕后，全班进行投票，选出班级最优作品。

学习支架："成果展示与推优"任务单（见表 4）。

主题阶段成果：特色导览手册（可以是 PPT 演示、实物展示、视频介绍等）。

评价要点：艺术表现、思维能力、审美体验。

表4 "成果展示与推优"任务单

活动主题	导览手册成果展示	
汇报小组	汇报人	
手册的设计思路		
手册的内容安排		
手册的插图设计		
手册的创新点		

(六)总结与反思(1课时)

学生根据自己在整个主题活动中的表现与成果,如实填写评价内容。同时,对其他同学的学习成果进行评价,提出自己的见解与建议。主题活动的最后,学生根据同伴互评的结果和自己的总结,撰写一篇学习反思。

学习支架:"总结与反思"评价表(见表5)。

主题阶段成果:一份详细的反思报告。

评价关注点:反思能力、自主发展能力。

表5 "总结与反思"评价表

评价维度	评价标准	评价结果		
		自评	互评	师评
内容创作	能深入挖掘苏轼在黄州时期的精神风貌,创作了丰富且有深度的导览手册内容。			
创意设计	尝试融入一些新颖的元素和排版方式,使手册更具吸引力和可读性。			
展示与表达	语言清晰,表达流畅;能与观众进行良好的互动。			
团队协作	能积极与组员交流意见,展现出良好的团队协作精神和沟通能力。			
跨学科整合能力	能够将涉及文学、历史、地理等多个学科领域的知识进行有效整合,形成对苏轼黄州时期精神风貌的全面理解。			
改进意见				

四、成果与反思

本方案的设计注重教、学、评的一致性,从贴合学生学习需求的情境入手,紧扣单元主题教学目标,以任务驱动的方式组织学生活动。创建、策划并设计特色导览手册的任务,不仅能够唤醒学生已掌握的知识与技能,促进其在新情境下的灵活应用与迁移,还能够在合作解决问题的过程中培养学生自我评估、解释和批判的能力。

在主题活动推进过程中,我们重点关注学生的"学"。这不仅体现在主题内容的选择上,更贯穿于活动的每一个环节。我们从学生的实际需要和认知水平出发,确保主题活动的有效性;采用形式多样的教学方式,如自主学习、小组讨论等,激发学生的思维火花,确保学生在整个活动中的主体地位;关注学生的学习差异,为不同层次的学生提供个性化的学习支持,实现个人能力的提升。

判断一个学生是否真正达成了单元学习目标,我们还必须明确需要的评估依据。在主题活动实施过程中,首先,通过预习任务的设计,评估学生原有的知识水平;随后,通过观察学生在课堂交流、汇报及任务单完成情况中的表现,提供即时反馈与个性化指导,帮助学生解决当前面临的挑战。此外,采用多维度评价量表,如学生自评、同伴互评与教师评价等多种方式,全面评估学生的参与度、团队协作能力、跨学科思维能力以及最终成果的质量与展示效果。教师则根据评价结果提供建设性的意见,助力学生明确学习方向,持续优化学习路径,确保学习目标的最终落实。

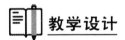 **教学设计**

第 2 课时　何以东坡

——苏轼黄州词文意象解读

上海田家炳中学　陈　阳

一、主题介绍

部编版教材共收录了苏轼的 6 篇诗文,占比显著。其中《记承天寺夜游》《卜算子·黄州定慧院寓居作》《定风波·莫听穿林打叶声》均是苏轼仕途受挫、贬谪黄州时期的作品。本案例以苏轼在黄州时期创作的诗文为载体,结合地理、历史、美术等多个学科开展主题学习,旨在以任务驱动的形式,引领学生深入探究苏轼如何在逆境中实现对凄苦的超越。这一过程,既加深了学生对苏轼人生经历与文学成就的理解,也促进了他们跨学科思维能力和人文素养的提升。

二、学情分析

本课教学对象是本校进入复习阶段的九年级(下学期)学生。在此阶段,他们需将过往学习中积累的零散知识点进行系统化整合,并提升将既有知识与技能灵活应用于新情境的能力,实现知识的内化与深入理解。由于部编版教材中苏轼诗文的分布较分散,学生往往难以将苏轼的豁达态度与其复杂的人生轨迹进行关联,导致对苏轼及其作品缺乏系统性的认识。因此,本节课试图整合苏轼的诗文作品,梳理出一条诗文鉴赏复习的有效路径。

同时,鉴于九年级学生正面临中考的重要考验,本节课旨在通过苏轼面对宦海沉浮时所展现的惊人的勇气、过人的心理承受能力,激励学生以同样乐观的心态和处变不惊的定力去应对学习中的挑战。

三、教学目标及重难点

(一)教学目标

1. 初读词文,回顾词文赏析的基本方法。
2. 精读词文,剖析苏轼在黄州期间的心境特点及其心路历程。
3. 知人论世,理解苏轼称谓变化的含义。

(二)教学重点

结合典型意象和情感关键字词,梳理苏轼在黄州期间的情感变化轨迹。

(三)教学难点

结合历史背景资料,理解从苏轼到苏东坡这一称谓变化的含义。

四、教学技术与学习资源应用

教学课件、学习任务单、历史资料等。

五、教学过程

教学环节	师生活动	设计意图/评价关注点
一、新课导入	1. 展示学生制作的"苏轼文学地图"。 2. PPT出示诗句"问汝平生功业,黄州惠州儋州",聚焦其仕途生涯中的转折点——黄州时期。 3. PPT出示主问题:在被贬黄州的四年多时间里,苏轼究竟经历了怎样的情感变化?	从地理轨迹出发,将苏轼放在广阔的时空背景下,提升学生的整体把握能力。
二、师生共赏《定风波》	1. 学生反复诵读《定风波》,在知晓词意的基础上,自由分享自己对词作中情感的理解。教师捕捉学生思考的闪光点,适时地给予点拨。 2. 师生共同总结诗文鉴赏的一般方法。	学生通过自由分享理解和感受,能激活已有的知识和技能,并为接下来的小组合作赏析活动铺设学习路径。
三、小组合作析情感	任务一:抓典型意象,分析情感变化 1. 小组合作品读任务单上的三篇词文,捕捉典型意象,关注语言表达的精妙之处,自行勾画圈点,梳理苏轼情感变化的轨迹,完成"苏轼词文赏析"任务单。 2. 各组需指派一名代表,在全班范围内汇报本组的分析成果。其他小组在听取汇报时,做好详细记录,以便后续提出疑问或补充观点。 任务二:拟图表,绘制心路历程 结合上述词文的意象和情感关键词,以作品时间线为横坐标,情感为纵坐标,建立一个可以反映苏轼在黄州期间情感波动的折线图。 在完成上述两项任务后,引领学生踏入一个更深层次的学习阶段——针对本节课所呈现的四首苏轼写于同一时期却反映不同心境的词文开展比较阅读。学生圈画出这些作品中反复出现的高频意象与行为表现,进而剖析它们与苏轼心境之间的关联。	能积极参与小组讨论,自信地表达看法,提出具有建设性的建议。 能认真倾听、记录其他小组的独到见解,修改、完善本组的情感波动折线图中。能通过线条的起伏,直观地呈现苏轼虽处逆境,但仍以豁达乐观态度应对人生风雨的精神风貌。 通过比较阅读,学生能够领会意象和行为表现在不同作品中承载的独特内涵,从而提升其跨文本分析的高阶思维能力。
四、知人论世	1. 苏轼为何会有这样的情感变化? 2. PPT提供"乌台诗案"的背景资料,引导学生进一步思考:从苏轼到苏东坡,称谓的变化意味着什么? 3. PPT出示苏轼在杭州、密州、黄州、惠州、儋州创作的诗词。	能准确提炼信息,理解称谓的变化标志着苏轼对苦难的超越。 借助跨越时空的作品,为学生勾勒出一个立体全面的苏轼形象。

（续表）

教学环节	师生活动	设计意图/评价关注点
五、课后作业	1.学生整理课堂笔记,完善苏轼情感波动折线图。 2.各小组选择一首苏轼在黄州时期的佳作,写一段 200 字左右的鉴赏文字,表达对苏轼及其作品的理解和感受。	
六、板书设计	苏轼　　　　　　　　　　　　苏东坡 （皎月） 洒脱超然 （风雨、斜阳） 淡定从容 （孤月、酒） 悲痛苦闷 （缺月、孤鸿） 孤独凄惶 时空观念　　意象、字词、句式/修辞　知人论世	

专家点评

　　本方案以"为湖北省博物馆制作针对同龄人的苏轼黄州诗文特展导览手册"为核心任务,以"苏轼如何在逆境中实现精神突围"为驱动性问题,借用地理绘图方式绘制呈现苏轼人生轨迹、文学成就的"苏轼文学地图";审读苏轼黄州时期具有代表性的诗文,理解典型意象的特征和丰富的意蕴;结合历史资料,分析、归纳苏轼实现精神突围的原因,有效融合诗文阅读、地图绘制、史料实证;并以导览手册的形式呈现学习成果;最后从内容创作、创意设计、展示与表达、团队协作、跨学科整合能力等维度进行评价,同时形成改进意见。任务、目标明确,流程清晰、完整,且每个阶段学习都关注了学习支架供给、阶段性成果提炼、评价要点确定等,科学、精心地设计过程,促进单元学习目标达成。

　　需要指出的是,跨学科主题学习的成果与学生生活有一定距离,教师要给予学生适当的指导,例如本方案的导览手册。建议教师教授学生制作导览手册的方法与路径,或直接提供样例,帮助学生明确成果的规格与样式;建议教师指导学生围绕"黄州苏轼""精神突围"这样的关键点,确定导览的内容与方式。

点评人:上海市普陀区教育学院　缪亚男

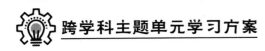

跨学科主题单元学习方案

学习游记单元　制作旅行杂志

上海嘉定区世外学校　沈晴晴　雷　舒　刘　丹　张　敏　赵亚鲁

一、主题概述

本主题活动以部编版语文八年级第二学期第五单元（游记）为主线，结合地理学科、美术学科，引领学生将课文中以及自己出游的景点制作成旅行杂志。学生成立编辑部，在小组合作和真实情境中学习游记的阅读与写作策略。具体内容见表1。

表1　信息汇总表

主题名称	学习游记单元　制作旅行杂志		
年级	八年级（第二学期第五单元：游记）	课时	9课时
核心学科	语文	相关学科	地理、美术
核心任务	制作一本旅行杂志		
团队成员	沈晴晴、雷舒、刘丹、张敏、赵亚鲁		

（一）情境与问题

五一小长假即将来临，同学们纷纷做起了旅行规划，而我们恰好要学习八年级第二学期第五单元——游记单元，不妨借此单元引领学生来制作旅行攻略，学习课本上的游记课文，撰写游记，制作一本属于自己的旅行杂志。

（二）学情分析

本单元的教学对象是八年级学生，这一阶段的学生自我意识增强，有较强的求知欲和表现欲，思维能力发展较快，处于从形象思维向抽象思维转变的时期。学生已有了初步的自主学习和合作探究的能力。

同时,学生在七年级第一单元的散文《春》《济南的冬天》《雨的四季》的学习中,基本掌握了品味、分析语言,初步把握景物特征的方法,能够提取、归纳主要信息;在八年级第一学期《小石潭记》《桃花源记》的教学中,基本掌握了梳理游踪,理清作品基本情感脉络的方法,能够结合写作背景,推断作者的思想情感。

但学生相对缺乏从不同角度揣摩、品味富有表现力的语言的方法;缺乏语言实践活动,不能从经典作品中找到值得借鉴的地方,反思并进行语言实践;缺乏文学活动的参与以及聚焦问题、搜集资料、整理信息、形成观点并解决自己问题的方法与能力。

因而,本单元以"制作旅行杂志"为核心任务,以下分设若干子任务,整合学习情境、生活情境、学习内容、学习方法及资源,安排连贯进阶性的语文活动,旨在激发学生探究问题、解决问题的兴趣和热情。

(三)单元结构

部编版教材语文八年级第二学期第五单元所选的课文都是游记,独特的地理特征造就了独特的自然风物,形成了独特的地域文化,引发了作者的诸多遐思。具体内容见表2。

表2 部编语文八下第五单元课文篇目及内容

课文篇目	内容
《壶口瀑布》	分别写雨季和枯水季节的两次游历,通过不同时间的选择和视角的变换,记述不同季节的独特景物特征,由水到个人,由个人到民族,表达自己游历壶口的独特感受。
《在长江源头各拉丹冬》	描绘了奇美壮丽、变幻多姿的各拉丹冬雪山之景,又多次写到自己的身体状况和内心体验,表现了自然本身的伟大与神秘,以及作者对于自然伟力的敬畏之情。
《登勃朗峰》	记述了与友人游览勃朗峰的经历,以散文笔法描绘奇美景物,以小说笔法叙写奇人趣事,读来有种别样的幽默。
《一滴水经过丽江》	以一滴水的独特自白起笔,以一滴水的前世今生为线索,借助一滴水的视角和口吻,描写丽江美丽的自然风光、醇美和谐的人文气息,表达由衷的赞美之情。
单元写作	学写游记。

阅读本单元,不仅要学习语文知识——概括游记特点,梳理作者游踪,掌握写景的角度和方法,鉴赏语言,积累精彩语句,还要研究当地的地理特点、地域文化,这就需要具备一定的地理知识。

（四）跨学科单元设计的创新点:情境性、实践性、综合性

《义务教育语文课程标准(2022年版)》要求立足学生核心素养发展,充分发挥语文课程的育人功能。课程内容组织与呈现形式明确第四学段(7—9年级)能够自主组织文学活动,在办刊、演出、讨论等活动过程中体验合作与成功的喜悦,能用文字、图表、图画、照片等展示学习成果。而在构建语文学习任务群时,新课标则指出语文学习的任务群具有情境性、实践性、综合性。

而本单元以"制作旅行杂志"为核心任务,贯穿单元教学,通过课文的教授,引导学生理解区域地理位置、地理环境特征造就的独特风景资源与文化特征;引导学生品读语言,领略不同的风景;同时指导学生学习记述游览见闻,描摹山水风光,抒发个人情思,正确认识人与自然的关系,充分发挥语文学科的育人价值。引导学生在学习语言文字运用的过程中,逐步树立正确的价值观,促进核心素养的发展。

二、主题学习目标

（一）单元教学目标

单元教学目标	学习水平
1. 梳理作者游踪,理清文章脉络。	B
2. 区分不同的写景方法,提炼概括景物的主要特征。	C
3. 赏析精彩语言,推断作者寄寓在景物中的独特情思。	C
4. 撰写游记。	D
5. 形成对自然、社会和人生的独特感受与体验。	D

（二）课文教学目标

课文篇目	单课教学目标	学习水平	落实单元教学目标（写单元教学目标的序号）
《壶口瀑布》	1. 概括游记特点，梳理作者游踪。	B	1
	2. 多角度概括壶口瀑布的特点。	C	2
	1. 赏析精彩语言，推断作者寄寓在景物中的独特情思。	C	2、3
	2. 形成对壶口瀑布的独特感受与体验。	D	5
《在长江源头各拉丹冬》	1. 归纳游记学习的方法，梳理作者游踪。	B	1、4
	2. 概括各拉丹冬的景物特点，鉴赏精彩语言。	B、C	2、4
	1. 说明作者身体状况与环境的关系，推断作者的情感。	C	2、3
	2. 形成自己对探险的感受与认识。	D	5
《登勃朗峰》	1. 归纳游记学习的方法，梳理作者游踪。	B、C	1、4
	2. 鉴赏作者对勃朗峰景物的描写和对马车夫形象的塑造。	C	2、4
	3. 梳理本文散文笔法和小说笔法相结合的写法。	D	4、5
《一滴水经过丽江》	1. 梳理一滴水的游踪。	B	1、4
	2. 鉴赏语言，阐释丽江的自然景观和人文风情的特点。	C	2、4
	3. 分析叙事视角的作用，推断作者寄寓在语言中的思想感情。	C	3、4
学写游记	1. 梳理游踪，设计游记的写作顺序。	B、C	1、4
	2. 选择从不同角度描写景物的特点。	C	2、4
	3. 运用多种表达方式有条理地写作游记。	C、D	3、4

三、教学实施进程

（一）教学进程

跨学科主题学习在教学组织方式上与传统的课堂有着明显的差异，需要引导学生在情境中完成任务。因此，根据制作旅行杂志的步骤，我们成立了杂志社，学生分组设各编辑部，在任务群中完成教学进程（见图1）。

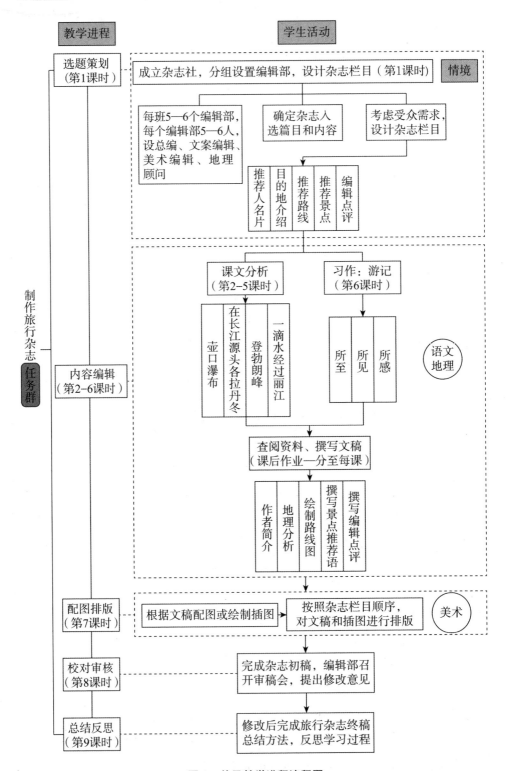

图 1　单元教学进程流程图

（二）课时安排

课时	课时名称		学习内容	课后作业
第1课时	选题策划会		1. 确定杂志入选篇目和内容； 2. 考虑受众需求，设计杂志栏目。	按编辑部分工合作： 1. 查阅资料，了解所选篇目的作者； 2. 结合地理知识，分析该地的地理特点、地域文化。
第2课时	内容组稿会	《壶口瀑布》	按照篇目完成以下内容： 1. 梳理作者游踪，理清文章脉络（所至）； 2. 区分不同的写景方法，提炼概括景物的主要特征（所见）； 3. 赏析精彩语言，推断作者寄寓在景物中的独特情思（所感）。	1. 绘制游踪路线图； 2. 各编辑部分别选择1—2个该地景点，撰写推荐语； 3. 根据作者及自己的所感，撰写编辑点评； 4. 用所学的写景方法，根据自己旅途中的所见写一篇游记，600字左右。
第3课时		《在长江源头各拉丹冬》		
第4课时		《登勃朗峰》		
第5课时		《一滴水经过丽江》		
第6课时		游记写作		
第7课时	设计讨论会		1.根据文稿配图或绘制插图； 2. 按照杂志栏目的顺序，对文稿和插图进行排版。	以电子杂志的形式呈现，做成横版，为方便展示，统一做成PPT。
第8课时	审稿会		各编辑部结合语文、地理、美术知识，对杂志初稿进行讨论，提出修改建议。	各编辑部根据审稿建议修改完善，形成终稿。
第9课时	总结会		反思制作旅行杂志的整个过程，总结游记阅读与写作的方法。	画思维导图，形成学习路径。
完成班级旅行杂志				

四、重点活动举例

在内容组稿阶段,结合语文、地理、美术所学,分析课文《在长江源头各拉丹冬》。

环节名称	教师活动	学生活动	设计意图	时间
情境导入	这学期我们班成立了杂志社,分成了 5 个编辑部,每位同学都是小编辑,要做一本旅行杂志,上节课大家已经完成了《壶口瀑布——伟大的个性!》的编写,帮助作者梁衡做了一篇详细的壶口瀑布游览攻略,今天我们就跟着马丽华去看看长江源头各拉丹冬,思考作者为什么写这篇文章,然后做一份各拉丹冬的攻略吧!	学生回顾旅游杂志的栏目: 1. 推荐人名片 2. 目的地介绍 3. 推荐路线(所至) 4. 推荐景点(所见) 5. 编辑点评(所感)	创设情境,明确核心任务,调动学生积极性。	5 分钟
任务一:结合地理知识,介绍推荐人和景区特点	昨天布置了学习单,请大家查阅资料,了解作者马丽华,并结合地理所学知识介绍各拉丹冬的地理位置和气候特点。现在,让我们共同将"推荐人名片"和"目的地介绍"补充完整吧! 问 1:各拉丹冬位于我国哪个地区?它的海拔有什么特点? 问 2:请你设计一个图标展现该地域特征。 问 3:各拉丹冬的气候特点如何? 问 4:作者在这样的自然环境中寻找长江源头会遇到什么困难?	学生分享资料,回答问题。 问 1 预设:各拉丹冬位于高寒的青藏地区,为唐古拉山脉主峰,海拔 6621 米。——"高" 问 2 预设:各拉丹冬冰川地段是青藏铁路全线气候最恶劣的区段,冬春季节气温很低,寒风凛冽。——"寒" 问 3 预设: 1. 海拔超过 3000 米人就会产生高原反应,会出现头晕、头疼、呕吐、心跳加速、气喘吁吁等症状。 2. 环境恶劣,交通非常不便,探索难度高,危险系数高。	将地理知识与文本相结合,跨学科融合。 设计图标展现地域特征,与美术进行跨学科融合。	10 分钟

（续表）

环节名称	教师活动	学生活动	设计意图	时间
	这种困难在文中的具体表现是什么？ 请圈画出相关语句,梳理作者的身体状况变化。	学生阅读文本,提取相关信息。 预设1:手背生起冻疮,肩背脖颈疼痛得不敢活动,连夜高烧,不思饮食。 预设2:尾椎骨折断,腰椎错位。 预设3:缺氧反应,外加新伤剧痛。 预设4:感觉自己快要死了。 预设5:感觉自己似乎已经衰竭。 身体状况越来越糟糕。		
任务二:绘制路线图（所至）	虽然作者的身体状况越来越糟糕,但她还是坚持完成了这段旅途。 请大家圈画出文中的时间词和地点词,整理出作者的行进路线,绘制路线图。	学生提取信息,绘制作者的路线图。 预设:  	根据所至绘制路线图,与地理、美术进行跨学科融合。	5分钟
任务三:选取打卡景点,撰写推荐语(所见)	在这条充满艰辛的路线图中, 1. 她究竟看到了怎样的风景？ 2. 这些风景有怎样的特点？ 3. 从哪些语言细节中品读出来的？ 请填写表格: A. 任意选择文中描写景物的语句,为文字配一幅图画,标明地理位置。 B. 以景物的特点为图画命名。 C. 从写作手法的角度赏析相关语句。	学生填写表格。 预设:推荐打卡点1 地点:冰塔林 配图:  命名:苍茫雪山,鬼斧神工 相关语句: 远方白色金字塔的各拉丹冬统领着冰雪劲旅,天地间浩浩苍苍。这一派奇美令人眩晕,造物主在这里尽情展示着它的无所不能的创造力。	细读文本,鉴赏语言,根据景物特征配图或绘制插图,与美术进行跨学科融合。	15分钟

（续表）

环节名称	教师活动	学生活动	设计意图	时间
		赏析： "统领"运用拟人的修辞手法写出了各拉丹冬的威严，"卖弄"贬词褒用，大自然的无穷创造力在各拉丹冬展现得淋漓尽致。从这两句话可以看出作者面对冰塔林的震撼，以及基于人与自然的对比而产生的对自然的敬畏。		
课堂总结	总结学习路径： 1. 先是结合地理所学，分析了各拉丹冬海拔"高"和气候"寒"的特点。 2. 在如此恶劣的环境下，作者的身体状况越来越糟糕。 3. 即使如此，作者依然坚持行进，我们根据作者行进的地理位置梳理了作者的游踪，并绘制了路线图。 4. 在这条路线图中，我们选取了典型景点作为推荐打卡点，分析了景物特点，揣摩和品味语言。 下节课我们推断作者想要表达的情感，进而解决核心问题：作者为什么写这篇文章？	学生按照学习路径，整理制作旅行攻略，内容包括： 1. 推荐人介绍。 2. 景区介绍（地理位置、海拔特点、气候特点）。 3. 推荐路线。 4. 推荐打卡点（语言赏析，撰写推荐语）。	总结学习路径，完成情境任务。	5分钟

五、成果反思

（一）最终成果

每个编辑部各完成一篇旅行杂志内文。评价标准见表3。

表3　旅行杂志评分表

杂志栏目	评价维度	对应知识	给分依据	得分
目的地介绍	地理 (10分)	地理特点	地理知识准确无误(2分) 配图能体现地理特点(3分) 紧密联系地理特点编写旅行小贴士(5分)	
推荐路线	语文 (30分)	游记所至	路线图符合课文中的地点或视角变化(5分) 路线图能结合地形地势特点(5分)	
推荐景点		游记所见	选取富有价值的景点,设定推荐指数并说明 理由(2分) 图文一致,能根据景物特点贴切配图(3分) 根据景物特点撰写引人入胜的推荐语(5分)	
编辑点评		游记所感	结合课文中心,推断作者想说的话(5分) 以第一人称撰写作者感言(5分)	
整体版面	美术 (10分)	配图排版	版面美观,重点突出(10分)	
总分				

（二）反思小结

本方案遵循了新课改精神,具有一定的创新性和实践性,不仅注重知识的传授,也重视学生综合能力的培养,通过制作旅行杂志这一实践活动,将语文、地理和美术三个学科的知识进行了有机整合,极大地提高了学生的学习兴趣和参与度。

在教学实施过程中,本方案创设情境、任务群,鼓励学生进行小组合作,这种做法有利于培养学生的团队协作能力和沟通能力。

不过,设计中也存在一些需要改善的地方：

1. 学科融合的深度。虽然在教学设计中有意强调了学科间的联系,但在实际操作中,没能真正立足本学科建立与其他学科的联系。跨学科不是煮大锅饭,如何让学生通过其他学科的知识增强对本学科知识的理解,还需进一步探讨。

2. 本学科学习的高度。教师应从更高位去引导学生,培养学生的高阶思维。学完本单元不光是要生成一个光鲜亮丽的作品,更重要的是引导学生形成一套此类文本的学习路径。

📖 教学设计

第 8 课时 制作旅行杂志之"审稿会"

上海嘉定区世外学校 沈晴晴

一、教材分析

部编版教材语文八年级下册第五单元所选的课文都是游记。

《壶口瀑布》	分别写雨季和枯水季节的两次游历,通过不同视角的变换,记述所见所感。本篇由特点到性格,再到民族精神,构思独到巧妙。
《在长江源头各拉丹冬》	描绘了奇美壮丽、变幻多姿的各拉丹冬雪山之景,反复写到自身状况和内心体验,表现了自然本身的伟大与神秘,表达了作者对自然的敬畏、对人类探索精神的赞美。
《登勃朗峰》	记述了作者与友人游览勃朗峰的经历,以散文笔法描绘奇美景物,以小说笔法叙写奇人趣事,全文围绕"奇"展开,构思巧妙,语言诙谐幽默。
《一滴水经过丽江》	以一滴水的独特自白起笔,写水的前世今生,又从空间角度展开水的游踪,描写了丽江美丽的自然风光、醇美和谐的人文气息,表达作者由衷的赞美之情。
单元写作	记述游踪,描写景物,抒发感受,学写游记。

本单元的人文要素是:通过记述游览见闻,描摹山水风光,吟咏人文胜迹,抒发作者的情思。阅读本单元,可以随着作品去想象和遨游世界,可以让我们丰富见闻、增长知识、开阔眼界。

本单元的语文要素是:了解游记的特点,把握作者的游踪、写景的角度和方法,并揣摩和品味语言,欣赏、积累精彩语句。

二、学情分析

八年级的学生学完本单元之后,了解了游记的特点,把握了作者的游踪、写景的角度和方法,并能够揣摩和品味语言,欣赏、积累精彩语句。在复习时可以梳理、总结学习游记的方法,并让学生在作品分享中学以致用。

整个单元的学习以"制作旅行杂志"为核心任务。学生已经分组将 4 篇课文的游记及 1 篇自己旅行的游记做成了杂志。

三、教学目标

1. 与他人合作,个性化展示对课文的理解(阅读与鉴赏)。

2. 从语文、地理、美术三个维度梳理学习内容,展示旅行杂志的制作成果。

3. 从三个维度评价各组稿件并提出修改建议(表达与交流)。

四、教学重点

从语文、地理、美术三个维度梳理学习内容,展示旅行杂志的制作成果。

五、教学难点

从三个维度评价各组稿件并提出修改建议。

六、教学课时

教学课时为 1 课时。

单元核心任务:制作旅行杂志。单元学习任务链见跨学科主题单元学习方案中的教学进程流程图。

本课时为审稿环节,对初稿进行展示与评价,提出修改建议并继续完善。

七、教学准备

1. 旅行杂志评分表。

2. 5 个编辑部的旅行杂志(4 篇课文+1 篇自由行)。

八、教学过程

(一) 复习导入

学校"悦读节"即将闭幕,我们八年级同学根据刚学的游记单元制作了旅行杂志,它们将在"悦读节"闭幕式上进行展示。前面几节课我们完成了杂志的初稿,今天我们将召开审稿会提出修改意见并进行完善。首先,我们回顾一下旅行杂志的制作路径。

（二）回顾制作方法

1. 考虑受众需求

预设:了解目的地、做行前准备、安排行程路线、选择景点等。

2. 确定杂志栏目

预设:目的地介绍、旅行小贴士、推荐路线、推荐景点。

3. 确定栏目内容

（1）运用语文所学游记完成"推荐路线""推荐景点"栏目。

① 回顾游记三要素。

明确:所至、所见、所感。

② 将游记三要素对应到杂志的相应栏目中。

预设:所至——"推荐路线"、所见——"推荐景点"、所感——增加栏目"作者的话"。

（2）运用地理知识完成"目的地介绍"和"旅行小贴士"栏目。

（3）运用美术知识增加插图并进行排版。

小结:由此我们确定杂志的栏目为"目的地介绍""旅行小贴士""推荐路线""推荐景点""作者的话"。需要综合运用语文、地理、美术知识去完成。

（三）明确审稿要求

1. 结合展示,对稿件提出改进意见。

2. 完成评分表,选出最佳稿件。

注意:从语文、地理、美术三个维度展示和评价。

（四）小组展示,编辑点评

1. 小组展示

各编辑部代表结合语文、地理、美术三个维度介绍稿件各栏目内容和团队分工,时间在 3 分钟左右。

2. 编辑点评

各小组根据评分表,对稿件的维度和各项内容进行讨论并提出建议。

展示后留 2 分钟的讨论时间,各组讨论后派出编辑点评。点评可以说亮点也可以提建议,建议应明确是对该编辑部哪位编辑提出的,如"我想给文案编辑一个建议""我想给美术编辑一个建议"或"我想给地理顾问一个建议"等。

注意:因为课堂时间有限,一节课只能展示2—3组,展示完一组即开始对这组的讨论。其他来不及展示的小组由各组对照初稿直接讨论(初稿打印好提前发给学生)。

3.教师指导

教师补充修改建议,一句话总评。

4.以《一滴水经过丽江》为例

(1)展示

文澜编辑部代表上台围绕杂志栏目"目的地介绍""旅行小贴士""推荐路线""推荐景点""作者的话"展开介绍(也可稍作调整),计时3分钟。(初稿见附件2第一份)

(2)点评

其他小组对文案编辑、美术编辑、地理顾问提出建议,经过2分钟的讨论后开始交流。

有三种情况:

① 建议被采纳

预设1:我想夸夸文案编辑,他们的景点推荐语结合了自然和人文,角度全面。不过也提一个小建议:"作者的话"没有"一滴水"这个独特视角的体现。

预设文编的回答:这个建议确实很好,这篇游记最独特的一点就是用一滴水的视角来写丽江,在撰写"作者的话"时我没考虑到这一点,谢谢你的建议,我会虚心采纳。

② 建议被否决

预设2:我觉得美编的排版挺好的,非常美观。不过第四页有点累赘,可省略做成标题。

预设美编的回答:首先谢谢你的认可,不过我觉得第四页单独放或省略做成标题都没问题,或许你那样更简洁,但我觉得我这样处理更好看,每个人有不同的审美,我觉得这里改不改都可以,不过还是谢谢你的建议。

③ 建议需要讨论后提出新方案

预设3:我想给地理顾问提个建议,虽然考虑到了游客的感受,但玉龙雪山好像并不需要吸氧设备。

预设地理顾问的回答:玉龙雪山海拔2400米,我们觉得还是比较高的,最好还是带上。

（教师适时补充小资料：健康的人 2500 米以上可能会出现高原反应，玉龙雪山海拔 2400 米，不算太高，可以不用带，但敏感易缺氧的人建议准备。如果学生自己讨论便可得出结论更好。）

学生讨论后得出结论：改成"建议敏感易缺氧人群携带吸氧设备"。

教师点评：大家说得非常棒，我也觉得文澜编辑部的配图和排版很亮眼；小贴士考虑得很全面，充分结合了地理知识；景点推荐语以及作者的话都考虑了自然和人文两个方面。大家提的建议也非常好，文澜编辑部记录好修改建议，就可以再进行完善了。掌声送给大家！

（五）课堂总结

编辑审稿会暂时告一段落，各编辑部都收到了很多建议，请大家继续修改完善，期待在"悦读节"闭幕式上呈现最完美的作品。

（六）布置作业

每个小组根据收到的评价和建议，对旅行杂志进行修改和完善。

（七）板书设计

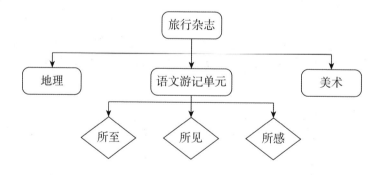

 **专家点评**

该教学设计依托八年级游记单元的学习，以"制作旅行杂志"为单元核心任务整合语文、地理、美术学科的相关知识与技能开展跨学科主题学习，引导学生在阅读与鉴赏、梳理与探究、表达与交流等活动中综合运用三个学科的相关知识去发现

问题、分析问题、解决问题,提高语言文字运用能力。该校语文组教师分析了统编教材第二学期游记单元的单元导语、单元教材内容,设定了单元教学目标;聚集单元学习目标设计了单元核心任务,采用"以终为始,逆向设计"的方法将单元核心任务分解为结构化的若干个子任务,形成一条任务链,建立各课时学习活动之间的结构关系;预估了学生在学习过程中可能遇到的困难,提供了思维支架,为学生创设了自主参与学习的过程,促使学生从"不会"到"会";明确了学习成果的要求——旅行杂志,设定评价指标、工具,收集单元教学目标达成的证据。这种设计方法是值得肯定的。在该单元的第 8 课时教学中,执教教师组织了"制作旅行杂志之'审稿会'",引导学生通过小组合作的方式开展学习成果的展示与评价活动,借助评价量表的使用指导学生反思学习的得失、总结学习方法、改进学习成果,这种教学组织方式有助于培养学生的交流沟通、团队协作能力,培养学生的反思能力与表达能力。

点评人:上海市教师教育学院(上海市教育委员会教学研究室)　曹　刚

初中信息科技

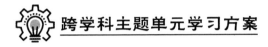

跨学科主题单元学习方案

绿色设计 智能温控

——模拟文来空调系统

上海市文来中学 顾海艳 吴 敏 陈 华 曹乐杨

一、主题概述

（一）主题活动的意义

本单元"绿色设计 智能温控"结合了《义务教育信息科技课程标准（2022 年版）》中"过程与控制"模块的内容要求，以模拟搭建学校空调为例，让学生在实际情境和真实问题中，综合运用地理工具、地理实践和数学判断、开环闭环控制、反馈的作用等核心概念，经历实地测量、设计规划、绘制草图、模拟空调、反思改进的过程，模拟学校新空间的空调系统并提供空调的方案设计。通过主题活动，让学生在实践中深刻理解学科知识，提升综合实践能力，同时培养学生的创新思维和解决问题的能力。

（二）基于真实情境，提出驱动性问题

在文来中学校园新空间的建设中，舒适的学习环境被视为至关重要的一环。学校希望通过学生的探究合作，设计模拟出智慧节能的空调系统，以确保在各种气候条件下，学生都能在舒适的环境中学习和工作。因此，本跨学科主题的驱动性问题为"如何为学校新空间模拟设计智慧节能的空调系统"。

（三）学情分析

本单元学习之前，六年级的学生已经学习了图形化编程，知道过程与控制、系统与子系统、防范可能存在的安全问题等，有利用开源硬件制作智能作品的经验，了解地理中的"地图"和数学中的"图形与几何"，能够在实际情境中理解比例的含义。访谈显示：学生对过程与控制中的反馈与优化没有深入的认识和理解；对空调的功能比较熟悉，但是对内部结构以及工作过程比较陌生。

二、主题学习目标

1. 通过"洞察需求——空调使用场景分析"，学生合作绘制场地设计图，增强信息运用、实践操作等行动力，养成在实践活动中乐于合作的品质。（地理）在实际情境中，会按给定比例进行图上距离和实际远离的换算并画出图形，形成空间观念和推理意识。（数学）学生能够分解一个复杂的空调系统，提高系统分析的能力。（信息科技）

2. 通过"创意建模——空调外壳设计制作"，培养学生创意设计能力、3D 建模能力，提高利用数字化工具解决实际问题的能力。（信息科技）通过动手实践，规范使用工具和设备加工制作产品模型，提高劳动技能、实践能力和解决问题的能力，促进其劳动态度的形成和劳动习惯的养成。（劳动）

3. 通过"实践探索——模拟制作简易风扇"，学生在模拟风扇的过程中，了解开环系统及系统方框图，经历从对风扇的个例分析到对生活中自动化设备的分析的过程，了解身边的开环控制系统。（信息科技）能够根据需要，将硬件放在空调模型的适当位置，制作空调模型。（劳动）

4. 通过"系统初探——模拟制作定速空调"，学生在实现定速空调的过程中，了解闭环系统和系统方框图，经历从对空调的个例分析到对生活中自动化设备的分析的过程，了解身边的闭环控制系统。（信息科技）能够运用常见的数量关系解决实际问题，实现空调的闭环控制。（数学）

5. 通过"性能调优——模拟优化定速空调"，在实验中观察、理解反馈概念；根据需求分析构建流程图，合作实现区间控制方式，理解反馈的作用并迁移了解区间控制方式在生活中的应用；利用智慧笔协作设计方案，并使用编程软件和硬件进行模拟优化定速空调；认识核心技术自主可控对国家安全的重要性，树立科技自立自强的意识。（信息科技）能够运用数量关系解决实际问题，提高问题解决能力；通过绘制区间控制方式的实验记录，理解平面直角坐标系的有关概念；在实验过程中，体会用坐标表达简单图形，感悟数据的意义与价值，有意识地使用真实实验数据表达、解释与分析空调系统的不确定现象。（数学）

6. 通过"创新优化——模拟制作变速空调"，知道变速空调的控制方式并能借助软硬件实现变速空调，能够设计算法实现变速空调。（信息科技）在设计算法的过程中，能运用常见的数量关系理解变速空调的算法。（数学）

三、教学实施路径

（一）单元教学流程

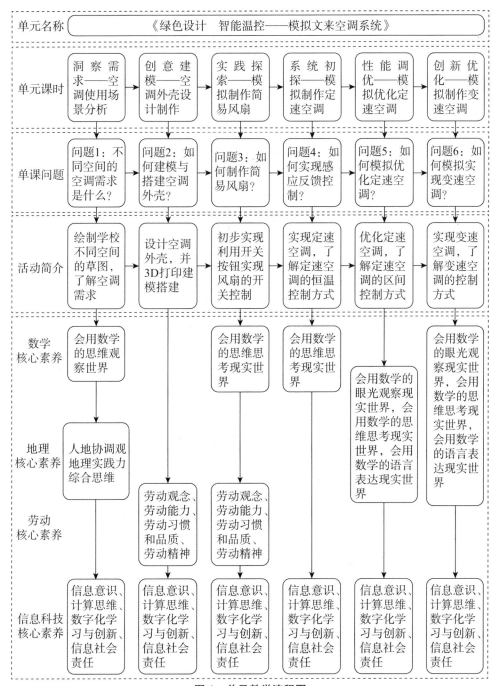

图1　单元教学流程图

（二）课时简案

课时 1　洞察需求——空调使用场景分析

1. 教学流程图

本节课如图 2 所示，从洞察不同空间对空调的需求分析引入课题，引导学生按比例绘制学校平面图，设计空调位置和尺寸，并对用户做调查，统计分析需求，最后设计并分享方案。

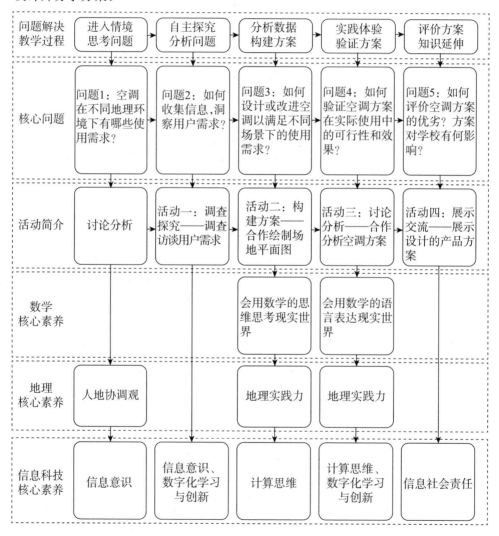

图 2　课时 1 教学流程图

2. 流程图说明

活动 1:组织观看学校新楼改建视频并开展调查活动,了解用户实际需求。

活动 2:组织学生等比例绘制学校不同场地的设计图。对于已有空调的场地,审视存在的问题并提出改进方案。对于尚未安装空调的场地,根据实际需求精心设计具体位置和配置方案。

活动 3:组织学生分析空调方案并在行空板界面设计出空调电子界面。

活动 4:引导学生思考空调设计与环境可持续性、能源效率等方面的关系,拓展知识视野。学生展示并介绍空调设计方案。

课时2 创意建模——空调外壳设计制作

1. 教学流程图

本节课如图 3 所示,学生不仅能够掌握利用建模软件进行外壳设计制作的技能,更能引导学生站在研发者的角度思考问题,为未来学习和生活打下坚实基础。

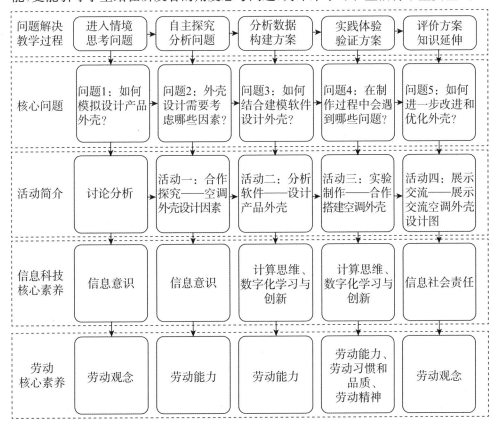

图3 课时2教学流程图

2.流程图说明

活动1:引导关注空调外壳设计因素,如尺寸的精准把握,行空板、风扇等关键部件的位置布局。

活动2:运用 LaserMaker 建模软件进行空调外壳的设计。从设计理念、实用性、美观性、能效性等多个维度进行全面考量。

活动3:学生们将利用3D打印技术,将设计图的模型打印出来并进行拼搭组装。引导学生重新审视设计,发现不足,并寻找改进的方法。

活动4:小组展示交流,介绍设计理念、技术实现和测试效果,互相听取意见和建议,从中汲取灵感和启发。

课时3 实践探索——模拟制作简易风扇

1.教学流程图

本节课如图4所示,学生不仅能够掌握简易开关控制空调的制作技能,在信息科技和劳动课程方面的核心素养还能得到全面提升。

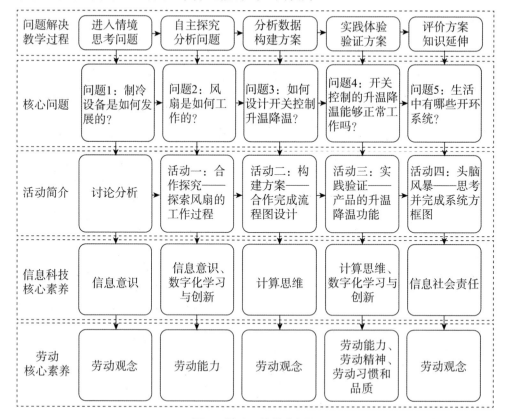

图4 课时3教学流程图

2. 流程图说明

活动1:学生通过拆解风扇模型,分析风扇的工作原理和结构,完成风扇的系统方框图并理解开环系统的系统方框图。

活动2:小组合作,根据功能需求合作完成流程图的设计。

活动3:学生通过把行空板、风扇等硬件与空调外壳连接,再根据流程图,模拟制作开关控制的空调,观察空调是否能够根据开关信号正常启停。

活动4:学生讨论并列举生活中的开环系统实例,如交通信号灯、水龙头等,了解开环系统在日常生活中的应用并完成系统方框图。

课时4 升级系统——模拟制作定速空调

1. 教学流程图

本节课如图5所示,学生将通过四个活动,完成定速空调的搭建,从中理解学科的核心概念,提高学生的核心素养。

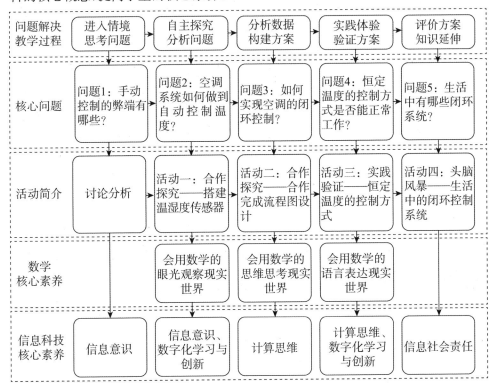

图5 课时4教学流程图

2. 流程图说明

活动1:学生理解温湿度传感器的功能,并能把温湿度传感器搭建在空调的合适位置。从搭建中理解闭环系统的特点以及闭环控制的系统方框图。

活动2:通过数学中的数量关系,改变判断条件实现功能并绘制流程图。

活动3:通过实践过程,完成实验记录并观察是否能够正常工作。

活动4:学生讨论生活中的闭环系统实例,了解闭环系统的应用。

课时5　性能调优——模拟优化定速空调

1. 教学流程图

本节课如图6所示,从展示定速空调的工作过程引入课题,通过四个活动,了解反馈的概念、反馈的作用以及区间控制方式的应用,对学生的数字素养与技能进行层层递进的培养。

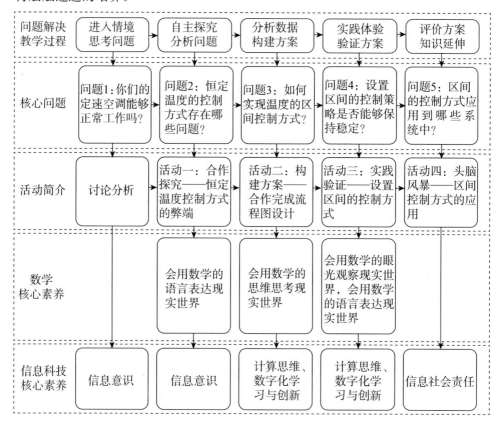

图6　课时5教学流程图

2. 流程图说明

活动1:学生利用平面直角坐标系,理解定速空调在恒温控制模式下的频繁启停,思考并探讨当前恒定温度控制方式存在的问题。

活动2:通过数学中的数量关系,理解空调的区间控制是通过改变判断条件实现的。小组合作,根据判断条件的调整,共同完成流程图的设计。

活动3:通过实践过程,完成实验记录。通过实验记录的数据,引导学生观察在区间控制方式下的空调的工作状态。探究区间的控制方式是否能够保持系统的问题,并思考:1.环境温度是否控制在区间内? 2.设置的温度区间与电机启停的间隔时间存在什么关系?

活动4:引导学生迁移思考,思考生活中的区间控制方式的应用。了解我国自主研发的核心技术,让学生理解核心技术自主可控对国家安全的重要性。

课时6　创新优化——模拟制作变速空调

1. 教学流程图

本节课如图7所示,从展示变速空调的工作过程引入课题,通过四个活动,了解变速空调的特点,理解设置算法的控制方法,知道算法控制方式的应用。对学生的核心素养与技能进行层层递进的培养。

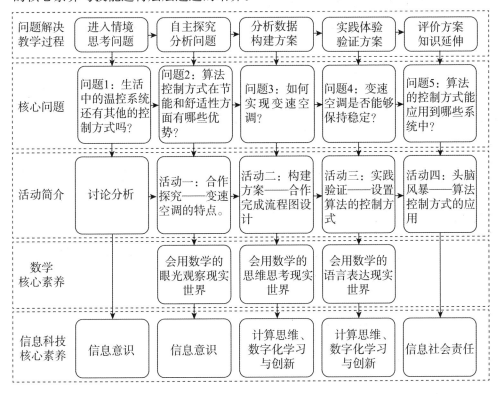

图7　课时6教学流程图

2.流程图说明

活动1:小组合作探究,通过查阅资料,理解变速空调的工作过程以及变速空调的控制方式。

活动2:通过数学中的数量关系,理解空调的算法控制是通过改变判断条件实现的。然后小组合作,根据判断条件的调整,完成流程图的设计。

活动3:通过实践过程完成实验记录。利用直角坐标系,探究变速空调的控制方式是否能够保持系统的问题。

活动4:引导学生迁移思考,思考生活中算法控制方式的应用。让学生理解核心技术自主可控对国家安全的重要性。

四、主题学习评价

(一)评价目的

本单元的评价旨在全面、多维度地评估学生在学习过程中的表现与成长,确保学生不仅掌握了理论知识,还能在实践中应用和创新。

(二)学习评价表

单元评价					
组名			姓名		
评价指标			评价结果		
			自评	互评	师评
知识掌握(25%)	确保学生能够准确理解并掌握每个课时的核心知识点。				
技能应用(25%)	确保学生能够熟练地将所学技能应用到实际操作中,解决实际问题。				
创新思维(25%)	鼓励学生在设计、制作和优化过程中展现创新思维和独特见解。				
团队协作(25%)	强调学生在小组合作中的沟通与协作能力,共同完成任务。				
总体评价					

教学设计

第 5 课时　模拟优化定速空调

上海市文来中学　顾海艳

一、活动目标

（一）信息科技学科

1. 在实验中观察定速空调系统的工作过程,理解反馈的概念。（信息意识）

2. 根据需求分析,构建流程图方案,小组分工合作实现区间控制方式的定速空调,理解反馈的作用。（计算思维）

3. 通过对空调系统的案例分析,迁移了解区间控制方式在生活中的应用。（计算思维）

4. 小组成员能根据实验活动要求,利用智慧笔协作设计方案,并利用编程软件和硬件进行模拟优化定速空调。（数字化学习与创新）

5. 认识核心技术自主可控对国家安全的重要性,树立科技自立自强的意识。（信息社会责任）

（二）数学学科

1. 能够运用常见的数量关系解决实际问题,能够理解区间控制方式的实际意义,提高问题解决能力。（会用数学的眼光观察现实世界——抽象能力）

2. 通过绘制区间控制方式的实验记录,理解平面直角坐标系的有关概念,能画出平面直角坐标系。（会用数学的思维思考现实世界——推理能力）

3. 在实验过程中,能正确记录温度变化,体会用坐标表达简单图形,理解图形背后的意义,能够感悟数据的意义与价值,有意识地使用真实实验数据表达、解释与分析空调系统的不确定现象。（会用数学的语言表达现实世界——模型意识）

二、活动任务

任务 1:合作探究——恒温控制方式弊端

任务 2:构建方案——设置区间控制方式

任务 3:实践验证——验证区间控制方式

任务 4:头脑风暴——区间控制方式应用

三、活动过程

(一)地位和作用

本课是"绿色设计 智能温控——模拟文来空调系统"单元的第 5 课时,学生通过前面课程的学习,已经掌握了开环控制系统、闭环控制系统的基本知识。本节课组织实验让学生调整控制方法优化空调系统,从而理解反馈的概念和作用,理解区间控制方式以及知道区间控制方式的应用,为第 6 课时模拟变速空调做准备。

(二)学情分析

本节课教学对象是六年级学生,他们具有较强的动手实践能力和分享欲望,思维比较活跃。学生对于开环控制、闭环控制系统有了一定的了解,但对于整个闭环系统中的反馈的概念、反馈在控制系统中的作用、优化定速空调的区间控制方式,还需要深入的思考和分析。

(三)教学过程

本节课通过四个活动,了解反馈的概念、反馈的作用以及区间控制方式的应用,对学生的数字素养与技能进行层层递进的培养。

教学环节	教师活动	学生活动	设计意图
进入情境 思考问题	1. 情境引入 展示空调的工作过程。 2. 引发思考 核心问题1:定速空调能工作吗? 3. 引入课题 明确课题:模拟优化定速空调。	聆听音频。 思考讨论问题。 明确课题。	通过回顾演示上节课的空调装置引出本课学习内容,激发学生求知欲。

（续表）

教学环节	教师活动	学生活动	设计意图
自主探究 分析问题	1. 引发思考 核心问题2：恒温控制方式存在哪些问题？ 2. 活动一：合作探究——恒定温度控制方式弊端 活动要求：解读数据，分析问题。 3. 交流总结 对比反馈的温度信息，自动调整工作方式。	思考问题。 小组讨论完成活动一。 分享思考。	在实验中观察定速空调系统的工作过程，理解反馈的概念。思考恒温控制方式的弊端。
分析数据 构建方案	1. 引发思考 核心问题3：如何实现区间控制方式？ 2. 活动二：构建方案——设置区间控制方式 活动要求：合作构建方案流程图。 3. 交流总结 区间控制方式的流程图。	思考问题。 小组合作构建方案。 分享思考。	小组成员利用智慧笔协作设计优化控制策略方案。能够运用数量关系解决实际问题，理解区间控制方式的实际意义，提高问题解决能力。
实践体验 验证方案	1. 引发思考 核心问题4：设置区间的控制方式是否能够保持稳定？ 2. 活动三：实践验证——设置区间控制方式 活动要求：小组合作实践验证，完成实验并填写实验记录。 3. 交流总结 反馈的作用能对系统进行优化或让系统达到稳定的状态。	思考问题。 实践验证并完成实验记录。 分享思考。	利用软硬件模拟实现空调的区间控制方式，理解反馈的作用。正确记录温度变化，理解图形背后的意义，有意识地使用真实实验数据表达、解释与分析空调系统的不确定现象。

（续表）

教学环节	教师活动	学生活动	设计意图
评价方案 知识延伸	1. 迁移思考 核心问题5：区间的控制方式可以应用到哪些系统中？ 2. 活动四：头脑风暴——区间控制方式应用 活动要求：头脑风暴，讨论应用。 3. 分析导弹的反馈控制系统 导弹精准追踪离不开反馈控制。 4. 交流总结 核心技术自主可控对国家安全的重要性。	思考问题。 聆听思考。 分享讨论。 回顾总结	通过对空调系统的案例分析，迁移了解区间控制方式在生活中的应用。了解核心技术自主可控对国家安全的重要性，初步树立科技自立自强的意识。

板书

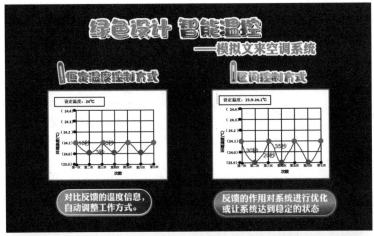

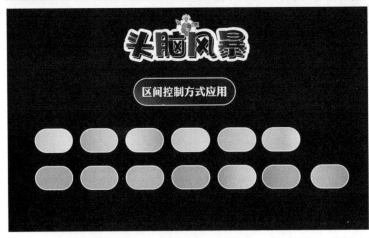

（四）学习单

第 5 课时　模拟优化定速空调			
1. 课前实验准备			
教材	学习手册	文具	笔袋
软件	Mind+	硬件	行空板等、实验器材
2. 课堂实验记录			

活动一:探究恒温控制方式下定速空调的工作过程。

实验记录:设定温度为(_____)

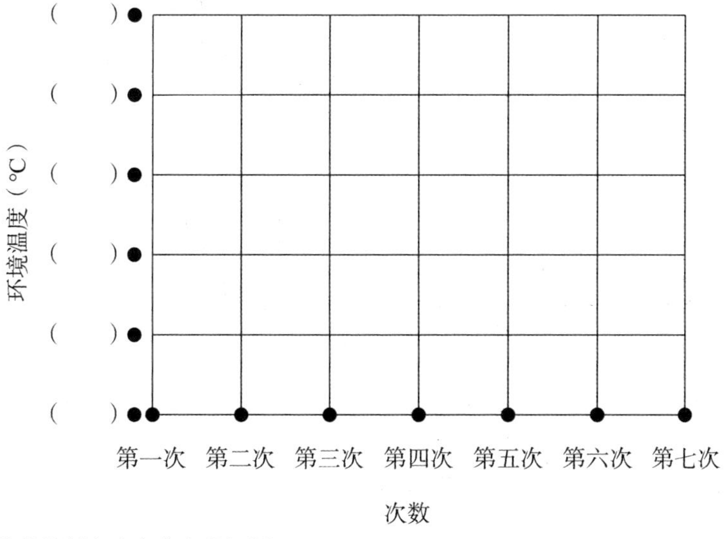

思考:(目前的控制方法中存在的问题)

_____

（续表）

活动二:构建区间控制方式下定速空调的实验方案

温度上限:_____ 温度下限:_____

流程图:

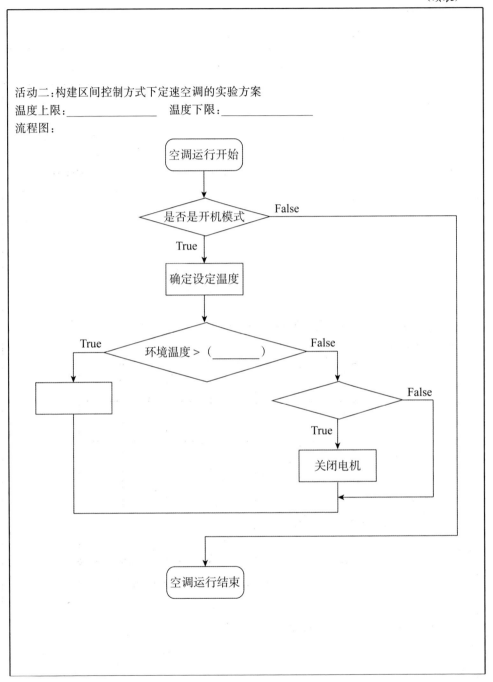

活动三:实践验证区间控制方式下定速空调的工作过程

实验记录:温度上限:_____　　　温度下限:_____

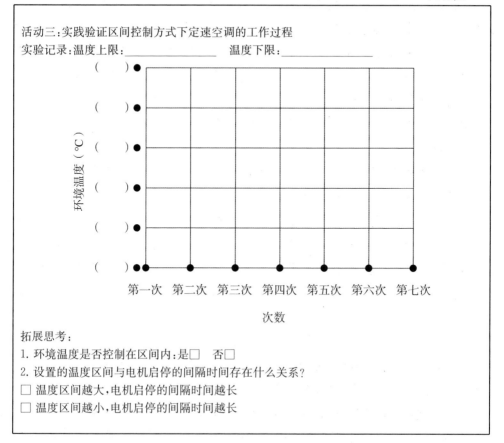

拓展思考:

1. 环境温度是否控制在区间内:是□　否□

2. 设置的温度区间与电机启停的间隔时间存在什么关系?

□ 温度区间越大,电机启停的间隔时间越长

□ 温度区间越小,电机启停的间隔时间越长

 **专家点评**

　　跨学科主题单元学习方案"绿色设计　智能温控——模拟文来空调系统"(以下简称"方案")成功地将学生引入了一个贴近他们生活实际的真实问题情境中。随着学校新空间的建设,如何设计一个高效节能的空调系统成了一个亟待解决的现实问题。通过这一真实问题的提出,学生不仅能够感受到学习的实际意义,还能在解决问题的过程中培养对科技、环保和社会责任的深刻认识。方案中的"洞察需求——空调使用场景分析"环节,通过让学生观看学校新楼改建后的视频资料、开展调查访谈、合作绘制场地设计图等活动,有效地引导学生发现并理解真实世界中的具体问题,为后续的学习活动奠定了坚实的基础。

　　方案在赋予学生深度体验方面表现得尤为出色。通过模拟搭建学校空调系统

的项目,学生不仅能够在实践中综合运用信息科技、地理、数学和劳动等多个学科的知识和技能,还能在实地测量、设计规划、绘制草图、模拟空调等过程中亲身参与,获得丰富的实践经验。这种深度体验不仅有助于学生对理论知识的理解和掌握,更能激发他们的学习兴趣和探究欲望,培养他们的创新思维和解决问题的能力。特别是在"创意建模——空调外壳设计制作"和"实践探索——模拟制作简易风扇"等环节中,学生通过动手实践,将理论知识转化为实际操作,进一步加深了对所学内容的理解和记忆。

方案紧密结合了各相关学科课程标准中的核心素养要求。在信息科技方面,方案通过"洞察需求""创意建模""系统初探""系统升级""性能调优"和"创新优化"等六个环节,逐步引导学生理解并掌握信息意识、计算思维、数字化学习与创新以及信息社会责任等核心素养。在数学方面,方案通过让学生运用数量关系解决实际问题,理解平面直角坐标系等概念,培养了学生的抽象能力、推理能力和模型意识。此外,方案还融入了地理和劳动等学科的核心素养要求,使学生在跨学科的学习中实现全面发展。

方案在评价方面采用了多种方式,实现了多元评价。首先,通过实践操作评价,评估学生在制作空调外壳、搭建控制系统等操作中的熟练程度和规范性,以及解决问题的能力。其次,通过项目作品评价,对学生完成的空调外壳设计、控制系统等作品进行综合评价,重点评估其创意性、实用性和技术难度。此外,方案还注重小组合作评价、自我评价与互评等多种评价方式,鼓励学生进行反思和借鉴他人的优点,促进个人成长。这种多元评价方式不仅有助于全面评估学生的学习成果,还能激发他们的学习动力和自信心。

方案有一定借鉴意义。首先,它将信息科技、地理、数学和劳动等多个学科的知识和技能进行整合,切入点找得准。其次,该方案注重实践导向,在培养学生的综合思维能力和解决问题能力的同时,提升了学生的环保意识和责任感。最后,该方案通过多元评价方式全面评估学生的学习成果,为其他类似的教学活动提供了有益的参考和借鉴。

点评人:上海市向明中学　　冯　忻

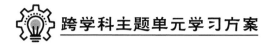

跨学科主题单元学习方案

听障群体生活物联提示系统设计

上海宝山区世外学校　史泽齐　胡义挺

一、设计意图说明

选题源自学生的科技项目,在不断思考与明确问题的过程中,师生共同形成了项目任务——"为听障群体设计辅助生活的家居提醒物联系统"。事后我们认为值得将该项目从兴趣小组的选题转化为面向全体的跨学科单元。在转化过程中,我们还考虑了以下问题。

1. 在单元问题链的设计与引导中"有迹可循"

对核心问题进行拆解,形成多个可衔接的子问题。在工程技术领域,每个具体问题的解决产物,都将促进学习者逐步走向项目任务的实现。

2. 在单元内容结构的设计中注重"核心方法"

在设计单元内容结构时,需关注"单元大概念""核心概念"及"重要内容"等。工程技术领域与理学不太一样,理学重探索,工学重实现。因此要按照"单元大概念""核心方法"及"重要内容"等分类来梳理相关知识和教学设计,直接指向实践性的问题解决与学习。

3. 在单元学习进程的规划中明确"逻辑线索"

学生的经验发展是主线。在学习进程的设计中,遵循了学习者认知从感性、理性到行动的转化规律;遵循了信息科技学科的逻辑方法——"三步转译编程学习法",如图 1 所示;遵循了工程(通用技术)中的"技术设计的一般流程"等学科方法。

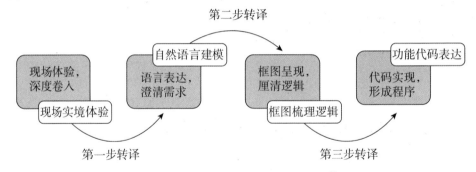

图1 三步转译编程学习法框架图示①

4. 在学科领域融合的认识中追寻"事实逻辑"

本单元任务是设计并制作一个智能机械装置模型,传感器、可编程控制模块等属于信息技术领域的部件,这些部件需要有机械本体部分来容纳,需要一些机械结构作为效应部件,如图2所示。从工业生产实践的事实逻辑出发,信息科技与工程(通用技术)自然地融为一体。

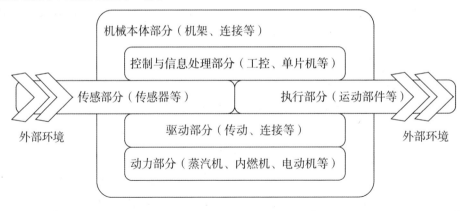

图2 智能制造技术原理示意图②

二、单元主题概述

本单元适用于七年级,主题名称为"听障群体生活物联提示系统设计",主要融合信息科技与劳动(通用技术)两个学科领域,总计6课时。

跨学科主题与情境的选择考虑到三个视角。从信息科技学科角度看,科技为

① 柳栋,武健,沙金,等.初中三步转译编程教学法框架构想[J].中国信息技术教育,2023(15):5-8.
② 韩骏,陈伟玲.创客教育项目探索与实践——面向中小学创客教育实践者[M].北京:国家开放大学出版社,2022.

生活带来的便利丰富了学生的经验与感受。但从社会角度看，一个社会的文明程度取决于社会对弱势群体的态度，科技应当让弱势群体更好地融入社会而非渐行渐远。学生是科技发展的直接体验者与受惠者，更应成为具备人文关怀的未来技术创造者。因此在感受了物联技术为生活带来便利的基础上，我们从弱势群体家居生活视角思考技术应用的区别，并设计符合该群体的智能产品模型。

（一）跨学科主题分析

在信息科技作为核心学科的基础上，项目还涉及劳动学科，并参考了高中通用技术课程。

在七年级劳动"新技术体验与应用"任务群中有相关内容要求，要选择适宜的新技术开展项目实践，其中涉及技术设计与实践过程，但其素养要求更为注重劳动过程本身，如劳动能力。通用技术反映的是当代技术体系中基础、应用广泛、育人价值丰富并与专业技术相区别的技术，其提供了学生在工程实践过程中所必备的学科核心素养，如工程思维。因此，在进行本单元的跨学科主题设计时，其内容要求参考劳动课标，其素养要求借鉴高中通用技术课标。跨学科主题分析详见表1。

表1　问题角度的跨学科主题分析

单元核心问题：弱势群体是否也能感受到物联网等技术为生活带来的便利？			
问题链（跨学科）	主要学习任务	成果	关联学科
听障群体的生活存在哪些不便之处？	体验与调查	调查报告	劳动/通用技术
是否有为听障群体设计的科技产品？	网络调查	调查报告	信息科技
听障群体是否能使用智能家居产品？	物联技术运用	设计方案	信息科技
为了使其更好地居家生活，可以设计什么产品帮助他们？	认识人脸识别 场景聚焦分析 物联技术实现 结构外壳制作	提醒产品模型 （或原型）	信息科技 劳动/通用技术

（二）单元主题的学情分析

本单元属于信息科技学科"物联网实践与探索"模块，在学习本单元前学生已有"过程与控制""互联网应用与创新"模块的学习基础。在工程领域，学生或多或少经历过技术实践活动，知道技术设计流程。因此本单元学生学情有以下特点。

1. 有一定的物联网知识基础，但未曾综合运用

学生初步理解万物互联给人类信息社会带来的影响、机遇和挑战；了解物联网

与互联网的异同、主要物联网协议,以及典型物联网应用的特点;能有效利用基本的物联网设备与平台,设计并实现具有简单物联功能的数字系统。

2. 具备一定的开源硬件编程基础,但需要加强自主学习与实践能力

学生在"过程与控制"模块中或多或少有开源硬件的学习与使用经历,认识常见传感器与执行器,会利用主控板进行简单程序的编写。

3. 经历过问题分析与拆解过程,未完整运用于综合问题的调查分析与实践

在劳动课程或跨学科主题项目中,学生经历过技术设计的一般流程,能动手制作具有简单功能的模型;在功能实现中,了解过"体验分析问题""自然语言描述功能""框图描述功能""编程实现"的流程。

4. 欠缺工程技术实践与人文关怀

技术如何服务于人类、对人的人文关怀如何具体体现,学生对此没有清晰的认知;工程技术的具体应用需要在实践中融合。

(三)跨学科视角下的单元结构设计

1. 跨学科视角下的单元内容结构

围绕单元大概念,本单元从物联网出发,关注设计切入、技术路线与工程实现三个核心方法,具体的单元内容结构与逻辑关联如图 3 所示。

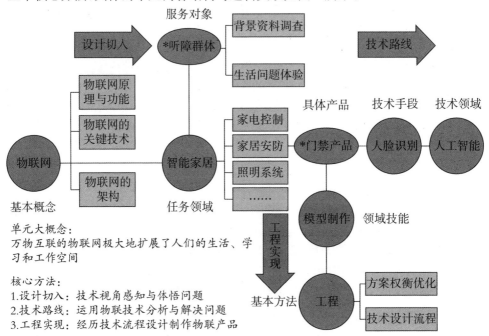

图 3 跨学科主题单元内容结构设计图

2. 基于单元内容的学生经验结构

学科内容是基础,通过学科方法与学习进程,学生的经验发展可分为认知经验、情感经验、实践经验、跨学科经验和自我效能感等方面,本单元的学生经验结构设计如图 4 所示。

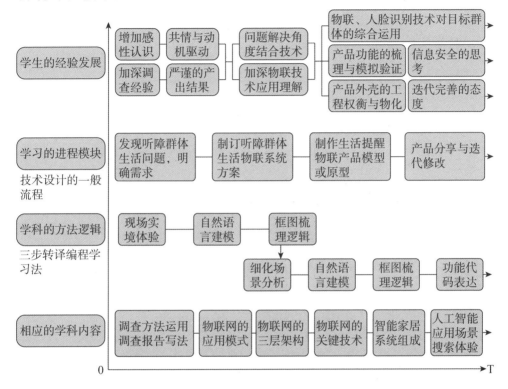

图 4　跨学科主题单元学生经验结构设计图

三、主题单元学习目标

本单元项目任务是制作一个面向听障群体的智能提醒装置。通过项目学习,融会贯通相应知识与技能的学习;通过项目任务,丰富"实践改变生活"的学习经历。

1. 在听障群体居家生活体验中产生共情,发现问题,激发运用技术帮助其改善生活的动力。(信息意识)

2. 运用多种调查方法对该群体、相应科技产品进行调查,在形成调查报告的过程中明确问题。(信息意识、数字化学习与创新)

3. 从物联系统角度分析问题,经历自然语言建模、框图梳理逻辑的过程,根据需求设计听障群体居家物联系统方案。(计算思维、创新设计)

4. 经历技术设计一般过程,选择细分场景为听障群体设计物联提醒产品,形成运用技术为弱势群体谋福利的态度与责任。(计算思维、工程思维)

5. 在产品模型(或原型)物化过程中综合考虑材料、工具与功能的结合,运用实验设备模拟实现物联系统功能并迭代修改。(工程思维、物化能力、信息社会责任)

四、教学实施路径

(一) 单元教学流程

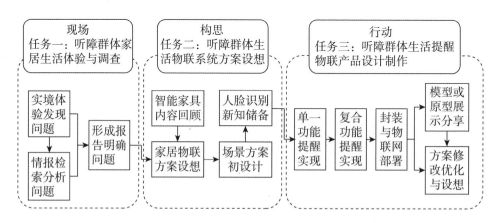

图5 跨学科主题单元教学流程

(二) 教与学的方式

从教师"带领的学习"逐步走向"有支持下的主动行为",以学习单为主要支架及引导材料,学生按照学习单流程逐步深入思考,通过小组合作完成自主探究实践。教师从引领学生思考、分析问题,逐渐转变为流程引导者、课程组织者,辅导与帮助学生解决个性化问题。

(三) 单元实施进程

1. 实境体验发现问题(课前)

小组成员根据各家庭环境,规划制订体验计划,完成至少40分钟的"听障"生活体验,填写活动表格,记录真实感受,总结遇到的问题。

解决问题:听障群体的生活存在哪些不便之处。

学习支架:体验环节的记录表与学习单(见表2)。

表 2　体验学习单

(1) 体验/做的事情： (2) 发现的问题： (3) 你的感受： (4) 设想做而未做的事有： (5) 可能会存在的问题：

主题阶段成果：完成体验记录表，回答学习单中的问题。

评价关注点：是否完成体验，并对体验过程进行一定总结。

2. 听障群体居家生活的体验与调查(1课时)

在听障群体体验分享交流中发现更多问题，通过网络搜索了解听障群体及科技产品相关资料，自主学习了解报告写法，撰写调查报告并分享。

解决问题：是否有专门为听障群体设计的技术产品。

学习支架：提供调查报告写法的自主学习单，网络搜索问题学习单(见表3)与调查报告模板。

表 3　网络搜索问题学习单

(1) 听障共分为几类？什么程度分别需要什么类型的辅助科技产品？ (2) 听障群体在生活中存在着哪些问题？ (3) 市面上有哪些帮助听障群体的科技产品？请简要介绍几个，并分析其优缺点。 (4) 其他你想要调查的问题：＿＿＿＿＿＿＿，搜索后你的答案：

主题阶段成果：记录体验分享内容，回答网络搜索学习单中的问题，完成调查报告的撰写与分享。

评价关注点：

• 起步阶段：听障体验分享交流的记录。

• 发展阶段：针对体验中发现的问题及学习单中提及的问题，通过网络搜索查找相关资料。

• 达成阶段：根据标准调查报告写法完成报告撰写，形成成果。

3. 听障群体物联提示系统方案设想(1课时)

回顾物联网基本构成原理和智能家居等知识，根据存在的问题设想居家物联方案；在聚焦人脸识别门禁场景中，初步了解与感受人脸识别技术，设计有客来访时的居家提醒方案并分享。

解决问题:听障群体是否可以使用智能家居产品。

学习支架:提供方案设计学习单(聚焦场景方案设计见表4)与小组分工表,提供小组自主学习资料,如认识人脸识别、认识二哈识图、二哈识图硬件连接与编程教程等。

表4　人脸识别门禁提醒方案初设计与再设计学习单

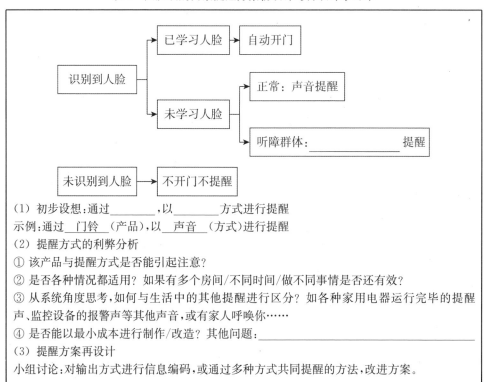

(1) 初步设想:通过_____,以_____方式进行提醒

示例:通过__门铃__(产品),以__声音__(方式)进行提醒

(2) 提醒方式的利弊分析

① 该产品与提醒方式是否能引起注意?

② 是否各种情况都适用? 如果有多个房间/不同时间/做不同事情是否还有效?

③ 从系统角度思考,如何与生活中的其他提醒进行区分? 如各种家用电器运行完毕的提醒声、监控设备的报警声等其他声音,或有家人呼唤你……

④ 是否能以最小成本进行制作/改造? 其他问题:_____

(3) 提醒方案再设计

小组讨论:对输出方式进行信息编码,或通过多种方式共同提醒的方法,改进方案。

主题阶段成果:聚焦场景的人脸识别门禁提醒方案设计。

评价关注点:运用技术解决问题,认识人脸识别技术,聚焦场景的方案细化。

• 起步阶段:回顾物联网知识;了解人脸识别及其在生活中的应用。

• 发展阶段:能根据某一问题提出方案构想;知道人脸识别的过程。

• 达成阶段:在聚焦场景中,为听障群体设计提醒方式;感受二哈识图识别人脸的过程。

4. 听障群体物联提示产品设计制作(4 课时)

通过小组合作,实现基础提醒功能;分析各种提醒方式的利弊,根据情境设计复合提醒功能;提醒产品的设计;制作产品结构、封装硬件与物联网技术部署,最后进行成果分享与迭代优化。

解决问题:为了使其更好地居家生活,可以设计什么产品帮助他们。

学习支架:通过学习单引导,分析提醒方式的利弊,构思产品设计与功能,根据学习单流程指引,逐步完成产品外壳设计、功能实现、物联技术部署、硬件固定封装等环节,记录过程性资料(设计方案交流与优化部分见表5)。

表5 优化设计方案学习单

(1) 模型(或原型)展示分享 你们将从哪几点来展示分享你们的作品? (2) 方案修改,优化与设想 ① 记录别人方案的优点。 ② 思考如何进一步优化方案。(例如,还有哪些未完成/待完成的? 设想中想实现的功能是什么? 再比如,你掌握着该系统所有的数据与信息,是否有着安全隐患? 如何确保数据安全?) ③ 方案扩展:除了居家场景,还有哪些场景存在需求?

主题阶段成果:形成产品设计草图、功能梳理流程图、制作过程记录,制作出最终功能模型(或原型),包括编程程序与结构外壳。

评价关注点:基础提醒功能的实现与进一步分析;复合提醒功能的实现;物联技术部署与产品模型(或原型)制作;成果分享与迭代。

- 起步阶段:实现"人脸识别提醒"功能模拟;提出改进方案,运用自然语言与图示梳理功能。
- 发展阶段:梳理产品与门禁间的信息交互,开始部署物联技术;构思产品设计,开始外壳制作。
- 达成阶段:完成外壳制作、实现功能、有过程记录;分享自己的实践成果及优缺点,记录其他小组优点,继续迭代完善。

五、学习评价概述

本单元学习成果包括学习单、产品模型与编程文件。

本单元学习评价为标准参照类型,主要测评学生是否达成单元学习目标。

(一)形成性评价(学生自评与他评)

根据评价表,学生对照判定是否达成学习目标。

(二)终结性评价

1. 基本算法:以下四项每项各占 25%,最后成绩为优良与不合格两档。

任务一：体验与调查报告；

任务二：物联系统设计方案；

任务三：产品模型或原型、编程文件；

学生学习自评表。

2.其他评价参考材料：学习单中的过程性记录，如发现与分析问题的思考过程、功能分析中的自然语言建模与框图梳理逻辑记录、编程与制作过程中的问题记录与解决方法、方案分享与修改记录等。

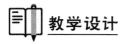 教学设计

第3课时　听障群体居家提醒基础功能实现与利弊分析

上海宝山区世外学校　史泽齐

一、教学内容分析

单元各课时共同构成了工程技术领域的问题解决与实践过程，各有作用，具体安排如表6。

表6　单元课时安排

激发问题解决意愿（1）	在实境体验中共情，在背景资料的调查中了解听障群体
充分设想聚焦问题（2）	回顾物联技术，从各角度思考解决方案并聚焦问题情境
产品构思功能实现（3）	基础提醒功能的实现，提醒方式的利弊分析与方案改进
结合技术工程实现（4—5）	复合提醒功能实现与外壳封装，结合物联技术产品联动
展示分享测试修改（6）	展示表达迭代优化，在分享交流中发现更多未来改进点

本节课是单元第3课时，第2—3课时是"问题转化为产品"的关键环节，在第2课时中，学生发散思考方案，教师引导聚焦情境，以"人脸识别门禁"为出发点，初步感受人脸识别技术，为听障群体初步设计提醒方案。在此基础上，本课时将实现基础的提醒功能，分析提醒方式的利弊，进一步明确设计"复合提醒功能"方案，在情境思考中，逐步完善产品的功能设想。

二、学习者分析

七年级学生能结合物联技术与调查报告,初步分析问题与设计方案,但局限于认知不够深入。具备一定的开源硬件编程基础,硬件学习与实践多以培养学生的自主学习能力为主。思维活跃是创新能力发展的必要条件,需要通过详细问题的思考与回答将想法进行转化。

三、学习目标

1. 在小组合作中,能选择合适的硬件,结合方案模拟实现"人脸识别提醒"的基础功能。(计算思维、工程思维)

2. 能结合实际的生活需求,帮助听障群体改进提醒方式,培养运用技术帮助弱势群体解决问题的意识。(计算思维、数字化学习与创新、工程思维)

四、教学重难点

教学重点:实现"人脸识别提醒"的基础功能。

教学难点:能结合实际生活需求改进方案。

五、教学过程

<table>
<tr><td colspan="4" align="center">活动1:小组合作,实现基础功能</td></tr>
<tr><td>实践意图</td><td>学生活动</td><td>教师组织(3分钟)</td><td>学业要求</td></tr>
<tr><td rowspan="5">1. 由初步构思到具体场景的产品间有不小距离,学生需在合作中开展自主学习
2. 编程实现功能,为之后的功能改进铺垫</td><td></td><td>教师回顾项目进度,从已完成的提醒方案引出本节课的内容</td><td rowspan="5">根据学习任务的需要,通过智能终端或编写程序,读取并处理含有物联功能的设备中的数据,能进行适当反馈或控制</td></tr>
<tr><td>学生核对、回答</td><td>确认各组是否都已完成初步的提醒方案设计</td></tr>
<tr><td>依据分工,找到各自的指导资料,合作开展活动:
• 核对、选择与连接硬件
• 配置二哈识图与编程
• 任务推进,记录实验过程</td><td>教师巡视指导</td></tr>
<tr><td>学生展示实现的功能,简要介绍程序与实验中的问题</td><td></td></tr>
</table>

（续表）

活动2:提醒方式利弊分析与"复合提醒"方案改进			
实践意图	学生活动	教师组织(3分钟)	学业要求
1. 小组按照聚焦的场景及问题,在思考与讨论中逐步形成更细化的方案 2. 从系统角度思考并优化方案,帮助小组产出更实际、有价值的产品功能	根据学习单提示问题,继续思考、改进方案	1. 以灯光提醒方式为例,分析其中的利弊与产品的设计,明确可继续思考的问题与改进方向 2. 教师巡视指导,挑选小组分享方案	1. 能设计具有数据采集、实时传输和简单控制功能的简易物联系统 2. 能就具体技术和工程问题,运用系统的分析方法,识别问题特性和细节,明确制约条件和影响因素,提出可能解决的方案
	方案分享、记录与修改		
	继续完善方案,进度快的小组可根据改进方案尝试编程实现功能	教师巡视指导	
	学生核对任务自评表	总结本节课成果,引出下节课内容	

六、板书设计

听障群体居家提醒基础功能实现与利弊分析

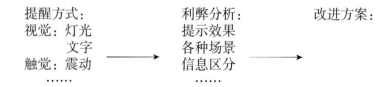

提醒方式:　　　　　　利弊分析:　　　　　改进方案:
视觉:灯光　　　　　　提示效果
　　　文字　　　　　　各种场景
触觉:震动 ───────▶ 信息区分 ───────▶
……　　　　　　　　　……

七、反思小结

（一）跨学科单元设计中的收获

首先,清晰了行动路径。科创成果的转化并非全盘端出,要依据学习主体特点与课时,遵从问题解决的事实逻辑,组织与开展学科内容。面对问题的开放性与学生生成的多样性,要更准确地把握学科解决问题的核心内容与方法,在此基础上发散。

其次,加深了内容理解。学生理解与分析问题的路径,与学科内容的知识结构可能不同,因此在学生已有的理解基础之上,综合运用学科知识结构,以促进问题的理解为目标进行设计,教师在此过程中也加深了对学科本体知识的理解。

再次,扩宽了设计视野。理解不同学科素养,需具备更大的视角、循序渐进地设计项目。

（二）跨学科教学实践中的反思

在活动设计时,为小组成员设定不同角色职责、为不同角色提供相应支架,并分阶段逐步推进,更能关注到不同水平的学生、兼顾不同进度小组活动的开展。

在实践中感受到,讲授主导的方式之所以不适用于跨学科主题学习,是因为问题的复杂性、教师预设的实践过程与学生的发展过程未必相符,导致学生反应慢、不理解。因此以小组为主体的自主学习,更有利于班级共性问题的收集与解决。

在活动实践中,教师还需更好地分辨与把控班级情况,区分无意义的混乱与有效的讨论;交流学习是重要环节,还需更合理地运用技术,通过组间帮助、交流分享、点评等环节,促进学生互相学习。

 **专家点评**

"听障群体生活物联提示系统设计"（以下简称"系统设计"）的选题非常具有前瞻性和社会意义。将信息技术应用于改善听障群体的生活质量,体现了对弱势群体的深切关怀与社会责任感,凸显了科技的人文关怀和社会价值。这一教育理念值得肯定。

"系统设计"将信息科技与劳动两个学科领域紧密结合,通过综合运用物联网技术、编程、机械设计等知识和技能,为听障群体设计并实现了一个实用的智能提醒系统。这种跨学科融合不仅促进了学生综合素养的提升,还培养了学生的系统思维、创新思维和工程实践能力。同时,"系统设计"还参考了劳动课程的要求,借鉴了工程思维和核心素养的培养要求,进一步提升了跨学科融合的深度和广度。

"系统设计"的教学实施路径清晰,成效显著。从实境体验发现问题到产品构思功能实现,再到展示分享、测试修改,每个阶段都设计了详细的学习活动和评价关注点。通过小组合作、自主探究、教师引导等方式,学生能够在实践中逐步深入,实现知识的内化和能力的提升。特别是通过"三步转译编程学习法"和"技术设计的一般流程",学生能够在实践中掌握工程技术领域的基本方法和技能。学生在完成初步设计后,通过分享、交流、反思等方式不断完善设计方案,最终实现了产品的优化升级。这种迭代优化的过程培养了学生的创新思维和解决问题的能力。

"系统设计"具有技术创新价值与教育价值。通过综合运用物联网技术、编程、机械设计等知识和技能,为听障群体设计并实现了一个实用的智能提醒系统。这一技术创新不仅解决了听障群体生活中的实际问题,还为相关领域的研究提供了有价值的参考;以跨学科融合和问题解决为导向的教学设计,推动了教育模式的创新和发展。它有助于培养学生的综合素养和创新能力,为培养未来社会的创新人才提供了有益的尝试和探索。

点评人:上海市向明中学　冯　忻

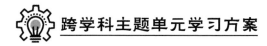

跨学科主题单元学习方案

利用智能窗帘解决教室白板反光

上海田家炳中学　向鸿炼　孙思鸣　梁阳玺　梁桂溱　陆浩逵　杜　阳

一、单元设计说明

　　本次跨学科主题学习方案,选自《初中信息科技》第三单元《少年程序设计师》,所涉及的主要学习内容在《义务教育信息科技课程标准(2022年版)》中属于"过程与控制"。《义务教育信息科技课程标准(2022年版)》倡导真实性学习,白板的反光正是学生在上课过程中常会遇到的一个实际问题,会影响学生的视觉体验和学习效率,所以解决该问题是非常有必要的。首先,学生通过观察生活、查找资料、联系各学科知识,提出解决措施。再从可行性、功能性等角度出发,选出最佳解决方案——设计并制作一个可自动调节窗帘位置的智能窗帘系统。制作智能窗帘作为整个单元的核心,多项教学活动围绕它开展,如自主阅读研究性学习报告、设计智能窗帘方案、编程制作、安装调试,这有助于学生对知识的深入理解和迁移应用,提高学生的信息搜索、计算思维、逻辑推理能力。

二、单元主题概述

(一) 跨学科视角下的单元主题设计

　　驱动问题:教室白板反光,是个不容忽视的问题,其是否影响学生的视觉体验和学习效率? 通常做法是什么? 有什么好的策略,能既不影响课堂连贯性,又是我们利用已有知识可实现的?

单元核心问题:制作智能窗帘		
问题链(跨学科)	主要学习任务(活动)	关联学科
教室白板反光的原因	以小组为单位,阅读高中生已完成的研究性学习报告《白板反光问题及解决措施的研究》,或通过其他途径查找资料,PPT 汇报白板反光的原因。	信息科技、物理
选择方案	对比不同方案,选出我们利用所学知识可实现的。根据软件开发流程对智能窗帘进行功能分析、设计,为后续的编程做准备。	信息科技
制作窗帘,搭建窗户模型	利用手工缝纫工具,使用穿线、捏针、打起针结、打止针结 4 种基本操作方法,采用缝针技能,完成窗帘的制作。利用雪糕棒、桐木条、一次性纸杯等材料搭建窗户。	劳动
编写程序,控制窗帘的升降	使用 Mind+、掌控板、扩展板、舵机、超声波传感器进行编程、测试。	信息科技

(二)跨学科视角下的单元结构设计

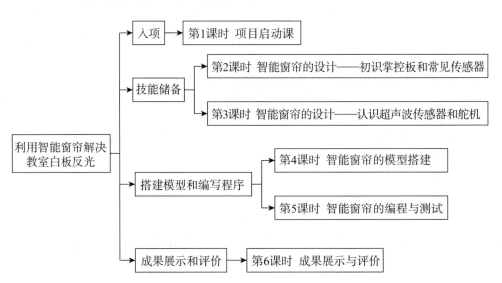

三、单元学习目标

单元具体目标	基于课程标准的学科核心素养
1. 能通过网络、文献等途径查阅资料、获取信息、分析信息。 2. 在小组分享与交流活动中,使用合适的技术开展小组分享与交流,能尊重他人观点,理性发表个人观点。 3. 能分析白板反光的原因,选择合适的软件和开源硬件设计智能窗帘方案,设计算法,编写程序。 4. 搭建智能窗帘控制系统模型,选择合适的传感器和舵机,测试程序的实际效果,反思解决问题的过程和方法,并对其进行迭代优化。 5. 乐于帮助他人开展信息活动,负责任地共享信息和资源。	【信息科技】 信息意识、计算思维、数字化学习与创新、信息社会责任
1. 懂得劳动创造美好生活的道理,珍惜劳动成果。 2. 具备基本的劳动知识和技能,能正确使用常用的劳动工具。利用手工缝纫工具,使用穿线、捏针、打起针结、打止针结 4 种基本操作方法,采用缝针技能,完成窗帘的制作。 3. 能发现缝制窗帘中的问题(如:窗帘不平整、下垂效果不明显等),思考改进方法并完善。	【劳动】 劳动观念、劳动能力、劳动习惯和品质、劳动精神
能针对具体研究问题和交流情境,基于一定证据提出假设或观点。	【物理】 科学思维

四、单元实施路径

（一）单元教学流程

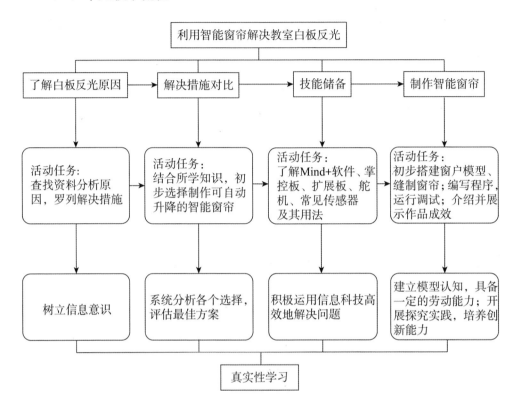

（二）单元实施

1.项目启动（第1课时）

教学过程	设计说明
一、导入 教师为学生提供参考资料,学生带着以下问题阅读并做好记录。 1. 白板反光的危害? 2. 白板为什么会反光?	带着问题阅读高中生已完成的研究性学习报告《白板反光问题及解决措施的研究》,提升学生对信息价值的判断能力。
二、提出问题 学生讨论: 1. 平时我们是如何解决白板反光的? 2. 是否有更省力省心的办法? 是否可实现? (引出物联网的概念)	引导学生利用多学科知识解决日常学习生活中的问题。

（续表）

教学过程	设计说明
三、方案设计 全班分组,各小组针对如何省心省力地解决教室里白板反光问题设计出一个方案。教师和同学们从可行性、成本等维度对各方案进行评价,得出最合适的方案。	锻炼学生的表达能力,能公平公正地评价他人方案的优缺点。
四、资料搜集 确定好方案后,各小组明确组员分工。	提升学生的信息检索能力和合作能力

2. 智能窗帘的设计——初识掌控板和常见传感器(第 2 课时)

教学过程	设计说明
一、认识设计智能窗帘所需的硬件和软件 硬件:教师为每个学生提供掌控板,学生观察掌控板的屏幕、按钮、自带的传感器和引脚,学会连接掌控板。 软件:简单介绍 Mind+界面的各区域。	观察掌控板实物,了解通用计算机和微型计算机的区别。
二、初探智能窗帘的控制算法 学生编程实现:编写简单程序,实现在掌控板上显示智能窗帘控制的相关文字,运行并调试。 1. 让"开启窗帘"显示在屏幕上。 2. 尝试同时在屏幕上显示光强度值和声音强度值。 3. 实现声光双控灯。	学习 Mind+编程的基本知识,认识常见传感器:光传感器、声音传感器。 实现声光双控灯,强化节能意识,教室里智能窗帘的升降位置和灯光强弱均会对白板反光造成一定影响。
三、认识扩展板 教师给每个小组分配一个扩展板,学生观察扩展板外观,由教师指导如何正确插在掌控板上,并指导学生使用外接电池供电。	能规范使用扩展板。

3. 智能窗帘的设计——认识传感器和舵机(第 3 课时)

教学过程	设计说明
一、认识控制智能窗帘的硬件——传感器和舵机 观察舵机外观,了解舵机和传感器的区别。	理解传感器和舵机的区别。
二、设计控制智能窗帘的算法——传感器 了解物联网在生活中的应用场景,认识超声波传感器的功能和控制方法。 编写程序,测试传感器获取的数据。	通过编写游戏体验,检验学生是否将超声波传感器的 4 个引脚正确插入在扩展板上。

（续表）

教学过程	设计说明
三、设计控制智能窗帘的算法——舵机 认识舵机的常见控制方法,编写程序,测试舵机是否正常工作。	理解舵机的工作原理。

4. 智能窗帘的模型搭建（第 4 课时）

教学过程	设计说明
一、搭建模型 学生小组讨论以下问题并分工合作: 1. 窗户设计草图、需要的材料。 2. 窗帘缝制的尺寸。 3. 如何控制窗帘升降?该硬件的安装位置? 4. 其他_____（补充）。	教师通过各种提问,引导学生合理分工、有序合作。 鼓励学生动手实践,分小组亲自完成作品创作,以合作探究的方式制作有创意的作品,培养学生的团结合作精神和创新意识。
二、模型测试 从稳定性、强度等角度测试模型是否可行。	学习工程设计领域的常见方法:设计、测试、发现问题,然后不断迭代优化。

5. 智能窗帘的编程与测试（第 5 课时）

教学过程	设计说明
一、项目回顾 1. 回顾作品方案。 2. 简略回顾掌控板、舵机等硬件的使用和程序的编写。	对前几节课课堂的教学内容进行归纳梳理,给学生一个整体印象,引导学生为接下来的作品创作做好准备。
二、设计算法并编写程序 1. 如何使用舵机控制窗帘? 2. 通过"如果……那么"积木,控制窗帘卷动。	学习分支语句,设计算法并编写程序。
三、测试 程序上传至掌控板,掌控板及相关硬件安装在"窗户"模型的相应位置。调试自己的程序,思考是否有更好的方法可以优化自己的程序。 向学生提出程序的初始化问题。思考超声波传感器的作用。	掌握测试与调试的基本方法,提升学生的发现和解决问题的能力。

6．成果展示与评价（第6课时）

教学过程	设计说明
一、成果展示、学生总结 学生上台展示自己的智能窗帘作品。 回顾项目经历,总结项目中所学的知识、技能和有效的学习经验与方法。	在成果交流中培养批判性思维。 在回顾过程中感受信息科技的学科价值。
二、评价 其他同学认真观看并做好记录,准备提问和点评。教师根据评价标准对学生的展示进行点评和指导,强调作品的创意和实用性。	学生互评＋教师评价
三、总结提升 教师总结本节课的学习内容和学生的表现。要求学生根据反思和讨论结果,修改完善自己的智能窗帘作品,并准备下一次的展示。	

五、单元评价概述

项目阶段	评价维度	具体要求	达成情况		
			自评	互评	师评
一、入项	学习任务	PPT汇报有设置动画效果、插入图片、幻灯片切换效果、超链接正确,讲解清晰;辨析教室的反光情况与研究性学习报告中的结论是否一致时,能说出可靠的理由;能准确说出研究性学习报告中提出了几种解决措施;最终设计方案时,能遵循软件开发流程,明确描述方案。			
	学习方法	能通过网络、文献等途径查阅资料、获取信息、分析信息,并用PPT整理和表达信息。			
	学习态度	态度认真、准备充分。			
		能有依据地表达观点。			

（续表）

项目阶段	评价维度	具体要求	达成情况		
二、技能储备	学习任务	能规范使用掌控板、扩展板,连线正确。编写简单程序实现在掌控板上显示"开启窗帘",运行并调试。			
		认识常见的传感器,如声音传感器、光传感器。编写简单程序,实现同时在屏幕上显示光强度值和声音强度值,且实现声光双控灯。			
		知道超声波传感器测距的工作原理,能编写程序测试传感器获取的数据。			
		了解舵机的工作原理,能编写程序测试舵机是否正常工作。			
	学习方法	能通过讲解和练习获取新的知识和技能。			
	学习态度	按时完成任务并提交。			
三、模型搭建	学习任务	能绘制窗帘草图、罗列所需材料、确定模型相关尺寸。完成窗帘缝制,搭建稳定、有一定强度的窗户模型。			
	学习方法	能不断迭代,优化作品。			
	学习态度	小组合作,有序分工。			
四、编程测试	学习任务	完成程序,能在搭建的窗户模型上测试成功。			
	学习方法	在程序测试过程中能做出恰当的反思与改进。			
	学习态度	小组合作、有序分工。			
五、成果展示	学习任务	能展示自己的作品,分享总结项目中所学的知识、技能和有效的学习经验与方法。			
	学习方法	能借助信息技术、实物等方式向他人解释装置。			
	学习态度	乐于交流,耐心倾听。			

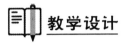 **教学设计**

第1课时　项目启动课
上海田家炳中学　向鸿炼

一、项目概述与目标

　　白板的反光现象是学生在上课过程中常会遇到的一个实际问题,平时学生只能通过手动拉窗帘来解决这个问题。但是课堂上拉动窗帘会影响课堂连贯性,完全拉上窗帘后,往往还需要在白天打开教室照明灯以补足教室的亮度,不利于国家节能减排方针的贯彻落实。

　　本项目以学校高中同学已完成的研究性学习报告——《白板反光问题及解决措施的研究》为理论基础,通过让学生了解白板反光的原因(物理)并制作PPT汇报,来检验预备学生多媒体信息的集成和展示水平。通过方案对比和最终方案的设计,让学生了解基本的软件开发流程和过程与控制系统。在方案实现环节,通过让学生搭建窗帘模型,巩固手工缝纫中最基本的针法——缝针(劳动);在编程环节,让学生了解常见的传感器、执行器,能用图形化编程软件完成智能窗帘的制作。这对学生今后有效阅读文献、尝试使用信息科技手段解决现实问题、提出解决方案并整理思路和做法很有帮助。

　　本课时是该项目的第1课时。

二、教学年级

　　预备年级

三、学情分析

　　预备年级全体学生在信息科技方面已经学习了scratch语言,具备了编制简单程序的能力,对智能家居、物联网有了一定的认识。在数学方面,学生已进行了比例、圆等方面的学习。在劳动技术方面,学生能对一定的布艺材料进行简单缝制。但是学生在物理、3D建模、木工加工方面的知识与能力基本欠缺。

四、本课时任务

学生以小组为单位,阅读高中生已完成的研究性学习报告《白板反光问题及解决措施的研究》,通过制作 PPT,在课上分享白板反光的原因、教室的反光情况是否和研究性学习报告中的结论一致、选择我们可以用已有知识来实现的方案。确定方案后,根据软件开发流程引导学生对智能窗帘进行功能分析、设计,为后续的编程做准备。在设计环节,引导学生了解过程与控制系统。

五、教学目标

1. 通过 PPT 的制作,利用信息技术交流和分享信息(信息意识—信息)。

2. 通过三问三答,锻炼阅读文献的能力,了解自学的重要性。

3. 树立证据意识(科学思维—物理)。

4. 利用信息技术来解决实际问题(数字化学习与创新—信息)。

六、教学重点

树立证据意识。

七、教学难点

利用信息技术来解决实际问题。

八、教学过程

(一)情景导入

PPT 情景演示,提问学生上课时是否拉过窗帘及其原因。

(二)课程讲授

【活动一】学生 PPT 汇报白板反光的原因

小组成员汇报 PPT。

其他同学从 PPT 的制作技能角度评价两组作品。

答辩环节,教师提问,PPT 汇报同学回答。

目的:培养学生的文献阅读能力,检验学生对 PPT 技能的掌握情况。

【活动二】我们教室的白板反光情况与研究性学习报告中的结论是否一致？为什么？

学生使用 PPT 分享课前已完成的表格内容。

其余小组是否有不一致的答案。

教师根据学生们的反馈情况适当给出提示,如教室东南西北的具体方位是怎样的。

将学生回答的理由与研究性学习报告中的证据进行对比,思考哪一种更有说服力。

目的:培养学生的证据意识。

【活动三】研究性学习报告中提出了几种解决措施？哪个方案是我们能用已有知识来实现的?

学生分享课前归纳分析的成果。

讨论其他解决方案。

从学生已有知识水平出发,引出说明我们在本次项目中只研究智能窗帘部分。

【活动四】方案设计

引导学生遵循软件开发流程

1. 功能分析。

小组讨论:你们设计的智能窗帘有怎样的功能?

2. 设计。

制作模型的重要性

提问:需要搜集哪些数据？如何搜集？如何处理数据？主要需要哪些材料、软硬件?

针对学生回答的各种硬件,引导学生分类"传感器""计算机""执行器",再分析其对应的功能,如"输入信息""计算信息""输出信息"。教师顺势引出"把包含输入、计算、输出三个典型环节的系统,称为过程与控制系统"。

3. 编程。

下节课学习。

目的:培养学生的证据意识。

（三）总结

1. 遇到不会的知识点要保持良好的自学习惯,在阅读文献时尤其重要。

2. 有良好的证据意识,用证据来支撑自己的言论。

3. 利用信息技术来解决实际问题。

项目启动课学习单

预备_____班　　_____小组　小组长：_____

【活动一】学生 PPT 汇报白板反光的原因

表 1　PPT 汇报评价量规

项目　　　　分数	0 分	1 分
设置动画效果	无	有
插入图片	无	有
有幻灯片切换效果	无	是
超链接	无	有
讲解	讲解不流利	讲解清晰、思路开阔

【活动二】我们教室的白板反光情况与研究性学习报告中的结论是否一致？为什么？

论文中的结论	是否一致(√或×)	不一致请指出，说出理由
1. 天空的亮度远大于建筑物的亮度，又因为上课时都是坐着，所以，造成难以看清的强光主要来自天空。		
2. 晴天的反光情况整体比阴天更严重。		
3. 教室第一排和教室靠门和靠窗的两列无论是晴天还是阴天，白板反光的影响都特别严重。但是南侧的同学整体比北侧的同学受影响更严重，可能的原因是南侧窗户直接对着外面，看到的天空较多，所以坐在南侧的同学受反光影响较严重；而北侧有条走廊，能直接看到的天空较少，所以反光影响相对轻些。		
4. 最后一排以及教室正中一列的反光影响较小，后面几排的反光影响几乎全天没有。可能是中间与后排的同学看到的镜面反射光线主要来自教室后的墙，所以几乎不受影响。		

【活动三】研究性学习报告中提出了几种解决措施？哪个方案是我们能用已有知识来实现的？

【活动四】方案设计

你们小组最终确定的，可以实现的方案是_____。

功能分析 → 设计 → 编程

你们设计的智能窗帘有怎样的功能？_____

1. 需要搜集哪些数据？如何搜集？_____
2. 如何处理数据？_____
3. 主要需要哪些材料：布□　雪糕棒□　木棍□　吸管□
　　　_____（补充）
4. 需要哪些软件硬件：Mind＋□　掌控板□　360度舵机□
　　　超声波传感器□　声音传感器□　光传感器□
　　　_____（补充）

九、教学反思

此次跨学科主题活动整合了学校的各类资源，如高中同学已完成的研究性学习报告，拓展课程"三维设计"的同学制作的窗户模型，还融合了预备年级信息科技、劳动、数学等相关学科的知识和技能，学生能够借助数学知识将实际窗户等比例缩小成模型，利用劳动所学的缝纫技能和工程方法搭建窗户模型，再结合信息编程完成防白板反光智能窗帘的制作。在具体实施中，学生可能会对镜面反射、漫反射等物理概念感到迷茫，可能不会使用钢丝锯等工具对木条、雪糕棒进行加工，这些内容是初二物理、初一劳动的教学内容，超出目前学生的知识基础。因此，本主题活动将认识概念改为 PPT 技能、信息搜索能力检验，教师简化对物理概念的讲解；每组派一位小老师先学习如何正确进行木工操作，组内成员再共同学习，不仅可以锻炼学生的学习能力，还能促进同学间的紧密合作。整个主题活动紧扣学习目标，关注学生的主体地位，注重学科融合。

专家点评

跨学科主题单元学习方案"利用智能窗帘解决教室白板反光"（以下简称"方案"）把校园中的真实问题作为研究对象，白板的反光是学生在上课时常会遇到的一个问题,通过这一真实问题的提出,学生不仅能够感受到研究的实际意义,还能在过程中体会到综合运用信息科技、科学、劳动等学科的知识和方法对高质量解决问题的价值。

方案的核心任务设计得比较合理,通过"可自动调节窗帘位置的智能窗帘系统"任务,明确了学生需要提交的具体成果,有一定的综合性和挑战性。围绕单元的核心任务,教师设计了相互关联的子任务,并通过问题链不断深入,比如"白板反光的原因是什么?",结合科学课程中有关光的知识(如镜面反射和漫反射等)阐释原因;在此基础上,继续思考"如何解决白板反光问题?哪个是最佳方案?"引出"根据光线强度可自动控制的智能窗帘"这一具体需求,再从功能角度思考"如何设计与制作智能窗帘?",让学生设计算法,选择传感器、舵机等设备,设计对窗帘进行自动控制的方案,并尝试编写程序,控制窗帘的升降。最后选择合适的材料,搭建窗户实物模型,完成软件和硬件的统整。

本方案中的跨学科并不是在学科层面随意设定,而是基于所跨学科的课程标准的核心概念,确定主干学科以及其跨了哪些学科。方案把信息科技作为主干学科,学生经历抽象、分解、建模、设计与验证、迭代优化的整个过程。学生结合开源硬件、舵机和传感器等设备,完成自动窗帘控制系统,设计控制窗帘升降的算法,完成程序编写和调试。方案把科学和劳动两门课程作为关联学科,科学课程用于分析和阐释白板反光的现象,建立科学知识与传感器的联系;劳动课程中选择合适的材料搭建智能窗帘模型,利用手工缝纫工具,使用穿线、捏针等几种基本方法完成窗帘的制作。通过任务和问题,将知识学习嵌入问题解决或任务执行的过程中,使之具有了意义背景。

本方案有明确的学习目标,选择所涉及学科的核心素养以及具体学科知识作为目标来源。分析所涉及学科的课程标准,阐述纳入哪些学科的核心知识才能很好地完成智能窗帘这一任务。在完成任务的过程中,学生还会借助数学知识将实际窗户等比例缩小成模型,利用劳动课程中的缝纫技能和工程方法搭建窗户模型,利用信息科技课程的软件和硬件知识设计算法并编写程序,最终完成智能窗帘的制作。方案既有学科知识的学习与应用,也有明确的问题解决过程,通过设置具体的任务,把不同学科的知识与技能整合起来,用于阐释现象、执行任务或解决问题。整个方案既有问题解决,又有学科知识嵌入,可为跨学科主题学习的教学实践提供有益的参考和借鉴。

点评人:上海市教师教育学院(上海市教育委员会教学研究室) 张 汶

初 中 美 术

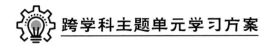

跨学科主题单元学习方案

重走"半马苏河",回顾工运记忆
——设计长三角文博会展台

上海培佳双语学校　陈　蕊　李晓蕾　戴姝仪　王　硕　赵郅晖　刘怡廷

一、主题概述

（一）情境与问题

《义务教育艺术课程标准（2022 年版）》中指出要以习近平新时代中国特色社会主义思想为指导，以落实核心素养为主线，引导学生积极参与各类艺术活动，坚持以美育人、重视艺术体验、突出学科综合。同时进一步强调了美育要在弘扬中华优秀传统文化的基础之上，弘扬革命文化与社会主义先进文化。

2023 年颁发的《中华人民共和国爱国主义教育法》指出：学校应当将爱国主义教育贯穿学校教育的全过程，将爱国主义教育内容融入各类学科和教材中；将课堂教学与课外实践和体验相结合，把爱国主义教育内容融入校园文化建设和学校各类主题活动中，组织学生参观爱国主义教育基地等场馆设施，参加爱国主义教育校外实践活动。

然而在现实的教学实践中，许多学校的革命文化教育和社会主义先进文化教育仍停留在校园内开展活动，没有利用好周边，包括国内的红色资源。教育的形式仍局限于课堂的说教，缺少学生喜闻乐见的形式。如何将身边的红色资源运用到教学中，开展红色文化教育，是值得思考的。

2024 年是中华人民共和国成立 75 周年，各地都在积极利用身边的红色资源宣传红色文化，赓续红色血脉，传承红色基因。上海普陀素有"赤色沪西"的美誉，半马苏河，工运之源。这里是中国共产党领导的中国工人运动的策源地之一，中国工人运动的先驱、先锋在这里为民族独立和人民解放播撒火种、兴起工潮、浴血奋战。美术学科作为美育的重要组成部分，在教育中融入红色文化尤为重要。文化创意产业是当下的盛行产业,在各年龄段都深受欢迎。红色文创产品不仅有着普通文创产品的社会经济价值属性,又肩负着开展爱国主义教育、传播红色文化的政治作用。

少年儿童出版社《美术》教材七年级第一学期《展示我们的成果》单元,是学习设计领域"展示设计"及布展知识、备展方法的课程,也是学生学习如何展示自己的美术学习成果和研究性学习成果的课程。将红色文创产品与《展示我们的成果》课程结合,有机整合教材,既能回顾产品造型设计知识,还能学习展台设计知识,更能起到传播红色文化的作用。

因此,在庆祝中华人民共和国成立75周年的背景下,本项目基于教材,结合"半马苏河"红色工人运动文化,以长三角文博会为契机开展以美术学科为核心的跨学科主题活动。本项目创设真实情境,以参加长三角文博会,设计并制作"半马苏河"红色工人运动主题文创展台为任务驱动,重视知识的内在联系,统整多学科资源,打破单一学科学习的思维定式,鼓励学生在学习的过程中运用各学科知识,多维度审视、理解、分析现实问题,全面培养综合素养。

(二)学情分析

本项目授课对象是七年级学生。

对红色文化的学习程度:七年级学生在过去的学习生涯中,接受过一定的红色文化教育,主要形式为红色主题升旗仪式、红色研学活动、红色主题课文。但教学模式相对局限,仍以说教为主。因此,学生没有真正领会红色文化的精神内涵与学习红色文化的意义。

年龄特征:七年级的学生身心发展更加成熟,无论是认知能力还是自我管理能力都有了一定的发展,因此可塑性更强,也乐于接受新鲜事物。但初中学生往往文化课学习意识较强,美术学习意识薄弱,艺术价值认同存在偏差。迫于学业压力,缺少时间与精力,逐渐丧失在生活中发现美、感受美的能力,从而无法理解艺术与生活的关系和学习艺术的意义。

知识技能:学生在六年级学习了"一目了然的信息""产品造型设计"等课程,具有一定的综合设计能力,能够进一步学习本项目的展台设计。但由于学生的学习情况参差不齐,能否将平面设计知识与产品造型设计知识进行自我整合、转化运用,还需多多关注。

实践经验:七年级学生往往坐在教室里听教师讲课,缺少与生活的真实连接,导致学生缺乏自我感知、知识理解与迁移的过程体验。部分学生自身的学习能力较强,从小学习不同的艺术课程,具有一定的绘画临摹能力,因此能够积极参与美术课堂活动。但由于美术实践活动经验的不充足,故而没有养成在生活中去创造美的意识与能力。

（三）单元结构

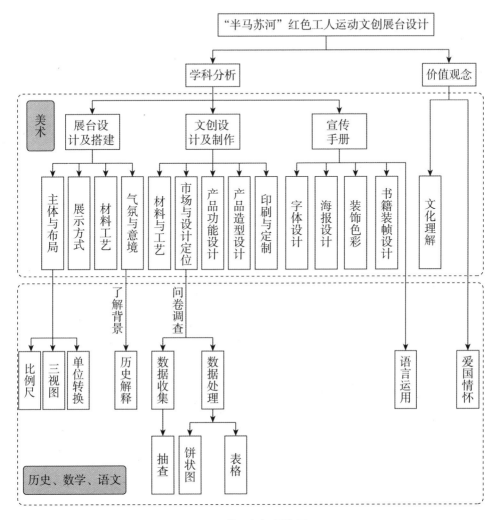

图1　单元知识网络图

二、主题学习目标

1. 通过"制定项目计划表"学习任务，能全面地思考问题，勇于探究，运用所学知识综合思考、解决问题；能够小组合作，合理地制定项目设计方案；能够流畅地主动分享设计方案。

2. 通过"红色文创产品市场调研"学习任务，认识到市场源于需求，掌握市场调研的基本方法;能够运用恰当的方法,基于所学的美术、数学等学科知识,设计市场调研问卷;能够运用数学的数据整理知识分析问卷调研结果,从而确定展台风格及文创的种类。(美术、数学)

3. 通过"绘制'半马苏河'红色工人运动路线图"学习任务,能自行查阅资料、参观纪念馆,以此获取信息,理解普陀区成为"红色热土"的历史根源,了解"半马苏河"红色工人运动中烈士的成长经历和英勇就义的革命事迹;能通过小组合作的模式,运用造型及色彩美术知识,结合对地图的空间理解,绘制"半马苏河"红色工人运动路线图。(美术、历史)

4. 通过"设计展台及文创产品"学习任务,了解展台及文创设计的基本要素,整合知识,探索红色文化元素的多种视觉表现方式;能够综合运用平面设计、产品设计、三视图、比例尺等知识设计展台与文创,并绘制草图。(美术、数学)

5. 通过"设计展台宣传手册"学习任务,巩固书籍装帧设计、字体设计、装饰色彩等美术知识;能够综合运用语文学科的语言运用知识与美术学科相关知识,合理地构图排版,设计宣传手册并完成草图绘制。(美术、语文)

6. 通过"制作展台模型及文创产品"学习任务,能够综合运用学科知识,以小组合作的形式制作展台模型与文创产品;通过计算展台模型比例尺,能够理解空间布局的重要性;能够主动介绍小组成果,并清晰地阐述设计理念,对成果进行反思与修改,提升自我反思的意识;在制作的过程中,意识到传承红色文化需要创造性转化、创新性发展。(美术、数学)

三、教学实施路径

(一)实践与评价

涉及的学习实践有以下方面。

探究性实践(√):调查并分析红色文创产品的现状;探索展台设计的基本要素;探索"半马苏河"红色工人运动相关场地。

社会性实践(√):小组合作;分享交流;同伴评议。

调控性实践(√):制定小组计划和任务表;管理时间与情绪。

审美性实践(√):对小组的展台模型、文创产品和宣传手册进行美化。

技术性实践(√):运用信息平台制作问卷;运用手绘、电脑绘画、建模等形式完成展台、文创产品和宣传手册的设计图。

（二）单元教学流程与课程安排

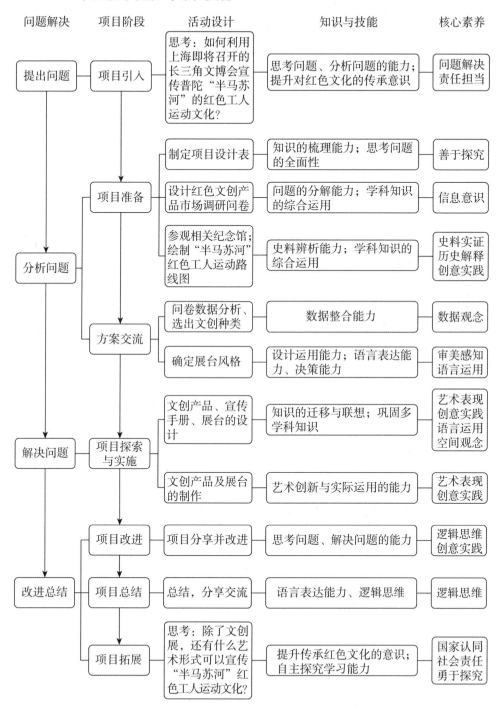

图 2　单元教学流程图

四、主题学习评价

在实施过程中,采用多元化的评价方法。设计配套学习手册,结合子任务评价与成果评价形成学习档案袋,以学生自评、互评、教师点评的方式进行综合性评价。

五、成果反思

学科融合是当下教育发展的重要趋势,学科综合是新时代课程改革的基本理念。在此基础上,本方案从真实情境出发,落实新课标中提出的"弘扬中华优秀传统文化、革命文化与社会主义先进文化"的任务。学生只有在真实情境中才能深学细悟,感受红色文化资源背后的精神内涵。

本方案在利用本土红色文化资源开展跨学科主题学习的过程中,活动设计以促进学生学习为中心,选择贴近学生生活、具有时代性的内容,自然地融合跨学科知识,采用小小讲解员、设计宣传手册、绘制导览路线图、设计主题文创、制作展台模型等多样化的形式,提升学习兴趣,增强学习效果。同时,设计配套学习手册,引导学生在学习与回顾中树立综合思考的意识,建立跨学科知识体系。

然而本方案对学科融合的理解仍有待深化,跨学科主题教学活动的设计还需完善,跨学科教学的评价机制也有待健全。

 教学设计

第9课时 "展创意文创,续红色基因"详案

上海培佳双语学校 陈 蕊

基本问题:如何将设计图转变为实物?
教学目标: 审美感知:感受展台设计的艺术魅力,了解策划、设计、布置展示活动的工作流程和具体要求,掌握展台设计的基本要素,即展示设计是通过空间、造型、色彩、光线、材质等要素的完美结合所共同创造的一个整体。 艺术表现、创意实践:能够自主统整知识,探索红色文化元素的多种视觉表现方式。能够以小组合作模式,综合运用不同学科知识改进并装饰展台模型,展示成果,阐述设计理念。

（续表）

文化理解:懂得美术语言不仅能够表达个人的情感,也可以形象地表达某种思想和观点。知道展示活动在现代社会与学习生活中的重要意义。了解普陀红色运动,赓续红色基因,涵养家国情怀,加深对传承红色文化需要创造性转化、创新性发展的理解。			

教学重点	1. 理解空间、造型、色彩、光线、材质等展台设计基本要素。 2. 能运用展台设计的基本要素制作出造型精致、色彩靓丽的"半马苏河,工运记忆"主题文创展台模型。
教学难点	如何运用所学知识制作出符合主题且具有个性化风格的展台模型。
子任务	综合运用不同美术学科知识改进并装饰展台模型,展示交流,阐述设计理念。

学习环节	教师活动	学生活动	问题链设计	设计意图
复习回顾	1. 展示学生上节课完成的基础展台模型,结合设计图,从展台的区域划分、路线设计、制作效果等角度进行赏析。 提问:为了达到设计图的效果,你们小组使用了什么材料? 2. 提问:一个好的展台模型还需要具备什么条件?	1. 分享小组的展台制作方法。 2. 总结:一个好的展台模型应造型鲜明、比例恰当、裁剪流畅、结构牢固、制作精美。	1. 为了达到设计图的效果,你们小组使用了什么材料? 2. 一个好的展台模型还需要具备什么条件?	通过学生作品赏析,调动学生学习兴趣,回顾上节课所学知识,在问题中主动思考。
讲授新知	1. 提问:如何确保展台模型各个部件的比例与空间布局合理? 2. 提问:一个展台应备美观性,结合设计图,你会如何装饰你的模型? 3. 总结装饰形式:绘画(手绘、电子绘画)、拼贴、镂刻、浮雕。 4. 展示案例作品。	1. 思考并计算:以5×5米展台为例,假设模型为 30 × 30 cm,用来摆放文创产品的展示台桌子应该在什么尺寸范围内才合理? 2. 讨论交流。 3. 归纳总结。 4. 赏析案例作品,判断作品所运用的装饰形式。	1. 如何确保展台模型各个部件的比例与空间布局合理? 2. 一个展台应具备美观性,结合设计图,你会如何装饰你的模型?	1. 以问题引领学生思考,培养学生主动运用多学科知识解决问题的意识与能力。 2. 调动学生运用所学美术知识和生活经验思考解决问题的意识。

（续表）

学习环节	教师活动	学生活动	问题链设计	设计意图
实践活动	1. 提问:装饰时需要注意什么? 2. 播放教师微课。 3. 提问:你的装饰是否与整体风格贴合、与主题契合? 你觉得制作过程中的难点是什么? 你从中是否有新的发现与收获?	1. 讨论交流。 2. 观看微课。 3. 以小组形式,合理分工,改进展台模型并进行装饰,同时思考问题。	1. 装饰时需要注意什么? 2. 你的装饰是否与整体风格贴合、与主题契合? 3. 你觉得制作过程中的难点是什么? 4. 你从中是否有新的发现与收获?	用教师微课直观地展示装饰展台模型的过程与要点,启发学生艺术灵感。
展示交流	1. 创设情境:长三角文博会展台竞标会,组织学生介绍小组成果。 2. 对学生作品进行点评与总结。 3. 提出拓展问题:除了文创展,还有什么艺术形式可以宣传"半马苏河"红色工人运动文化? 展示活动对社会与生活有什么意义?	1. 小组派代表上台,展示展台模型成果、文创产品与宣传手册等材料,从活动主题、展区区域划分、色彩特点、材质等角度,以导览者的身份介绍小组的展台设计理念。 2. 思考拓展问题。	1. 除了文创展,还有什么艺术形式可以宣传"半马苏河"红色工人运动文化? 2. 展示活动对社会与生活有什么意义?	1. 创设真实情境可以调动学生积极性,在作品展示中培养学生交流沟通能力,提升学习自信。 2. 通过拓展问题的思考培养学生的思辨能力和社会责任感。

活动评价

评价内容	评价任务	评价标准	自评	互评	师评
制作展台模型	展台模型是否与设计图一致?	A. 展台模型与设计图完全一致,搭建稳固。 B. 展台模型与设计图基本一致,搭建相对稳固。 C. 无法完成展台模型的制作。			
	展台模型是否造型精美、比例恰当、色彩靓丽?	A. 展台模型造型精美,比例恰当,色彩靓丽。 B. 展台模型造型清晰,比例比较恰当,色彩较鲜明。 C. 无法完成展台模型的制作。			
	展台模型是否契合主题且具有个性化风格?	A. 展台模型十分契合主题且具有个性化风格。 B. 展台模型基本契合主题,有一定的设计感。 C. 无法完成展台模型的制作。			

（续表）

评价内容	评价任务	评价标准	自评	互评	师评
制作展台模型	能否按照小组任务分工完成个人任务？	A. 在小组中主动承担责任，帮助其他组员完成任务。 B. 能够按照小组分工完成任务。 C. 不遵循小组的分工安排，没有完成个人任务。			
	能否积极参与课堂讨论活动？	A. 能够积极参与课堂讨论活动，清晰表述观点。 B. 能够参与课堂讨论活动，基本能表述出观点。 C. 没有参与课堂讨论活动。			
	能否耐心倾听他人发言？	A. 能够耐心倾听他人发言，并有所收获。 B. 能够倾听他人发言。 C. 不能倾听他人发言。			
	能否对他人作品进行点评？	A. 能够对他人作品作出准确评价。 B. 基本能够对他人作品作出评价。 C. 不能对他人作品作出评价。			
	能否独立思考？	A. 能够独立思考问题，乐于探索，敢于探究，具有创新性思维。 B. 能够参与问题的思考，有一定的探索欲，能够尝试不同的方法解决问题。 C. 没有探究的欲望，不肯反复尝试。			
	能否代表小组进行成果展示与分享？	A. 能够主动代表小组进行作品分享，表达清晰，语言流畅，富有逻辑性。 B. 能够代表小组进行作品分享，基本能表述清楚。 C. 无法对作品进行分享。			
	全班投票，选出本活动的最佳小组。				

 **专家点评**

　　"重走'半马苏河'，回顾工运记忆"项目是一次深刻体现国家义务教育艺术学科课程标准要求的教学实践。该项目以美术为核心，巧妙地融合了语文、历史、数学等学科，构建了一个多维度、跨学科的学习平台。通过设计长三角文博会展台的

真实任务,学生不仅学习了美术展示设计的专业知识,还在探究过程中提升了历史认知、语文表达和数学逻辑等多方面能力。

项目的系统性设计体现了课程标准提倡的学科整合思想。子任务的递进规划,如市场调研、展台设计、制作宣传手册等,使学生在实践中逐步深入,有效培养了学生解决问题的能力。团队协作的跨学科整合,让学生在交流与合作中形成全面的知识结构,这正符合课程标准对核心素养培养的要求。

此外,项目的过程设计充分激发了学生的主动探究精神。学生在真实的学习情境中,通过发现、分析和解决问题,体验了知识的应用和创新的过程。教师在此过程中的引导者角色,为学生提供了思辨和探索的空间,促进了学生批判性思维和沟通能力的发展。总体来说,该项目不仅提升了学生的艺术素养,也全面培养了学生的综合能力,是一次成功的教学实践。

点评人:上海市奉贤区青溪中学　卫　勤

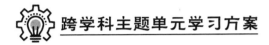

跨学科主题单元学习方案

"说文解字——我们的甲骨文线上文创展" 跨学科主题学习方案

上海民办兰生中学 姚鸣轩 展 妮 李旭波 郑贺改

一、主题概述

（一）背景与情境

近年来,党和国家对中国优秀传统文化和学校美术教育非常重视,推出了一系列有关校园美育的政策文件。2022年教育部印发的《义务教育课程方案和课程标准(2022年版)》中将学生核心素养的培育摆在了突出位置。结合我校以往开展的美术馆教育活动中学生受益较为有限的实际情况,希望通过一些课程,先提高部分学生的作品欣赏和表达能力,再以点及面,让学生自行组织开展美术讲解活动,吸引更多同学走进美术馆中。

在课程构建的过程中,我组选择七年级学段的学生开展相关课程。因为这个时期的学生的自我意识开始发展,有了一定的评价和表达能力,对新事物感到好奇和憧憬,但也缺乏深度思考和理性思考的能力。所以通过一系列的教学活动,帮助学生带着兴趣与好奇完成艺术作品,同时也能为其搭建一个平台进行交流与展示,便是本方案的设计架构。

在以往的美术学习中,学生对于泥塑已经有了初步学习,对于物品设计的构思方法已经有了初步体验。此外在其他学科的学习中,学生已经具备了对历史史料的理解分析能力和就某一话题进行讲演的能力。

结合以上情境、问题以及学情,本团队确定了方案主题。本方案为初中七年级美术学科的跨学科主题学习,旨在利用校园文化节,以"你准备制作一个怎样的甲骨文文创在文化节上进行展示?"为主要问题,为学生搭建将中华优秀传统文化进行创意表现和展示交流的平台,激发学生的创作激情,提升学生对艺术创意的表达能力,促进更多学生了解中华优秀传统文化。

（二）内容结构表

表1 内容结构表

本质问题:能提出各种构想,并灵活变通,用各种表现形式和方法创作出有创意的美术作品。				
驱动性问题:你准备制作一个怎样的甲骨文文创在文化节上进行展示?				
课时	子问题	任务	涉及学科	成果
第1课时	为何千年之后,还能认识这些文字,理解它们的含义?	(1) 通过教师讲授的方式,学生知道甲骨文的基本概念。 (2) 通过师生问答,小组讨论和教师讲授的形式,了解甲骨文的造字方法类型,感受甲骨文在笔法上的简约美、结构上的匀称美。 (3) 通过实践、交流、对比的形式,感受甲骨文中蕴含的丰富想象美、朴实的内涵美。	美术、语文、历史	尝试用铅笔书写、记录一些感兴趣的甲骨文字,了解本来的含义及其背后表现的古人生活。
第2—3课时	构思创作甲骨文文创会经历哪些步骤呢?	(1) 通过对构思表现泥塑作品的方法进行类比讨论,了解并初步学会甲骨文文创创作的基本方法。 (2) 通过观察甲骨文文物,了解甲骨文的章法特点和情感表达。 (3) 借助学习单,根据甲骨文文创的构思方法,设计甲骨文文创。	美术	创作甲骨文文创设计稿。
第4—6课时	我们设计的文创应该如何制作呢?	(1) 通过实物小样,感受、了解石塑黏土的材质和效果。 (2) 观看教师示范视频,了解甲骨文文创的制作方法以及团搓法、按压法等泥塑的制作技法。 (3) 运用石塑黏土,制作甲骨文文创。	美术、劳技	创作甲骨文文创作品。
第7—8课时	如何更好地向他人介绍自己的作品呢?	(1) 通过材料包的展品介绍案例,分析展品介绍的内容与形式。 (2) 通过教师讲授,了解展品介绍撰写的基本方法。 (3) 借助学习单,撰写甲骨文文创的作品介绍。 (4) 交流分享甲骨文文创作品。	美术、语文、历史	创作甲骨文文创作品介绍。

（三）单元结构

1. 知识网络图

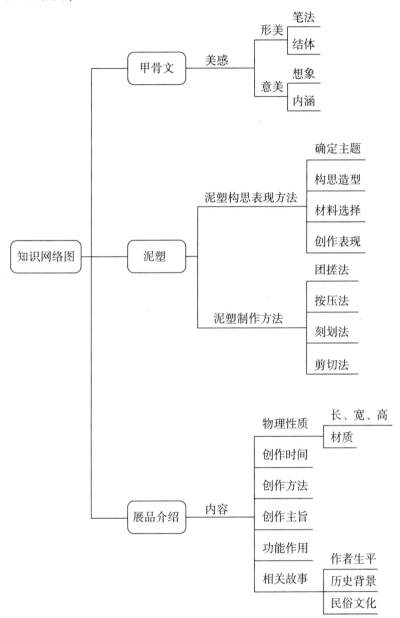

图 1　知识网络图

2. 关键概念或能力

（1）甲骨文是人类对自然、世界认知的形式之一，展现出中国人丰富的想象力和朴素美好的愿望。

（2）甲骨文存在着笔法的简约美、结构的匀称美、章法的随形布局之美。

（3）文字是人们表情达意的重要方式。

（4）文创是将文化元素与创意设计相结合，以各种形式展现而来的产品。

（5）能够借助甲骨文和自身情感变化，进行创意构思的能力。

（6）能够根据设计稿，借助特定工具材料，将构思进行创意实践的能力。

（7）能够整理资料和创作思路，组织语言进行作品介绍的能力。

（四）单元设计的创新点

本方案以提升学生的文化理解为根本目的，重在提升学生对特定文化情境中艺术作品人文内涵的感悟、领会、阐释能力。在方案开展过程中，注重审美感知与创新实践，发现和感受甲骨文作品中"美的特征及其意义与作用"。

同时，本设计"综合运用多学科知识，紧密联系现实生活，进行艺术创新和实际应用"。通过收集甲骨文的资料，理解商周时期的史实，学会对史料进行搜寻、解读和运用；通过以泥塑为基础的甲骨文文创设计与制作，表达自己的思想情感，在劳动实践中提高智力和创造力；通过撰写文创介绍，初步学会运用语言文字表现美、创造美的能力，阐释自身对于甲骨文文化内涵的理解与感悟。

二、主题学习目标

（一）单元大概念阐述

形成对"甲骨文是人类对自然、世界认知的形式之一，展现出中国人丰富的想象力和朴素美好的愿望"的理解。

（二）目标设计依据

1. 教学基本要求

知道雕刻、锻造、浇铸、编织以及数字雕塑等技术。学会用雕、刻、塑、锻、铸等基本技法进行立体表现。学会用纸、泥、泥浆、石膏或其他综合材料进行立体创作。能根据主题和创作对象构思作品。选择合适的材料、技法和工具进行创作。能归纳总结对象的造型特征,并在作品中进行表现。

2. 以往学习基础

通过六年级《陶艺:泥条造型》和《陶艺:泥片造型》、七年级《陶艺:泥坯装饰》的学习,学生对泥塑已经有了初步了解;通过七年级第二学期单元课程《设计应用》的学习,对于物品设计的构思方法已经有了初步体验。

(三)学习目标

本方案以"制作一个怎样的甲骨文文创在文化节上进行展示"为问题,以强化学生对甲骨文文化的理解为目标,在开展的过程中,对甲骨文的美、文字中的情感美进行审美感知。再将感知的美以泥塑为载体进行创意实践,设计甲骨文文创。最后将审美感知与创意实践过程中的体悟,以文字的形式撰写为甲骨文文创介绍,强化学生对甲骨文的文化理解。

据此,本方案共设以下四个阶段任务:第一阶段是为了理解甲骨文本身的美学特征和文化内涵;第二阶段是运用泥塑的构思方式,对甲骨文进行创意性设计;第三阶段是运用泥塑的制作方法,将甲骨文的创意设计进行制作表现;第四阶段是将制作的甲骨文创意设计进行归纳和总结。

根据学情分析,本单元的教学难点是:准确探寻到自身想要表现的主题;对石塑黏土材料的熟练运用;对甲骨文文创搜集资料,提取信息,概括介绍。

综上,本方案的知识与技能为:

1. 知道甲骨文的基本概念;

2. 了解甲骨文的造字方法类型;

3. 初步学习甲骨文的造字方法;

4. 理解甲骨文本身的美学特征和文化内涵;

5. 了解并初步学习文创作品构思表现的基本方法;

6. 学习用石塑黏土进行制作的基本方法;

7. 了解展品介绍的基本内容;

8. 学习展品介绍撰写的基本方法。

在学习过程中,存在的情感态度与价值观为:

1. 在学习兴趣上,在交流、讨论、实践等过程中,培养学生对甲骨文的兴趣、探究先民智慧的乐趣;

2. 通过任务单记录学生构思创作甲骨文文创的思维路径,培养学生勤于思考的态度、勇于创新和表达的热情,养成善于记录、乐于探究、勇于表达的习惯;

3. 人文内涵和审美导向方面,通过不同形式的互动和探究,感受甲骨文笔法的简约美、结体的匀称美以及丰富的想象美和朴实的内涵美,体会文字可以表达内心的美好希冀的作用。

(四)高阶认知策略

1. 对于甲骨文的简约美与匀称美的认知,采用了关键问题小组讨论与对不同甲骨文"人"字的观察对比的方法,在对问题的思考与对差异的比较探索中,提升学生认知。

2. 对于甲骨文的想象美与内涵美的认知,采用了先设计实践后比较感知的方法。结合学生自身认知与对甲骨文造字方法的学习,学生在实践中思考,在现代文字与甲骨文字的对比中思辨,提升学生对抽象美感的认知。

3. 对于文创的构思制作方法的认知,采用了类比分析的方法。结合图片,学生回顾以往所学的陶艺相关知识,在类比与分析中建立对方法的认知。

4. 对于产品介绍内容的认知,采用了先实践,后分析讨论的方法。学生先自行尝试介绍,再结合专业产品介绍,在思考、分析、交流中完善对内容的认知。

三、教学实践路径

(一)实践与评价

1. 教学实践方法

(1)教师讲授:针对概念性知识进行讲授,如:甲骨文的基本概念、展品撰写的基本方法。对学生的讨论结果进行总结,如:总结甲骨文的造字方法类型、笔法特点、结体特点,展品介绍的内容和撰写方法,等等。

(2)教师示范:对教学过程中的难点进行示范,如:学会甲骨文文创制作的基本方法。

(3)学生讨论:就课程中的重点问题进行分析,尝试自主得出结论。如:讨论甲骨文"人"字的造型缘由,讨论文创构思表现的基本方法,等等。

(4)学生实践:对重点内容进行设计、撰写、制作等实践,如:尝试用甲骨文象形、指事、会意的造字方法撰写甲骨文,尝试根据甲骨文文创的构思表现方式进行文创设计,等等。

(5)学生交流分享:对自身作品进行过程性分享,如:文创构思设计完成后,交流分享作品背后的内容内涵或自身情感表达。

（6）师生互动问答：针对人文内涵和审美导向的内容，引导学生结合所学知识和以往基础，积极进行思考，通过文字语言进行交流讨论，形成一定的理解与感悟，如：通过对甲骨文"人"字的分析，感受其笔法上的简约美、结体上的匀称美。

2. 教学评价

表 2　单元学习评价表

评价目的
1. 观测学生在认知甲骨文的过程中的兴趣与态度。 2. 评估学生对甲骨文的字形美和含意美的感受程度。 3. 评定学生对甲骨文文创构思表现方法的掌握程度。 4. 观测学生在合作分析展品介绍过程中的参与探究情况。 5. 评定学生对展品介绍的内容与方法的创意运用程度。

评价内容	
学习兴趣	1. 体验撰写甲骨文的参与情况。 2. 构思表现甲骨文文创作品的参与情况。 3. 制作甲骨文文创作品的参与情况。 4. 小组讨论分析展品，介绍素材包的探索意愿。
学习习惯	1. 主动观察甲骨文字字形美和含意美的情况。 2. 主动表达甲骨文文创作品的情况。
学习成果	1. 能观察和感知甲骨文字的字形美和含意美的能力。 2. 能运用泥塑构思方法进行甲骨文文创设计的能力。 3. 能运用泥塑技法进行甲骨文文创制作的能力。 4. 能运用展品介绍的内容与方法进行表达的能力。

细化评价观测点	
活动内容	评价观察点
互动探索，体验甲骨文之美	1. 参与师生互动，进行思考与探索。 2. 参与小组讨论，积极交流分享。 3. 主动发表看法，展现设想。
探寻我喜爱的甲骨文字	1. 能否感受文字背后的本义、文化、历史所蕴含的丰富想象与朴实内涵。 2. 能否通过书写感受文字的简约美和匀称美。
类比尝试，构思甲骨文文创	1. 主动交流分享。 2. 能否运用以往知识，类比理解甲骨文文创的构思表现方法。 3. 在初步学会作品构思的基础上，结合自我情感，进行创意性表达。 4. 能否将自身构思进行准确的表现。
构思我的甲骨文文创	1. 能否将搜寻的文字运用到作品中。 2. 能否展现出甲骨文的笔法、结体、章法的特点。 3. 能否进行创意性表达。

（续表）

活动内容	评价观察点
实践体验，制作甲骨文文创	1. 能否将前期构思运用于泥塑制作。 2. 掌握泥塑制作方法的情况。 3. 主动参与实践，完成阶段性任务。
制作我的甲骨文文创	能否准确地完成甲骨文文创构思的制作。
探究材料，交流分享文创作品	1. 主动介绍作品，阐释构思。 2. 是否主动探究与交流。 3. 是否主动总结材料，发表看法。 4. 能否掌握展品介绍的基本内容和撰写方法。 5. 能否依据材料和自身构思，撰写展品介绍。
撰写我的甲骨文文创展品介绍	1. 能否将展品的各内容用语言清晰表达。 2. 是否语句通顺、内容严谨、逻辑清晰、语言生动。

（二）单元教学流程与课程安排

根据单元教学目标、教学重点和难点，对单元主要活动进行规划。

表3 单元教学流程与课时安排表

序号	单元活动内容	课时安排
活动1	互动探索，体验甲骨文之美	1课时
活动2	类比尝试，构思甲骨文文创	2课时
活动3	实践体验，制作甲骨文文创	2—3课时
活动4	探究材料，交流分享文创作品	1—2课时

（三）教学资源

1. 本单元选取的与教学内容直接相关联的素材资源主要是泥塑表现的各种工具和材料，如石塑黏土、透明亚克力板、剪刀、木刀等。

2. 本单元设计的技术资源主要有信息技术资源和实践技术资源两方面。

信息技术资源：通过学校官方微信公众号平台，为学生搭建线上艺术展，营造丰富有趣的情境，激发学习的积极性。

实践技术资源：学生通过学习任务单更好地规划学习步骤，提高探究效率，形成对学习经历和探究过程的记录。

3. 本单元主要选取的教学环境资源是校园。通过校园文化节这一平台,为学生后续学习的开展提供任务驱动。同时,教师可以鼓励学生课后去较为大型的博物馆欣赏甲骨文文物,为文创提供创作灵感。

(四)重点活动举例

1. 活动目标

(1)通过师生问答,小组讨论和教师讲授的形式,引导学生学习了解甲骨文的造字方法类型,感受甲骨文在笔法上的简约美、结体上的匀称美。通过实践体验的方式,初步学会甲骨文的造字方法,感受甲骨文中蕴含的丰富的想象美、朴实的内涵美。

(2)通过类比讨论、教师示范、实践体验的方式,了解并初步学会甲骨文文创构思表现的基本方法。通过交流分享的方式,体会文字表达内心的美好希冀的作用。

(3)通过类比讨论、教师示范、实践体验的方式,学会甲骨文文创制作的基本方法。

(4)通过材料探究、小组讨论和教师讲授的方式,了解展品介绍的基本内容,学会撰写展品介绍的基本方法。

2. 活动任务

表4　活动内容表

序号	活动主题	活动任务	关键问题
活动1	互动探索,体验甲骨文之美	参与撰写甲骨文活动,认真思考,尝试与表达,围绕"这个字的甲骨文你会如何撰写?"进行实践体验。	1. 甲骨文的"人"字为何如此撰写? 2. 甲骨文的"子""众""香"三字你会如何撰写?
活动2	类比尝试,构思甲骨文文创	依据以往学习经验,类比讨论得出甲骨文文创的构思表现方法。展示自己的构思和创作手稿。	1. 之前的彩陶泥塑,同学们是通过哪些步骤完成的? 2. 你认为完成这样的甲骨文文创应该有哪些步骤呢? 3. 甲骨文作为卜辞,其背后承载着人们的哪些愿望呢?
活动3	实践体验,制作甲骨文文创	学生根据教师示范进行实践,制作甲骨文文创。	石塑黏土相较于陶泥,在制作的过程中又有哪些不同呢?
活动4	探究材料,交流分享文创作品	根据素材包,小组讨论探究展品介绍的基本内容和撰写方法,介绍甲骨文文创的意图与过程中的感想。	分析素材包中的一个展品介绍,它讲了哪几方面的内容呢?

3. 活动过程

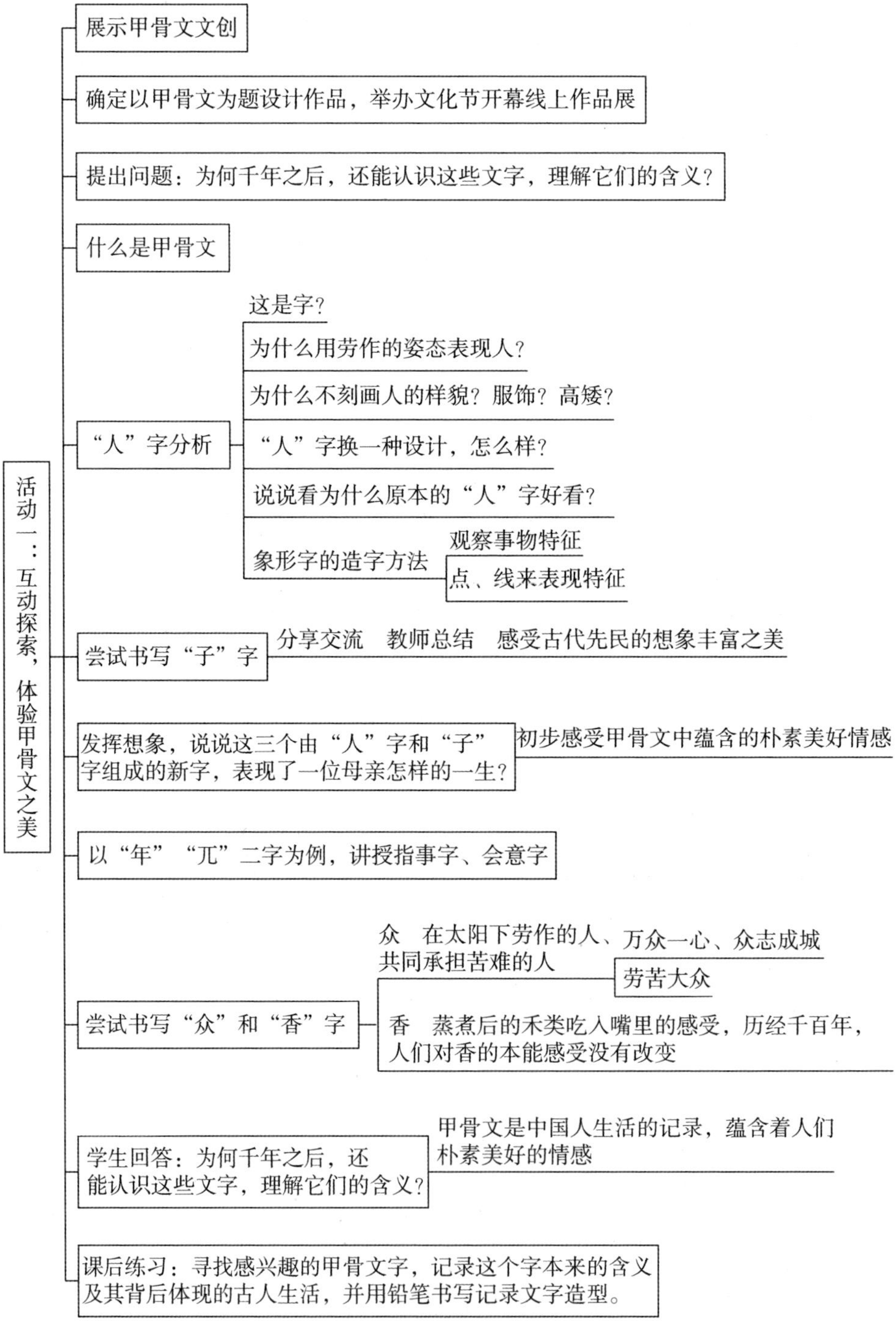

活动一：互动探索，体验甲骨文之美

- 展示甲骨文文创
- 确定以甲骨文为题设计作品，举办文化节开幕线上作品展
- 提出问题：为何千年之后，还能认识这些文字，理解它们的含义？
- 什么是甲骨文
- "人"字分析
  - 这是字？
  - 为什么用劳作的姿态表现人？
  - 为什么不刻画人的样貌？服饰？高矮？
  - "人"字换一种设计，怎么样？
  - 说说看为什么原本的"人"字好看？
  - 象形字的造字方法
    - 观察事物特征
    - 点、线来表现特征
- 尝试书写"子"字　分享交流　教师总结　感受古代先民的想象丰富之美
- 发挥想象，说说这三个由"人"字和"子"字组成的新字，表现了一位母亲怎样的一生？　初步感受甲骨文中蕴含的朴素美好情感
- 以"年""兀"二字为例，讲授指事字、会意字
- 尝试书写"众"和"香"字
  - 众　在太阳下劳作的人、万众一心、众志成城　共同承担苦难的人　劳苦大众
  - 香　蒸煮后的禾类吃入嘴里的感受，历经千百年，人们对香的本能感受没有改变
- 学生回答：为何千年之后，还能认识这些文字，理解它们的含义？　甲骨文是中国人生活的记录，蕴含着人们朴素美好的情感
- 课后练习：寻找感兴趣的甲骨文字，记录这个字本来的含义及其背后体现的古人生活，并用铅笔书写记录文字造型。

图 2　活动一过程图

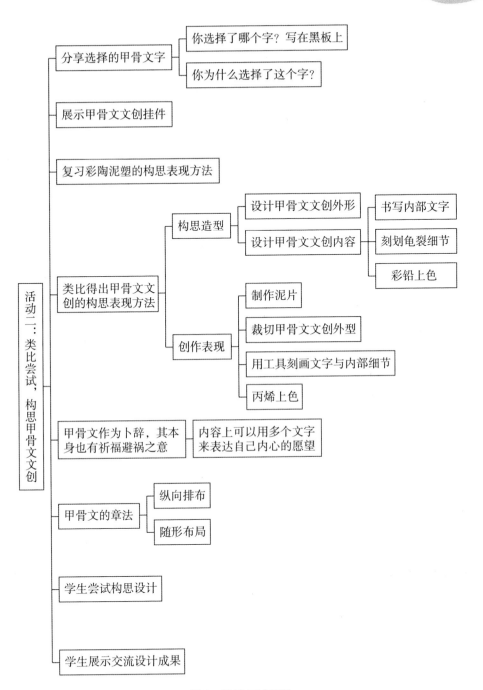

图3 活动二过程图

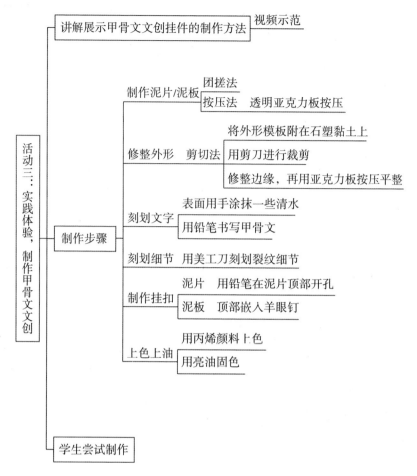

图 4 活动三过程图

四、课时教案

（一）课题:汉字寻根——感受甲骨文之美

（二）课时:1

（三）教学目标

1. 知道甲骨文的基本概念。

2. 了解甲骨文的造字方法类型。

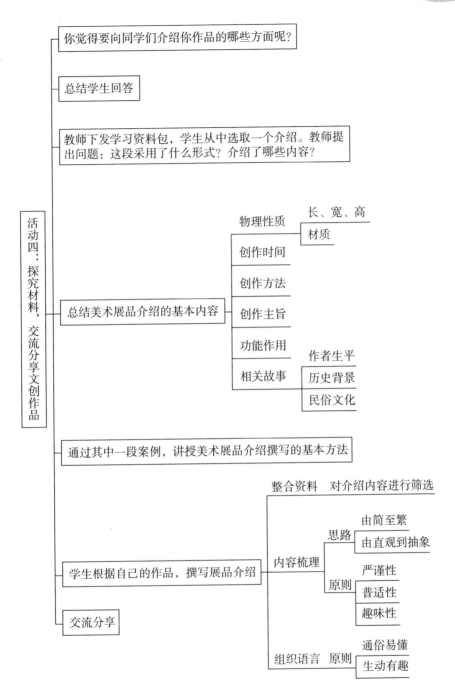

图5 活动四过程图

3. 初步学会甲骨文的造字方法。

4. 感受甲骨文在笔法上的简约美。

5. 感受甲骨文在结体上的匀称美。

6. 感受甲骨文中蕴含的丰富的想象美、朴实的内涵美。

（四）教学重难点

1. 重点

（1）知道甲骨文的基本概念。

（2）了解甲骨文的造字方法类型。

（3）初步学会甲骨文的造字方法。

2. 难点

（1）感受甲骨文在笔法上的简约美。

（2）感受甲骨文在结体上的匀称美。

（3）感受甲骨文中蕴含的丰富的想象美、朴实的内涵美。

（五）教学过程

1. 导入

（1）图片导入，提出问题：猜猜印章上写了什么？

（2）学生回答，教师讲解。

（3）引出单元任务，创作甲骨文文创作品，校园文化节举行"甲骨风华，字源创梦"线上甲骨文文创展。

（4）引出课题，提出问题：为何千年之后，还能认识这些文字，理解它们的含义？

2. 新授

（1）教师讲授甲骨文和象形字的概念

（2）出示甲骨文字并提问：这是哪个字呢？

（3）学生回答，教师总结："人"字表现的是一个劳作的人。

（4）教师提问：a. 为什么用劳作时的姿态来表现人？ b. 为什么没有刻画人的样貌？服饰？高矮？

（5）学生小组讨论并回答，教师总结：会劳作是人最大的特征。去除无关因素，用简练的笔画表现特征。象形字的设计方法：a. 观察事物特征。b. 以点、线来表现特征。

（6）教师提问：如果"人"字这样设计，你觉得美吗？原来的"人"字美在哪里？

（7）将字的左侧、右侧和中间划出竖直的线。教师提问：这体现甲骨文存在一种怎样的美?

(8) 学生回答,教师总结:左右匀称——结体的匀称美。

3. 实践

(1) 尝试依照象形字的造字方法,书写"子"字。

(2) 学生展示,教师点评、展示甲骨文的"子"字,讲解造字思路。学生感受先民的丰富想象。

4. 新授

(1) 出示图片和三个甲骨文,教师提问:结合图片发挥想象,说说这三个字表现了一位母亲怎样的一生。

(2) 学生回答,教师总结,学生初步感受甲骨文中朴素美好的情感。

(3) 结合"孕""保""孝"三字,教师引出其他造字方法。以"年、兀"二字为例,讲解指事字与会意字。

5. 实践

(1) 学生尝试以象形、指事和会意的方法,设计"香、众"二字。

(2) 小组分享,教师点评、展示甲骨文"香、众"二字,讲解造字思路。学生再次感受先民朴实的情感与内涵美。

6. 总结

(1) 教师提出问题:为何千年之后,还能认识这些文字,理解它们的含义?

(2) 学生回答,教师总结:甲骨文是中国人生活的记录。

(3) 教师提出问题:请同学们选一个字,说说古代中国人的想法和生活感悟。

(4) 学生回答,教师总结,学生感受甲骨文蕴含的朴素内涵美。

7. 作业

教师总结,布置课后作业。

(1) 通过资料包提供的网站,找寻一些感兴趣的甲骨文字。

(2) 记录这些字本来的含义及其背后体现的古人生活,感受先民的丰富想象和朴实内涵。

(3) 尝试用铅笔书写记录,感受文字的简约美和匀称美。

五、教学反思

本方案以"校园文化节上举办线上的甲骨文文创展"这一真实情境出发,创立跨学科教学设计。在设计和实践的过程中,紧扣解决学生实际生活中的问题这一核心思想开展。在教学过程中,学生也能在一系列的问题链和实践活动中,逐步整理思路,完成自己热爱的甲骨文文创作品。从最终成果与过程性评价来看,基本达到了本方案的目标。

但与此同时,本方案也存在着一些不足。本课程虽然能依托学生自制的甲骨文文创,利用学校的微信公众号完成一次线上展览,但是在构建的过程中,本方案还是缺少一部分"如何搭建线上展览"的教学内容。同时,利用公众号来开展线上展览,在形式上还是较为简单,后期可以寻找形式更加丰富的平台来展示学生作品。

 **专家点评**

该项目是一次富有创意的教学活动,深刻体现了艺术学科课程标准中提倡的美育融合与核心素养培育。项目以甲骨文为载体,不仅让学生深入探索汉字的根源,更通过跨学科的方式,将语文的文学魅力、历史的文化底蕴、美术的造型艺术以及劳技的动手能力有机结合,为学生提供了一个全面的学习平台。

项目的亮点在于其整体设计的高度系统性,通过甲骨文的学习和文创设计,学生得以体验汉字的美学特征和文化内涵。子任务的规划具有明显的递进性,从甲骨文的基础认知到文创产品的设计与制作,再到最终的展品介绍,每个阶段都为学生提供了逐步深入的学习体验。

在团队协作中,学生运用多学科知识进行整合思考,这不仅锻炼了他们的合作能力,也促进了全面知识结构的形成。过程中的主动探究激发了学生的创新思维,他们在教师的引导下,通过思辨和探索,对甲骨文进行了深入的了解和创造性的表达。

项目的过程性评价和结果性评价相结合,有效地观测和记录了学生的参与度、学习习惯和学业成果,确保了教学目标的达成。通过本项目,学生的文化理解、审美感知、创新实践等核心素养显著提升,展现了艺术教育在培养学生综合素质方面的重要作用。

点评人:上海市奉贤区青溪中学　卫　勤

初 中 地 理

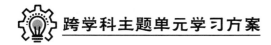

跨学科主题单元学习方案

一次 City Walk,寻觅滨江蜕变

上海市西南位育中学 李颖绮 吴慧莉 宋震鸣 邓启帆 张娇玉

一、主题概述

本主题活动围绕沪教版《地理》七年级第二学期第二章《工业》展开,以徐汇滨江工业带的蜕变为例,结合历史学科知识探秘中国近代民族工业的崛起与发展,借助信息技术和美术学科的方法和手段进行实地考察、信息收集、对比分析和成果展示,引导学生在真实情境的问题解决中深化学科学习,激发创意表达,培育乡土情怀。

本主题活动设计的具体信息见表1。

表1 信息汇总表

学校:上海市西南位育中学	
主题名称: 探秘工业"锈"带到生态"秀"带的变迁	关联学科:地理、历史、美术、信息技术
教师小组:地理老师吴慧莉、宋震鸣、李颖绮、邓启帆,历史老师张娇玉	
学习对象:初一学生	主题时长:3 课时
教学单元: 沪教版《地理》七年级第二学期《工业》	相关核心素养: 区域认知、人地观念、综合思维、地理实践力
驱动性问题:为何徐汇滨江会成为工业"锈"带并重新蜕变为生态"秀"带?	
主题学习成果:制作徐汇滨江 City Walk 打卡手册	

(一)真实情境下的问题驱动

《义务教育地理课程标准(2022 年版)》中提到"要活化课程内容,优选与学生生活和社会发展密切相关的地理素材"。上海自1843年开埠以来,逐渐发展成为中国最早的工业中心城市。矗立在城市不同角落的工业厂房便是近现代民族振兴的见证者,也是整个中国百年民族工业发展历史的缩影,以上海为背景讲述工业发展有着丰富而独特的乡土资源。

上海分布着众多的沿江工业,学校恰位于徐汇区,徐汇滨江又是主要生源所在地,以徐汇滨江作为对象载体能贴合学生的生活认知,激发学生的学习热情和主动性。因此,将主题情境聚焦于徐汇滨江工业带,通过探究徐汇滨江的工业发展、工业分布特点、部门差异和影响因素,让学生了解徐汇滨江从工业"锈"带到生态"秀"带的"前世今生",也"以小见大"整个中国工业的发展历程和演化,将地理现象和规律从一个小区域延伸到大区域。

（二）主题单元的学情分析

《工业》是沪教版《地理》七年级第二学期第二单元的教学内容,此前学生已完成"中国自然地理和农业"部分内容的学习,已具备较完整的中国地理学科知识。项目主题活动所涉及的交通运输和环境问题等内容也集中在本册教材,便于学生阅读和理解。并且,学生也已完成六年级信息技术课程的学习,具有一定的历史知识储备和美术基础,可以自主运用习得的技能和方法进行信息搜集、资料整合、综合制图、手册制作等多元学习任务,可以在学习活动中实现学科知识的交叉运用,并为地理学习提供必要的学科知识辅助。此外,作为学校所在地的徐汇滨江,学生有充分的游历和感知体验,也便于学生自主完成实地考察和小组学习。

（三）跨学科主题学习,促进核心素养发展

徐汇滨江作为曾经上海滩最重要的工业基地之一,如今已完成多处工业遗产的保护、改建和适应性再利用,成为具有浓厚文化与艺术色彩的绿色滨水岸线,成功实现工业"锈"带到生态"秀"带的蜕变。通过"行走徐汇滨江工业带遗迹"的主题单元学习,引导学生结合实地考察与信息技术的应用,从地理视角探究徐汇滨江工业带的形成以及工业遗产保护的意义,从历史视角探秘中国近代民族工业的崛起与变革,并能从美育视角制作宣传手册展示学习成果。在跨学科的学习设计中,进一步体现地理学科的综合性与区域性,在丰富多彩的课堂活动中培养学生的地理实践力和综合思维,从人地协调发展角度客观评价区域发展的合理性,提升区域认知,加深对上海乡土的了解和热爱。

主题单元整体结构与设计路线图如图1所示。

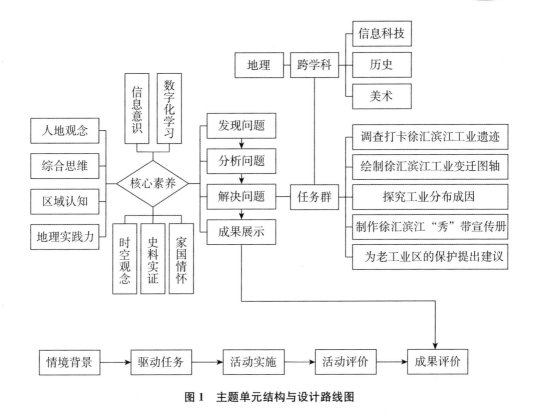

图1 主题单元结构与设计路线图

二、主题单元教学目标及重难点

本主题单元的教学目标主要有以下几点。

1. 运用地图软件,选择合适的地图,确定打卡点的地理位置,并规划移动路径定位。借助地理信息技术和网站或实地探访,查找并整合所需的地理信息,记录徐汇滨江工业遗址的建造时间、曾经和现在的用途与差异,并制作完成打卡手册。

2. 说出徐汇滨江在中国近代民族工业崛起初期成立的主要工业部门和工业类型,类比宝山钢铁厂的选址因素概括徐汇滨江工业带形成的优势条件。

3. 在图上指出中国四大工业基地的位置,归纳各个基地分布的共同点与不同点。

4. 结合图文材料,从不同维度综合分析徐汇滨江演变为工业"锈"带的原因,形成经济建设应与生态环境相适应的人地观念。

5. 客观评价徐汇滨江工业带规划的合理性和存在的问题,也能因地制宜地为上海其他老工业区的发展提出有价值的规划建议。

教学重点:工业类型的划分、工业分布的影响因素。

教学难点：结合图文等资料，并与"交通运输"等后续章节内容相结合，自主探究不同工业地域分布的形成条件和蜕变原因。

三、实施进程

（一）主题单元的课时安排

本单元共3课时，见表2。第1课时以学生户外考察为主，结合"最美西岸"打卡手册初步了解徐汇滨江的"前世今生"。第2课时里学生通过课堂学习，深入探究徐汇滨江的蜕变，"以小见大"中国工业的发展与演化。第3课时为学生课后实践，在课堂学习的基础上评价并书写徐汇滨江建设的合理性和问题性，将打卡手册完善并转制成美丽滨江宣传手册，也可以仿照并制作自己的上海某老工业带的打卡和介绍手册。

表 2　主题单元课时安排和教学内容

课时名称	对标教材	教学内容
徐汇滨江 City Walk 打卡"最美西岸"——了解徐汇滨江的"前世"	2.1 持续增长的工业	（1）学习地理信息技术相关软件的基础使用方法，确定徐汇滨江的地理位置。以小组为单位制定实践活动的基本方案。 （2）认识工业的重要性，了解重工业与轻工业的产品性质，说出徐汇滨江工业带形成的可能原因。 （3）确定调查方法，完成徐汇滨江工业遗址的历史和发展现状的信息调查，绘制徐汇滨江工业发展时间轴。
中国工业的"以小见大"与"前世今生"——以徐汇滨江的蜕变为例	2.2 重要工业部门的分布 2.3 东部与中西部地区工业的差异	（1）对徐汇滨江工业遗址打卡点进行部门类型划分。 （2）探究早期徐汇滨江工业带和中国四大工业基地的分布特点和形成原因。 （3）简述中国近代民族工业的崛起、发展与蜕变。 （4）从当下规划谈论徐汇滨江从"锈"带到"秀"带的利弊衡量。尝试评价滨江产业发展的合理性和问题性。
我以我笔画徐汇滨江，我以我谋议上海工业		学生课堂交流与讨论

（二）教学资源与教学活动

各课时所需的教学资源、教学活动和设计意图如图2所示。

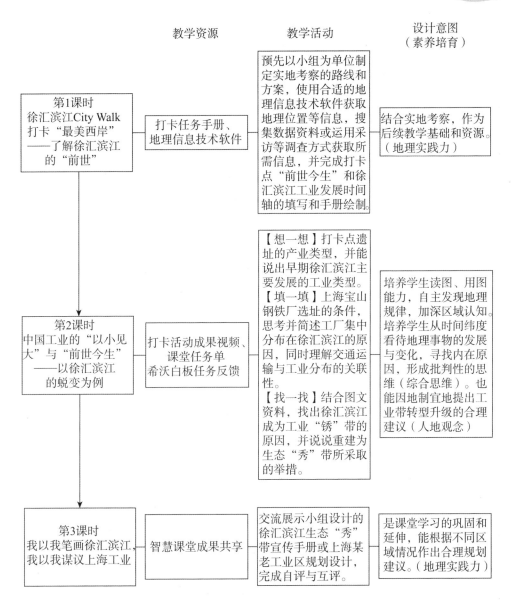

| 教学资源 | 教学活动 | 设计意图（素养培育） |

第1课时
徐汇滨江City Walk 打卡"最美西岸"——了解徐汇滨江的"前世"

打卡任务手册、地理信息技术软件

预先以小组为单位制定实地考察的路线和方案，使用合适的地理信息技术软件获取地理位置等信息，搜集数据资料或运用采访等调查方式获取所需信息，并完成打卡点"前世今生"和徐汇滨江工业发展时间轴的填写和手册绘制。

结合实地考察，作为后续教学基础和资源。（地理实践力）

第2课时
中国工业的"以小见大"与"前世今生"——以徐汇滨江的蜕变为例

打卡活动成果视频、课堂任务单希沃白板任务反馈

【想一想】打卡点遗址的产业类型，并能说出早期徐汇滨江主要发展的工业类型。
【填一填】上海宝山钢铁厂选址的条件，思考并简述工厂集中分布在徐汇滨江的原因，同时理解交通运输与工业分布的关联性。
【找一找】结合图文资料，找出徐汇滨江成为工业"锈"带的原因，并说说重建为生态"秀"带所采取的举措。

培养学生读图、用图能力，自主发现地理规律，加深区域认知。培养学生从时间纬度看待地理事物的发展与变化，寻找内在原因，形成批判性的思维（综合思维）。也能因地制宜地提出工业带转型升级的合理建议（人地观念）

第3课时
我以我笔画徐汇滨江，我以我谋议上海工业

智慧课堂成果共享

交流展示小组设计的徐汇滨江生态"秀"带宣传手册或上海某老工业区规划设计，完成自评与互评。

是课堂学习的巩固和延伸，能根据不同区域情况作出合理规划建议。（地理实践力）

图2　主题单元的教学资源、教学活动和设计意图

（三）学习成果评价

　　成果评价分为过程性评价和整体性评价两大维度，既是对学生在学习过程各环节给予及时反馈，也是对学生最终完成的学习成果进行的整体评价与检验，如表3所示。

表3　学习成果评价

（一）过程性评价
第 1 课时 徐汇滨江 City Walk 打卡"最美西岸"——了解徐汇滨江的"前世"
任务 1：运用地理信息技术软件，制定实践活动基本方案
过程性评价：从地理信息技术软件的操作、小组实地实践活动基本方案制定的合理性进行评价。
任务 2：了解工业部门的一般分类，确定探究主题
过程性评价：从徐汇滨江工业带形成的可能原因和由此所制定的研究主题的合理性进行评价。
任务 3：查找资料，了解地理实践调查活动的基本方法，完善实践活动方案
过程性评价：从实地调查方式和由此设计的调查问题的可行性进行评价，从完善方案过程中的团队协作能力和概括总结能力等方面进行评价。
第 2 课时 中国工业的"以小见大"与"前世今生"——以徐汇滨江的蜕变为例
任务 1：归纳徐汇滨江打卡点的工业类型
过程性评价：从任务单完成的准确性、创意性等方面进行评价，从工业类型判断的准确性进行评价。
任务 2：分析影响徐汇滨江工业选址的因素，探讨中国工业基地的分布特点
过程性评价：从地图册的使用、概括总结与语言表达能力的逻辑性和准确性进行评价。
任务 3：总结徐汇滨江工业发展的时间变化
过程性评价：从工业历史时间轴绘制的准确性进行评价，从徐汇滨江生态"秀"带建设评价语言表达的逻辑性和准确性进行评价。
第 3 课时 我以我笔画徐汇滨江，我以我谋议上海工业
过程性评价：从宣传手册制作过程中的团队协作能力和成果的美观性、准确性等方面进行评价，从上海其他老工业区发展建议的合理性、科学性等方面进行评价。

（续表）

<table>
<tr><td colspan="2" align="center">（二）整体性评价</td></tr>
<tr><td>评价维度</td><td align="center">评价内容</td></tr>
<tr><td>信息搜集</td><td>充分利用各种资源和自身所学知识以及信息搜集的准确性和完整性。</td></tr>
<tr><td>地理实践</td><td>实践活动的方案设计的可行性，宣传手册制作和调查表的完成度。</td></tr>
<tr><td>读图表达</td><td>能否用语言准确精练地表达自己的观点。</td></tr>
<tr><td>团结协作</td><td>在小组合作完成任务中的参与度，与组员间分享沟通的意识。</td></tr>
<tr><td colspan="2">在所有阶段性任务完成后，请你根据以上评判维度，对自己和小组内成员进行自评和他评。</td></tr>
</table>

<table>
<tr><td align="center">自评</td><td align="center">互评</td><td align="center">教师综合评价</td></tr>
<tr><td>本次项目活动中的收获</td><td>值得肯定的方面和需要改进之处</td><td></td></tr>
<tr><td></td><td></td><td></td></tr>
</table>

四、成果反思

本主题单元实施的关键点是前期的开放性实践活动，因此需要充分了解和收集学生活动的完成情况，同时给予相应的反馈和评价，并有针对性地选用部分成果作为教学资源，从而有效推进后续课堂教学。在后续的课堂教学中，教师需要搜集海量图文资料，从中优选专业、规范、准确、生动的适切资源，为学生解决情境问题搭好"支架"，提升学生课堂成果展示中的品质。

此外，主题单元实施中，为更好地发挥学生的主观能动性，教学活动的设计还需要考虑如何让学生多参与、多讨论，引发思维的碰撞，让学生能自己在解决问题的过程中生成新问题，增加学习的深度和广度，在教师引导和学生自主探究中寻求最佳平衡。

教学设计

第 2 课时　从工业"锈"带到生态"秀"带

——以徐汇滨江的蜕变为例

上海市西南位育中学　李颖绮

一、主题介绍

本课时属于单元主题学习的第 2 课时,内容涉及工业类型、中国工业基地分布和交通运输方式等,这些内容集中分布在七年级地理第二册教材中。本课时设计结合了第一阶段学生实地考察完成的"徐汇滨江 City Walk 打卡"任务,从工业遗址出发了解工业类型划分,探究早期徐汇滨江工业带和中国四大工业基地的分布特点及形成原因。同时完成徐汇滨江工业发展时间轴的填写,简述中国近代民族工业的崛起、发展与蜕变,并从当下规划谈论徐汇滨江从工业"锈"带到生态"秀"带的利弊,评价滨江产业发展的合理性和存在的问题。

二、学情分析

我校七年级学生已具备中国地理和历史的基础知识,主题单元项目中涉及的跨学科学习环节可以让学生在探究地理空间分布规律的同时,随着历史时期进一步探究背后的演变规律。再者,虑及学生的学习和生活的区域,对徐汇滨江有充分的游历和感知体验,因此前期任务单设计方便学生利用课余时间积极完成,还能激发学生的探索热情,在已有生活认知基础上增加对学科的深入思考与浓厚兴趣。

三、教学目标与重难点

（一）教学目标

1. 归类打卡点遗址的产业类型,并能说出早期徐汇滨江主要发展的工业类型。

2. 类比上海宝山钢铁厂的选址条件,思考并简述工厂集中分布在徐汇滨江的原因,同时阐述交通运输与工业分布的关联性,理解第一个水陆联运码头分布于此的重要性。

3. 读图概括中国四大工业基地分布的共同点。

4. 结合图文材料,分析徐汇滨江成为工业"锈"带的原因。

5. 说出徐汇滨江"秀"带建设的举措,因地制宜地为其他上海老工业区的转型升级提出建设性建议,增强热爱家乡、建设家乡的意识。

（二）教学重点

主要工业类型划分、影响徐汇滨江工业分布的重要条件。

（三）教学难点

徐汇滨江工业带的形成原因和蜕变原因。

四、教学技术与学习资源应用

1. 预先制作徐汇滨江 City Walk 打卡活动的成果分享视频。

2. 结合白板进行课堂任务单反馈展示。

3. 学生自主制作完成徐汇滨江宣传手册。

五、教学流程

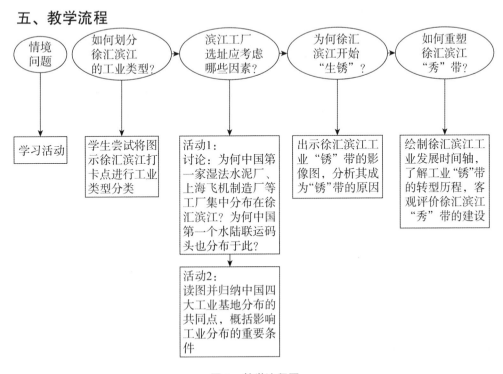

图 3   教学流程图

六、教学过程

教学内容	教学活动	设计意图
导入	播放视频,学生们共享展示实地考察的"徐汇滨江 City Walk 打卡"任务成果。	结合第一阶段学生的实地考察,自然引入课堂主题,并对考察结果进行总结评价。
徐汇滨江工业类型划分	【想一想】打卡点遗址的产业类型,并能说出早期徐汇滨江主要发展的工业类型。	结合徐汇滨江打卡点,能利用已学知识对产业类型和工业类型进行区分。
以徐汇滨江为例,归纳影响工业选址的因素	【填一填】上海宝山钢铁厂的选址条件,思考并简述工厂集中分布在徐汇滨江的原因,同时理解交通运输与工业分布的关联性,理解第一个水陆联运码头分布于此的重要性。	复习回顾已学工业选址的条件,引导学生类比思考徐汇滨江工业带的形成原因,也为学生"以小见大"归纳中国四大工业基地的分布特点作铺垫。
	读图并归纳中国四大工业基地分布的共同点。	培养学生读图、用图能力并能自主发现地理规律,同时加深区域认知。
以徐汇滨江"前世今生"看中国工业发展史	出示徐汇滨江工业"锈"带的图文资料,【找一找】其成为"锈"带的原因。	培养学生从时间纬度看待地理事物的发展与变化,寻找内在原因,形成批判性思维。同时能因地制宜地提出工业带转型升级的合理建议。
	说说徐汇滨江重建生态"秀"带的举措,客观地评价徐汇滨江"秀"带的建设。	
小结和作业	结合徐汇滨江的蜕变案例,以小见大,简述中国工业发展的变化特点。课后能结合徐汇滨江建设,自主制作完成徐汇滨江"秀"带宣传册,并自选一上海老工业区,为其发展提出建设性建议。	

七、板书设计

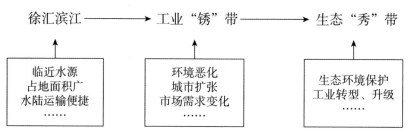

 **专家点评**

　　徐汇区黄浦江左岸是近代上海重要的"铁、煤、油、砂"工业带,沿岸分布着铁路、码头、机场、飞机制造厂、水泥厂等工业建筑,这些废弃、闲置的"锈"建筑现已被改造成为徐汇滨江片区中具有工业风格的"秀"建筑。主题单元以"从'锈'到'秀'"的变化为主线,选择最具代表性的工业遗存地为学生现场考察点,设计了徐汇滨江City Walk打卡线路和任务。巧妙利用传统工业建筑外观和当下功能定位之间的"不匹配"制造强烈的反差感,激发学生对近代徐汇滨江工业带形成、发展和衰亡历史的探索欲。以"现场打卡—课堂探索—未来展望"来安排课时,主题内容和单元教学结构清晰、合理,课时联系紧密。单元教学实施期间,学生能运用信息技术手段完成"打卡"任务;课堂上以徐汇滨江的蜕变历史为视角,采用以打卡点为案例,有机整合了初中地理《工业》中工业类型、选址、产业变化等学习内容。学生在解决徐汇滨江"从'锈'到'秀'"系列问题的过程中,以地理学科为主体,综合运用历史、美术等学科的知识和思维方式;不仅培养了综合思维、区域认知等地理核心素养,也增长了解决复杂问题的经验和实践能力。

点评人:上海师范大学　　王　　初

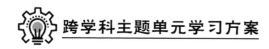

跨学科主题单元学习方案

鉴·半亩方塘　建·科研之思

上海浦东新区民办宏文学校　赵　静　李悦悦　涂丹丹

一、主题概述

本主题活动以沪教版《地理》七年级第二学期第五单元《环境污染与保护》为内容,融合生命科学、道德与法治等学科,引导学生在真实情境中依据科学方法诊断并解决校园河流的污染问题。学生通过小组合作,体验地理调查实践与实验的方法,学习数据的收集、整理与表达,体会科学研究的一般过程,初步建立跨学科解决环境问题的意识与科学诊断环境问题的思维。

表 1　信息汇总表

学校:上海浦东新区民办宏文学校	
主题名字:鉴·半亩方塘　建·科研之思	关联学科:地理、生命科学、道德与法治
教师小组:赵静(地理)、李悦悦(道德与法治)、涂丹丹(生命科学)	
学习对象:七年级学生	单元课时:3 课时
教学单元:沪教版《地理》七年级第二学期《环境污染与保护》	
驱动性问题:每年春夏季节,校园的小河得了什么"病"? 如何诊断病因并对症下药?	
主题学习成果:校园河流污染探究报告、校园河流污染防治方案等	

(一)单元主题的学情分析

本次跨学科单元教学内容选择沪教版《地理》七年级下册第五单元《环境问题与环境保护》,主要培育学生的人地协调发展观等核心素养。七年级学生已具备一定的学科素养基础,且对未知事物具有较强的探索欲,但有畏难情绪,容易浅尝辄止。进一步问卷调查发现,学生虽然对环境内容相对熟悉,但仅停留在日常生活的体验及课内外碎片化的环保宣传信息上,缺乏对某一环境问题对应的核心概念与原理的系统科学认识。部分学生具备跨学科解决环境问题的意识,但相关实践活动体验不足,多数学生探究意愿强烈。在此背景下,将本单元设计为以环境污染与保护为主题内容的跨学科主题单元学习,尝试从科学研究的角度思考并深剖环境问题。七年级学生的求知欲强,可以充分利用他们强烈的好奇心进行深度学习;从学情来看,这也符合初中地理学习完成后的能力提升训练。

（二）真实情境下的问题驱动

根据《义务教育地理课程标准(2022年版)》的要求,学生需要客观地认识家乡的环境特点。作为上海市的学生,探究城市水环境问题相对来说更具有现实意义。考虑到探究对象的可接触性,我们选择校园河流水环境调查与分析作为理论学习后的实践研究,并以此为深度学习的抓手,引导学生像科学家一样思考如何做好一次调查研究,沉浸式地体验一次科学研究过程,最终实现环境问题及环境保护的系统剖析。本跨学科主题单元学习以"每年春夏季节,校园的小河得了什么'病'？如何诊断病因并对症下药？"为主要驱动性问题,引发学生思考,尝试从科学研究的角度深剖水环境污染与治理问题,由点及面,引导学生深刻认识到环境问题的复杂性和环境治理的长期性。

（三）跨学科单元结构设计

单元设计时,重组了环境问题与环境保护教材的内容与结构,将原来以城市与农牧区环境问题并列学习的过程,调整为以家乡典型污染为代表的城市环境问题深度学习的过程。本次跨学科单元学习将教材内容扩充至3课时(见图1)。单元结构的课时之间设计递进关系:知识联结了从总体概括到部分深究,再到实践应用的过程,这个过程中学生的知识、思维和能力都有了显著提升。此外,水环境问题是一个多学科的问题,需要较强的跨学科知识和技能。在单元设计时,重点引导学生学习使用生成式人工智能(AI大模型)工具解决专业资料查阅、文本生成等问题,实现跨学科自主学习目标。

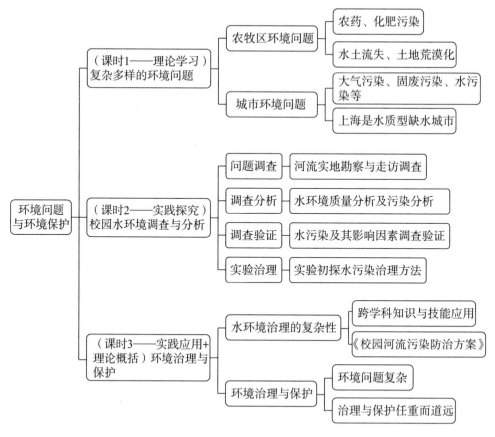

图1　跨学科单元结构设计

二、主题单元教学目标

　　新课标要求,地理课程跨学科主题学习立足核心素养的培育,关注学生探究能力、创新意识、实践能力、社会责任感的培养,促进学生全面发展和师生共同发展,以物化的学习产品为基本学习成果。基于此,在跨学科单元主题学习时,根据课时安排,设立了以下三个主要学习目标。

　　1. 通过读地图、景观图和统计图等,认识中国不同区域典型的环境问题及保护措施,理解复杂多样的环境问题对人类生产生活的长期影响,提升区域认知素养。

　　2. 走入校园河流"病情"诊治真实情境,通过调查分析、实验分析、文献分析及专家咨询等地理实践活动科学认识水污染,提升地理实践力,初步建立科研思维。

　　3. 综合应用不同学科的知识与技能,并使用AI大模型如文心一言、通义千问等工具以及中国知网等在线学术资源解决水污染防治问题,增进跨学科学习、深度学习、终身学习的意识以及环境保护的社会责任感。

三、教学重难点

1. 教学重点:尝试探索科学认识并解决问题的方法,经历从真实情境中收集、整理并分析数据资料的地理实践过程。

2. 教学难点:关注小组合作的进展,捕捉交流主题活动进程中遇到的困难,并及时给予适当的教学引导。

四、实施进程

跨学科主题单元学习在教学组织方式上以引导学生在真实情境中发现问题、解决问题为目的,依据单元教学目标,采用问题链分解的方式规划教学进程(见图2)。

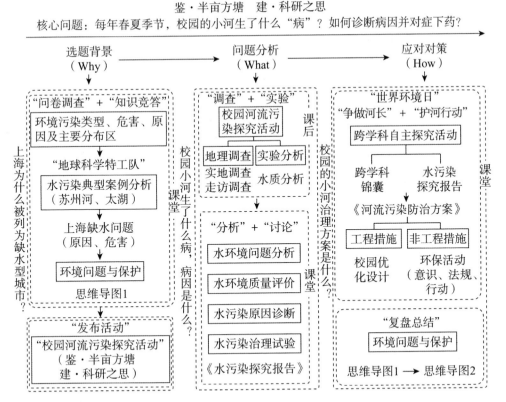

图 2 跨学科主题单元学习教学流程

（一）问题引入（1 课时）

自古以来，城市因水而兴，上海甚是。学生疑问：上海位于东海之滨，长江之尾，内有众多河湖，水资源充足，却为何被列为 36 个水质性缺水典型城市之一？ 在这个问题的驱动下，学生针对我国不同区域典型环境污染问题进行头脑风暴，探讨家乡及周边地区的典型水污染案例，并进一步思考：校园河流是否存在水污染？ 从而触发跨学科主题单元学习驱动性问题：每年春夏季节，校园的小河得了什么"病"？ 如何诊断病因并对症下药？ 根据讨论结果，填写水污染主题的 KWH 表格，分析已经了解的知识点（Known）、想要了解的知识点（Want）和准备怎么解决问题的步骤（How）。

学习支架：知识竞赛、思维导图、KWH 表（见表 2）。

表 2　水污染 KWH 表格

填表人：	问题：水污染
关于这一问题我知道什么？	
关于这一问题我想知道什么？	
关于这一问题我打算如何解决？	

评价关注点：①能用思维导图完整梳理某一环境问题的基本概况（类型、典型区域、原因、危害、治理）；②能在已有知识经验的基础上提出有价值的地理问题，并寻找解决问题的办法和策略。

（二）问题分析（1 课时）

根据驱动性问题，以班级整体作为主题活动小组，负责校园河流污染问题的分析工作。根据指导老师提供的科学研究一般过程及地理调查实验分析方法，小组分工与合作，设计校园水污染调查方案（包括走访调研、实验调查，涉及时间、对象、目标、指标、器材工具等），并按照时间规划有序推进。需要说明的是设计调查方案和数据收集与整理工作由学生利用课外时间完成，而调查成果汇报及调查报告书写则在课内完成。

学习支架：科学研究一般过程、常用的地理实践方法介绍；AI 大模型学习工具、中国知网等学术资源功能及使用方法介绍；《地表水环境质量标准》、水环境质量核心概念科普资料等；评价意见表（组间互评、组内互评，自评）。

主题阶段成果:河流污染调查方案、河流污染调查分析报告(见表3)、小组汇报PPT等。

表3 宏文校园河流污染调查分析报告

宏文校园水环境调查分析报告
报告人:_____
1. 目的:
2. 器材:
3. 步骤:
4. 记录:
(1) 实地走访调查记录:日期、走访对象、河流概况(水系、污染特点、治理方案及效果)、记录人
(2) 实地调查结果记录:日期、记录人、酸碱度(pH)、水温(℃)、溶解氧(mg/L)、高锰酸盐指数(mg/L)、5日生化需氧量BOD_5(mg/L)、藻类名称、生活习性
(3) 实验分析结果记录:温度(光照)变量、日期、记录人、水棉质量、pH值、溶解氧、BOD_5、高锰酸盐指数
5. 结果:
调查分析结果显示:

评价关注点:以模拟科研情境的方式进行,学生能否沉浸式地体验地理调查、实验收集数据,并有效利用学习支架分析数据,以及是否能够绘制图表充分展示小组分析的结果。采用评分表(见表4)形式,做出阶段性定量评价。在此过程中,关注小组成员是否能够有效沟通并积极完成机组任务,并根据需要向小组成员提出一些有价值的建议,等。

表4 课题汇报小组互评评分表

汇报小组:	标准细则	得分
内容质量(40分)	① 内容相关性与深度(10分) ② 数据准确性与可靠性(10分) ③ 理论与实践结合(10分) ④ 结论或建议的合理性(10分)	
表达与展示(30分)	① 语言表达流畅程度(10分) ② 汇报思路清晰程度(10分) ③ 汇报时间把握程度(10分)	
现场问答与反馈(20分)	① 面对提问的应答能力(10分) ② 能够针对反馈即时调整(10分)	

（续表）

汇报小组：	标准细则	得分
团队协作与互动(10分)	① 角色分工明确性(5分) ② 成员间配合默契度(5分)	
合计		

（三）问题应对（1 课时）

结合"世界环境日"主题活动,联合生命科学教师、道德与法治教师在七年级举办的"争做河长,护河行动"活动。在前期调查结果分析基础上,借助教师提供的跨学科知识锦囊、《校园河流污染防治方案》大纲,小组合作梳理方案并重点汇报说明针对校园河流污染的防治措施建议及原因。师生们共同作为评委,根据各小组所提措施建议的科学性、适用性和可操作性进行河长团队选举投票。活动完成后,学生进行知识迁移与运用,复盘总结关于环境问题与保护的系统知识。在这个过程中,学生将充分理解理论研究转化为实际应用的意义,体验将书本知识应用于现实生活的成就感,体会作为校园环境保护践行者的荣誉感,最终自觉提升环境意识并深化社会责任感。

学习支架:地理、道德与法治、生命科学各学科护河锦囊;《河流污染防治方案》大纲;评价意见表(组间互评、组内互评,自评)。

主题阶段成果:校园河流污染防治方案、校园河长团队等。

评价关注点:能否用清楚流畅的语言描述解决问题的措施及理由,体会用跨学科的视角分析复杂现实问题的必要性,感受理论学习服务于社会实践的意义。

五、成果反思

聚焦提升核心素养。从学生们感兴趣的驱动性问题出发,围绕单元教学目标层层递进推动主题学习进程,让学生在完成任务的过程中发现问题、分析问题和解决问题,促进形成学科核心素养。如校园水环境探究实践活动让学生亲身体验知识的应用、迁移与深化,进一步培育区域认知、综合思维与地理实践力等学科核心素养。此外,鼓励学生从不同学科角度看待并解决水污染问题,提升跨学科素养。

注重培育科研思维。在系统学习初中地理的基础上,鼓励七年级学生围绕水污染开展深度学习,初步培育科研意识与思维。具体来看,就是在校园水污染探究中,鼓励学生像科学家一样思考与行动,采用科学的方法来诊断校园水污染类别、影响因素及防治措施等,培养他们的批判性思维和创造性解决问题的科研思维能力。

凸显教、学、评的一体化。教师作为指导者,为不同程度的学生提供学习支架,关注学生在小组合作或主题进行中出现的问题,给出适当的方向指导,鼓励学生养成独立思考的习惯和与同伴合作交流的意愿,建立自我价值体系。学生作为单元学习的主体,每个人的学情和特长不同,如男生多对调查、实验以及整理分析数据较为擅长,而女生可能更倾向于查阅资料、绘制地图、制作手工模型等,因此在小组合作时,要考虑科学组队、合理分工、高效合作。此外,评价作为教与学的重要联结部分,贯穿于整个主题单元的学习过程中。本次跨学科主题学习方案每一课时主题后均设有多种形式的评价工具(思维导图、方案、报告、评价打分表等)。

回顾本方案的全部流程,学生是否能在单元学习的过程中对真实问题情境始终保持兴趣,是主题能否顺利进行的关键因素;是否能利用提供的学习支架和推荐的学习工具与资源,解决跨学科知识储备及科研素养不足等问题,是主题能否顺利深化的保障性因素。而学生的活动能否达成教学目标、评价量规的设计是否科学合理,都需要教师在单元教学的过程中时刻关注、及时修正。高质量完成本次跨学科主题单元学习,对教师和学生都将是一次充满挑战且意义深远的学习之旅。

📖 教学设计

第2课时　校园水环境调查与分析

上海浦东新区民办宏文学校　赵　静

一、主题介绍

《义务教育地理课程标准(2022年版)》要求,学生能够运用图文资料描述中国主要的环境问题,并针对某一环境问题进行评价,提出合理的建议。本课时主题内容为"校园水环境调查与分析",是户外探究及数据分析课堂的呈现部分,也是跨学科主题单元教学的重点内容。通过引导学生探究校园河流水污染的类别、影响、原因及治理等一系列问题,认识到水环境污染的复杂性,这需要跨学科知识与技能的综合支撑。通过系统调查与数据分析,体验水环境质量评价的一般过程。通过自主设计实验并观察分析,体会科学研究的逻辑思维与严谨态度。此外,还将学会利用互联网上多样的学习工具与资源,帮助自己进行高效学习和深度学习,实现自主学习能力和深度学习意愿的提升。

二、学情分析

七年级学生基本完成了初中地理知识和科学知识的学习,初步具备了跨学科综合认识地理事物的理论基础和方法技能,且思维活跃,好奇心和探索欲强。本次主题活动前期,学生已经经历了中国环境污染概况和上海典型水环境污染问题的理论学习的过程,该阶段他们已不满足于浅显的概念认知,而是对身边的环境污染的案例十分好奇,迫切希望走出课堂进行地理调查与实践。本校学生课外知识涉猎广泛,且小组合作与汇报经历较多,具备探究性学习和课堂汇报的基础。因此,在设计主题单元学习方案时,通过创设学生们熟悉的校园水环境污染探究的真实情境,构建了以地理调查与实验为主的实践内容。一方面,满足了学生对水污染问题深度认识的需要,奠定了后续水污染科学治理的学习基础;另一方面,通过引导学生体验跨学科认识并解决现实问题的过程,提升了学生自主学习与探究的能力。

三、教学目标

1. 创设校园河流水污染真实问题情境,开展调查分析活动,学会运用科学方法进行实地调研和数据分析,培养学生观察、记录、分析问题以及报告撰写的能力,提升地理实践力和综合分析素养。

2. 使用 AI 模型等在线教学工具以及中国知网等在线学术资源解决实际问题,掌握自主学习的方法和技能,培育深度学习、终身学习的意识。

3. 模拟水环境科学研究,培养学生认识地理事物或现象的科学研究意识和批判性思维,增强学生的环境保护意识,培养学生的责任感和团队协作精神。

教学重点:水污染调查与实验。经历收集、整理资料的过程,掌握校园河流的基本概况(水文特征、污染类别、影响因素及治理现状);学习地理调查与实验方法,体会数据定量表达的准确性,提高用数据说话的意识和能力。

教学难点:水污染分析与小组合作。经历跨学科综合分析、数据分析与表达、汇报呈现的过程,综合不同学科知识与技能,图文解释并呈现水污染分析结果。小组合作中的合理分工与有效推进。

四、教学过程

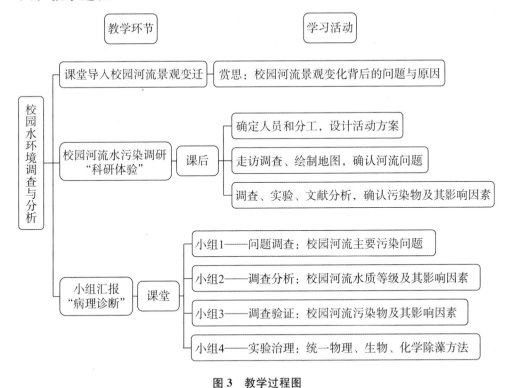

图 3　教学过程图

表 5　教学实施过程表

课时 2　校园河流水环境调查与分析		
教学环节	课堂活动	设计意图
1. 课堂导入	师:依次展示全国典型缺水性城市地图、校园河流景观四季变化动图,提问: ① 我们的家乡上海市的典型环境问题是什么？被列为典型缺水性城市的原因是什么？ ② 每年春夏季节,宏文校园的小河都会"生病",从盈盈清水到"绿意盎然",慢慢走向"死水一潭"。春夏季节,校园河流生了什么"病",诱因是什么？ 生:结合已有知识和生活经验,思考并回答。	展示身边校园景观的变化,激发学生对校园水环境进行探究的兴趣。

（续表）

教学环节	课堂活动	设计意图
2. 课后探究	师:提供"校园河流污染探究活动初步方案",组织各班学生分组(5—6人/组,共4组),指定队长。 师生:完善制订《校园河流污染探究活动实施方案》,确定小组主题任务: ① 组1主要进行实地调查、走访调查、问题总结,完成问题调查内容; ② 组2主要进行调查采样、数据分析、实验分析,完成调查分析内容; ③ 组3主要负责实验诊断、资料验证、文献验证,验证组1和组2的结果与结论; ④ 组4则主要负责跨学科实验探索,尝试找到有效的水污染治理方向。 生:小组分工,合作开展课后探究任务。 师:答疑及方法和工具指导。 活动评价:小组管理日志、物化成果展示、评价意见表(组内自评、组内互评、教师评价)。	通过模拟科研情境,沉浸式体验地理调查、实验、收集数据并分析数据的过程,培养区域认知、综合思维、地理实践力等地理核心素养、跨学科素养和科学研究意识。
3. 课堂汇报	(1) 师:活动介绍 校园河流探究活动时间表 （见下表）	

校园河流探究活动时间表

时间	活动内容	活动目的	活动过程	素养目标
2月26日—3月1日	确定主题、人员	发现问题	学习环境问题理论知识;发现生活中的水环境问题	地理观察力 区域认知 综合思维
3月2日—3月8日	问题调查			
3月9日—5月8日	调查分析	诊断问题	初步体验水环境调查;数据分析水环境质量;科学评估水环境污染	地理实践力 科研思维 跨学科思维 综合思维
5月9日—5月15日	调查验证			

(续表)

教学环节	课堂活动	设计意图
3. 课堂汇报	学术研究是一个严谨而复杂并充满不确定性的过程,请同学们保持谨慎和开放的态度,积极对研究结果进行多角度、多层次的讨论,充分表达你对校园水污染的认识与理解。 (2)生:小组汇报 每个小组选派1—2位代表,按照组别依次进行探究成果汇报,并针对场下同学和老师的疑问现场答疑。 **汇报活动** | 组别	汇报主题	重点内容、成果
第一小组	问题调查 (5—7分钟)	① 制作校园河流平面与立体地图 ② 描述校园河流问题及判断污染类别 ③ 猜测校园河流污染的可能原因
第二小组	调查分析 (7—9分钟)	① 解读地表水环境质量标准 ② 调查校园河流水环境质量 ③ 调研校园水污染的地理影响因素
第三小组	调查验证 (6—8分钟)	① 生物调查校园河流污染物及生活习性 ② 资料证明家乡气象要素的变化规律 ③ 文献分析校园河流污染物的影响因素
第四小组	实验治理 (5—6分钟)	校园河流水污染跨学科(物理、化学、生物等)治理初探 | (3)小组评价 生:填写"课题汇报小组互评评分表"(组间互评)。 师:公布成绩,优选最佳小组(授予"科研新星团队"称号),教师点评(以表扬鼓励为主,特别是对活动中的生成性思考案例)。	锻炼学生走访调查、绘制地图等地理实践力、区域认知核心素养、资料查阅、数据分析与图表绘制能力。进一步帮助学生建立采集数据—数据分析—逻辑推理与证明的科研思维。
4. 课堂小结	师生:完善探究报告内容。 生:填写"课题汇报小组互评评分表"(组内互评)。	
5. 课后作业	查阅2024年世界环境日的时间、主题,以"校园河流环境保护"为主题,制作一份环保宣传小报。	
6. 课堂板书	跨学科思维 确立问题 —— 调查研究 —— 实验验证 —— 应对对策 科学研究思维	

专家点评

"河流水环境调查与分析"紧密结合学生兴趣和学校周边资源,组织学生开展以水污染为主题的科学探究活动。在整个学习过程中,有效地将地理、生命科学等学科有机结合在一起,跨学科认识并解决校园河流污染问题,同时关注了学生的自主学习能力和团队协作能力。在本主题学习设计及课堂实施中呈现出如下亮点:

重视学科核心内容。在活动设计过程中,能将学科内容与教学进度衔接得自然、自洽,充分利用学生的地理知识与技能(如绘制地图、开展地理环境调查、地理影响实验等),引导学生使用地理思维和语言准确描述校园水环境问题,并借助其他学科知识,进行综合理解与实践应用。

巧借数字化工具助力跨学科学习。指导学生运用人工智能(AI 大模型)等工具,快速获取丰富的跨学科学习资源,巧妙应对学生对多学科相关知识与技能认知存在局限的问题,确保跨学科中多学科整合的内容与方法的准确性,也有助于学生主动探索未知领域,实现深度学习。

培育科学研究意识和批判性思维。在教学指导时,通过探讨真实情境中的科学问题,确立了问题调查、调查分析、调查验证和实验治理等逻辑严谨的任务链。在交流汇报中,引导学生自信表达、大胆质疑,关注活动中学生的生成性思考,提升了跨学科主题活动的育人价值。

点评人:上海市教师教育学院(上海市教育委员会教学研究室) 殷育楠

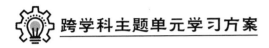

跨学科主题单元学习方案

如何实现绿色物流

——探索我国基于新能源的跨区域货物运输

上海宝山区世外学校 徐悦廷 徐怡辰

一、主题概述

本主题活动以沪教版《地理》七年级第二学期《工业及其地区差异》和《交通运输与通信》为内容载体,倡导学生树立可持续发展的地理学习观念,并利用所学知识与网络资源,尝试解决实际问题。

我国国土面积广大,人口与资源都呈现出极其不均的分布。这种分布格局使得供给地与需求地之间产生巨大的空间错位。国家纵横交错的交通运输路线建设可提高资源配送效率。同时,关注交通运输中新能源的普及,也可促进绿色运输的发展。

在国家大力提倡交通运输新能源化的背景下,跨区域的绿色货运成了经济战略更广、社会效益更大的"洼地"。如何让学生通过这片"洼地",了解我国的资源分布、能源政策导向、科技在运输中的运用,引导学生体验"发现、解决问题,实地调研,提出可行性方案"的学习方式,是本主题活动设计的基本思考点。

表1 信息汇总表

学校:上海宝山区世外学校	
主题名称:探索我国基于新能源的跨区域货物运输	关联学科:地理、劳动、道德与法治
教师小组:徐悦廷 徐怡辰	
学习对象:七年级学生	主题时长:5课时
教学单元:沪教版《地理》七年级第二学期《工业及其地区差异》《交通运输与通信》	相关核心素养:区域认知、地理实践力

(续表)

驱动性问题：如何利用我国各区域的清洁能源，以此为动力，实现我国不同区域的跨区域货物运输？
主题学习成果：跨区域新能源货物运输新闻发布会

（一）单元主题的学情分析

《义务教育地理课程标准（2022年版）》指出，需要以地理知识和方法为基础，以学生自主、合作、探究为主的学习为台阶，依靠调动相关社会资源，设计具有研究价值和现实意义的问题，并围绕学生核心素养和发展水平进行评价。

本单元主题以货物运输为载体，研究货物类型与清洁能源的运输路线，用地图探究线路沿途环境，探究环境对线路的影响，增进对我国经济发展与生态建设平衡的理解。

在进行本单元主题活动前，七年级学生基本具备了中国自然地理知识与人地关系问题的分析意识与方法。教师通过设计深度学习任务，激发学生的学习兴趣，充分结合学生生活、社会热点，形成教学资源，引导学生"做中学""行中学""创中学"，增强学生的人文底蕴与社会责任感。同时，为了更好地评价学生的学习能力与学习成果，本方案突出了以学生为主体的学习方式，更有利于教师观察学生的学习过程，实施过程性评价。

（二）真实情境下的问题驱动

如何让工业发展与低碳环保两全，在通过工业产业活动加强国家建设的同时，如何落实"绿水青山就是金山银山"的方针，是对不同工业部门提出的新要求与发展方向。

在越来越多的新能源汽车满足家庭出行需求的同时，依旧有相当多的物资能源通过高能耗的交通运输方式实现跨区域调拨，运输所产生的污染依旧对我国实现"碳达峰、碳中和"的阶段性环保目标提出了严峻的挑战。

由于国内在基于新能源跨区域货物运输领域的研究成果较为有限，本单元活动设计的预设是引导学生体验"发现、解决问题，实地调研，提出可行性方案"的学习过程。学生通过相关探索，将自己置身于国家能源战略布局之中，尝试对问题展开多方位的分析。

（三）跨学科主题学习，促进核心素养发展

初中地理学习中的一大挑战便是将自然地理的学习与人文地理的学习进行有机结合，并且在人文地理的学习过程中，建构起不同领域内容与方法的逻辑组合与融合，其中也自然蕴含诸多跨学科学习的契机。在本案例中，地理学科涉及的气候会对与技术工程紧密关联的电池性能产生影响，从而牵涉货物运输的整体效率。在单元设计中作为终结性评价的新闻发布会上，学生通过角色扮演，较为真实地展现了社会监督的运作机制，同时涉及道德与法治学科，通过跨学科的学习，指向"有本领、有理想、有担当"新课标育人目标的落实。这种围绕成果载体开展的跨学科学习，既有利于教师与学生完善并丰富学科视角，也能增强从不同角度切入问题、形成有清晰任务逻辑链的跨学科分析的思维路径。

二、主题单元教学目标

七年级学生在通过本案例的学习后，能够具体说出现阶段我国在能源领域的优势与劣势，并通过学习知识与资源整合，激发对综合性问题的探索兴趣。

目标分解说明：

（一）认知层面

1. 通过文字案例和数据图表，说出我国现阶段的能源结构现状。

2. 列举我国主要大宗货物对应的交通运输方式。

（二）方式层面

1. 采用跨学科学习方法，整合地理、劳动、道德与法治等学科内容，对新能源的供电模式和新情境主题形成初步学习与了解。

2. 加强互联网资源的搜索能力，从新闻材料中获取对单元学习有用的信息资料。

3. 运用地图组合，根据跨区域运输线路，结合地形、气候、人口等专题地图，说出沿途地理环境的特征，并根据沿途环境探讨新能源布局的可能性。

4. 通过实地参观工厂，体验在真实环境下学习多学科知识并运用其解决问题的过程，加强在校外环境中获取资源信息的能力。

5. 组织模拟新闻发布会，了解社会公开活动的基本流程及注意事项，体会并理解舆论的传播及其他效应,激发对综合问题的探索兴趣。

6.通过媒体报道、社会公示等舆论手段,感受通过他人的评价来检验自己学习成果的过程。

（三）情感层面

通过对我国工业领域新能源的探究,促进节能环保社会责任感的形成。

三、实施进程

备课组根据学校七年级地理课程安排、七年级学生学情与学校的教学实际环境,在灵活运用各种教学方法和资源、提高教学效果的情况下,制定本案例教学实施进程(见图1)。

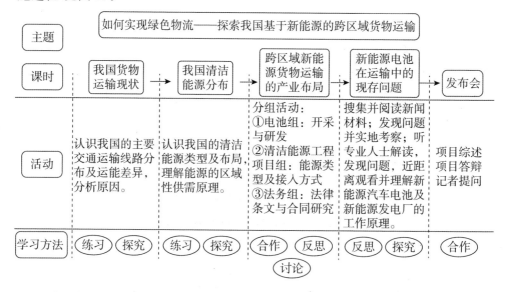

图1　单元教学进程流程图

（一）第1课时:我国货物运输现状

1.项目启动:通过我国依靠煤炭燃烧进行火力发电,北煤南运中火车"烧油运煤",以及新能源汽车在我国家庭用车中愈发普及的现状,让学生意识到新能源在各种货物交通运输中渗透的必要性。

2.分析资料:比较我国铁路、公路、内河、管道四种运输方式的总里程长度,分析不同运输方式下的货物类型。

3. 比较:各种交通运输网络在我国不同区域的分布密度,分析造成分布差异的原因。

4. 比较:以铁路运输为例,分析造成我国货运的里程、时速远低于客运的原因。

5. 分析:相比大宗商品,电商平台商品以公路运输为主的原因。

6. 总结:货物类型与交通运输方式的匹配。

课后任务:选择某种大宗货物运输,选择起讫地,在尽可能保证运输里程接近的情况下,与客运进行对比,说明造成交通运输方式差异的原因。

表2　铁路运输中货运与客运差异比较

	_____(大宗货物名称)铁路运输	客运铁路运输
起讫地		
依次穿越的省级行政区(不少于3个)		
线路整体走向		
穿越地形区(不少于2个)		
平均时速		
耗时		
结论	大宗货物的运输速度之所以较客运速度慢的原因:_____	

(二) 第2课时:我国清洁能源分布

1. 认识:主要清洁能源的类型。

2. 列出:我国水能资源分布图、风能分布图、太阳辐射强度分布图,判读分布特征,并从气候、地形等自然角度分析原因。

3. 我国大力推广清洁能源的原因:通过5幅漫画的表现形式,分别从传统能源的污染、能源安全、经济转型、可持续发展、国际责任等角度分析,并借助能说明这5种角度的相关图表资料,加强学生的分析与表达能力。

4. 比较:清洁能源与传统能源在能源形式与传输方式上的差异。

5. 分析与认知:中西部清洁能源的开发对东部技术的需求,东部经济发展对中西部能源的需求。

课后任务:从风能、水能、太阳能中选择一种清洁能源,并选择一条输送路线,以小报形式,用地图与文字说明线路选择的理由、能源的主要用途,以及传输路线的建设过程中会遇到的问题。

(三)第3课时:跨区域新能源货物运输的产业布局

1. 清洁能源货运线路测评:结合我国九大清洁能源的基地区位,比较我国四条重要的货运铁路线路,从中选择出最适合投入清洁能源货运试点的线路。

2. 产业职能部门划分:全班学生划分为电池组、工程项目组和法务组三个大组,说明分组依据及作用。

3. 构思与评价建议:通过现场查阅资料,完成各小组学习单对应的任务;各小组依次上台叙述各自的研究成果,表达相应观点。

(四)第4课时:新能源在运输中的现存问题

课上:

1. 以2024年春节高速冻雨和海南岛返程拥堵两则新闻素材为例,分析新能源汽车的安全隐患。

2. 分析:高铁用交流电取代电池的原因。

3. 比较:客运和货运的时效性,分析原因。

4. 对于易燃货物,保证运输过程安全的方式。

5. 对于大规格电池,报废后续应做出的处理措施。

课下:工厂实地探究,听专业人士讲解原理。

课堂(后):以课堂主要问题为线索,搜集相关新闻及学术资料,并通过资料整理与合理的设想制定解决措施。走进新能源汽车制造厂及清洁能源电力供应厂,采访取证。

(五)第5课时:"探索我国跨区域新能源货物运输"新闻发布会

1. 综述:从第3课时中的电池组、工程项目组、法务组抽调优秀学生,根据各组设计的方案,从项目背景、沿途区域环境、工程主要难题攻克、问题解决措施等角度进行团队综述。

2. 答辩:学生扮演国家环境部、运输部、财政部等的相关负责人,现场对递交的材料进行审阅,并由每一位负责人针对相关领域提出两个问题,项目成员派代表进行回答。

3. 记者提问:学生扮演电视台、纸媒、网络媒体记者,针对项目提出三个问题,并由项目成员派代表进行回答。

课堂(后)任务:召开发布会,后续公示,说明项目过审/不过审的原因。

表3 环境部评价表

项目	指标	评价		
		A	B	C
濒危动物	对沿途濒危动物栖息地的影响。 (途径自然保护区的数量:数量越少,评分越高)			
植被	对沿途植被的破坏程度及善后修复是否及时到位。 (修复方案的专业度与及时性:专业度越高,越及时,评分越高)			
水源	对地表水体污染控制或对流动水体阻隔的影响。 (污染越少,阻隔越少,评分越高)			
空气	对新能源潜在残存污染物排放量的预估。 (污染物排放越少,对辅助的化石能源依赖程度越小,评分越高)			

表4 运输部评价表

项目	指标	评价		
		A	B	C
沿途基建	需额外建造的基础设施,包括但不限于隧道、桥梁、电缆等。 (额外建造越少,评分越高)			
运输效率	新能源的供电速度能否适配列车的运行时效。(供电站点充电的频次越少,充电时间越短,评分越高)			
运输效益	列车运能所产生的效益。(包括但不限于人口流动、物资价值等,人口流动越频繁、越密集,物资价值越高,评分越高)			
故障措施	面对运输故障的解决方案。(包括但不限于检修速度、后续效果等,检修速度越快,后续遗留问题越少,评分越高)			

表5　法务部评价表

项目	指标	评价		
		A	B	C
职能框架	项目责任框架明晰程度能否对应具体的责任人。（层级越清晰,责任落实越到位,评分越高）			
经费	政府津贴占比及回本周期长度。（津贴占比越少,回本周期越短,评分越高）			
合同规范	合同双方供给关系的明晰程度,责任及违约制度的落实细则是否到位,付款方式是否合理。（合同主体内容越清晰,细节越明确,评分越高）			
专利	项目中的核心技术点数量,以及对应的自主研发程度。（核心技术点数量越多,自主研发程度越高,评分越高）			

注:表3、表4、表5中,A评分最高,表示评审通过;B次之,表示有待改进;C最低,表示可行性低或方案需重新起草。

四、成果反思

究竟设计怎样的跨学科单元学习主题能够在捕捉热点问题的同时,激发学生的探究意识,形成跨学科的综合运用体验?

学生通过探究新能源在跨区域货物运输领域的运用,在学以致用的同时,深化了对我国国情的认知;根据学校跨学科的实施校情,本方案在注重促进学生人地协调观习得的同时,以实地调查与汇报为主要学习形式,达成以实践为目标层级的跨学科能力;以新闻发布会作为本方案的终结性评价方式,为各课时的教学明确了目标指向。

各课时的活动形式囊括了对教材基础知识的巩固、对专题内容的自主探究、对校外任务的实践、对项目化任务的分工。多样化的活动形式,既契合本方案所呈现的现实意义、复杂的情境线索与开放的学习环境,也突出了学生在单元教学活动中的主体地位,便于教师更好地实施过程性评价。

当然,在试图充分调动每一名学生的同时,教师搭建的学习支架是否具有普适性,任务的挑战性是否能让每一名学生做到从容应对,需要教师在方案实施中及时关注与修正。

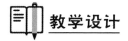**教学设计**

第3课时　跨区域新能源货物运输的产业布局

上海宝山区世外学校　徐悦廷

一、主题介绍

在清洁能源被广泛运用于各个生活角落的今天,以铁路运输为首的大规模货物运输,依旧以消耗着大量化石能源的方式,支撑着整个国家的物流命脉。如何破解这个难题? 宝山世外的七年级学生通过课堂自主探究尝试进行破解。

二、学情分析

本堂课的教学对象是学校七年级的学生。在学习本主题之前,学生已经完成《地理》七年级第二学期的所有新授课,对我国工业与交通运输的概况有了初步的认知。也通过课堂与校本作业中的部分案例,了解了自然对人类活动的影响,以及人类活动对自然资源的利用。

在本堂课之前,学生已经通过本单元2课时的学习,了解了我国的货物运输现状、清洁能源整体布局,有了较为充足的学前准备。本堂课,学生将基于所学知识,通过地图组图比较、职能部门划分等形式,为清洁能源在我国货物运输中的介入出谋划策。

三、教学目标及重难点

（一）教学目标

1. 通过组图式比较法,对课时中研究的四条铁路沿线的清洁能源供电配置进行比较,并说明最优配置线路,给出评价结果。

2. 通过对跨区域新能源货物运输线路设置电池组和工程项目组,明确地理学科中产业布局对自然因素的利用以及产业布局受自然因素的制约,加强人文地理与自然地理之间的关联能力。

3. 通过对跨区域新能源货物运输线路设置电池组、工程项目组和法务组,提升将劳动、道德与法治等学科和地理学科融合的跨学科学习技能。

（二）教学重难点

提升跨学科学习中对学习工具的选择能力，体验分工合作的学习过程以及学习评价。

四、教学准备

针对本堂课展现的学生文本材料运用、小组合作与观点表达能力，做出如下教学安排。

表1　课堂教学准备

教学年级和课程类型	七年级	基础型课程	课堂教学课时预估	1课时
学生课前准备	有	不同交通运输方式相互间的优劣 现阶段在交通运输中的清洁能源的类型 我国主要清洁能源的分布		
活动条件	相关场地、仪器设备、信息素材等资料	七年级地图册、多媒体教室、学习任务单、联网电脑		
	执教教师安排	地理学科教师		

五、教学过程

（一）导入

【回顾】先前课时教学中提到"北煤南运"与"我国跨区域能源调配工程"。

【揭示】"北煤南运"在运输能源的同时消耗能源，"跨区域能源调配"说明了国土辽阔、能源地与负荷地错位分布。

【说明】我国货物运输量巨大，铁路货运能耗多。清洁能源的介入或将解决相关问题。

【意图】体现单元教学前后内容联系，引出主题。

（二）清洁能源货运线路测评

【呈现】先前课时中提到的我国的四条货运量较大的铁路干线:兰新线、成昆线、焦柳线、大秦线。

【提问】"试点"的含义:①说明项目之前未曾涉足;②工程难度偏小。

【举例】通过不同的主题地图,列举影响线路建设难度的主要因素。

四条线路作为试点项目的影响因素比较:

表2　清洁能源货运线路测评要素

线路	长度	沿途地形	沿途气候	沿途人口	沿途货物类型	就近的清洁能源基地
兰新线						
成昆线						
焦柳线						
大秦线						

【学生活动】通过翻阅地图及其他相关资料,说明自己选择某条铁路干线作为试点线路的原因。

【意图】加强学生利用资料工具分析问题的能力。

（三）职能部门划分

【呈现】以新能源汽车为例,从电池、组装、设计、销售等方面,说明产业分工的重要性。

【意图】为清洁能源铁路货物运输的部门划分做好铺垫。

【分组说明】教师说明将全班学生划分为三大部门11个小组的理由及相关职责。

表3　职能部门划分

大组	小组
电池组	① 采矿队
	② 电池生产基地选址
	③ 电池与列车的容积、装置搭配
	④ 电池性能

（续表）

大组	小组
工程项目组	⑤ 能源的接入形式
	⑥ 供应商对接
	⑦ 工人招聘
法务组	⑧ 电池规格
	⑨ 劳工安全
	⑩ 线路沿途的生态
	⑪ 合同审核

人数建议:2—3 人/组。

（四）构思与评价建议

完成活动单上各小组的分工任务。

【所需工具】联网电脑、展台

【活动形式】

1. 查阅资料,完成各小组学习单上的对应任务。

2. 各小组依次上台叙述各自的研究成果,表达相应观点。

（五）板书总结

1. 有针对性地选择学习工具。

2. 诸多学科领域中分工与合作必不可少。

3. 学会对他人研究成果进行评价。

六、学习评价

本堂课中,教师通过大组任务与子任务,在明确分工的同时,又借助全班学生的参与,将子任务进行合理分配,形成了"三两合作"机制,既聚焦了任务主题,又动员了全体学生。为了更好地评价学生的学习能力与学习成果,本堂课的教学设计突出了以学生为主体的学习方式,更有利于教师观察学生的学习过程,实施过程性评价,并为在单元后续课时中呈现新闻发布会做好了充分准备。

表4　评价要点与评价方式

小组评价	评价要点	1. 对于学习任务单上的方案及思考活动,能够呈现出不同组员之间观点或想法的互补性。 2. 探究环节中,能够通过相关设备及资料,形成"资料查找—资料提取—资料汇总"的明确分工及流程模式。 3. 上台展示环节中,能在明确给出小组观点的同时,体现组员在细节方面想法的多样性。
	评价方式	1. 小组自评:小组成员对照评价表,自己评等第。 2. 教师以评价表为标准,对学习任务单进行审核,评等第。
个体评价	评价要点	1. 熟悉教材中的地图,能够根据任务快速且广泛地搜集相关信息地图。 2. 法务组对电池组及工程项目组的评价是否合理、到位。(生生评价)
	评价方式	1. 学习任务单完成情况审核。 2. 课堂表现评审。

表5　课堂评价表

评价内容	优秀	良好	合格
清洁能源货运线路测评	能通过4张及以上专题地图对应铁路线路,对清洁能源接入的可行性进行评价。	能通过2—3张专题地图对应铁路线路,对清洁能源接入的可行性进行评价。	能通过1张专题地图对应铁路线路,对清洁能源接入的可行性进行评价。
现场分组	能迅速找到自己的小组,并在小组成员过多时主动更换组别。	能迅速找到自己的小组,能在教师的调剂下接受换组安排。	对自己所属小组较为犹豫,且通过教师调剂依旧无法体现愿意接受调剂的意愿。
分组任务	学习单完成率高,绘图清晰,在学习单基础上能呈现较多个人独到的观点。	学习单完成情况较好,但表达一般;学习单完成情况一般,但表达能力较强。	学习单完成情况与表达能力均一般。

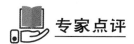

专家点评

　　新能源战略既是实现"碳达峰、碳中和"的必由途径,也是实现我国能源自主和安全的关键所在。优化交通运输结构、推广节能低碳举措是我国实现"双碳"目标的既定策略之一。

主题单元以实现大区域"绿色物流"为探究问题和情境,以"货物运输现状—清洁能源分布—跨域绿色物流—现存问题讨论—发布解决方案"为主线,贯穿学生的学习和探索始终,单元内容和教学结构合理,各课时内容的内在联系密切。

单元(第 3 课时)学习实施期间,学生为了解决"跨区域新能源货物运输线路试点"这一复杂问题,按电池、工程项目和法务进行分组。各组分别对电池原料(矿产)、电池生产基地选址、电池性能、能源接入方式、务工、试点线路沿线生态、合同审核等诸多现实问题进行探讨和组间交流。这种设计促使学生为了解决现实问题,自发地融合与运用地理、劳动(工程技术)、道德与法治等学科的知识,有效地打破了学科体系间的藩篱。

该主题单元选题紧扣国家战略方针,注重对真实问题中复杂情境的精细设置,使学生在解决具体问题的经历和体验中不断增强实践能力,是一种值得探索的设计思路。

点评人:上海师范大学　王　初

初 中 历 史

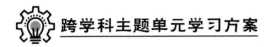

跨学科主题单元学习方案

探寻"沪"住弄堂,传承家乡资源

上海市世外中学　张丽娜　王晓丹　齐锦文

一、主题概述

　　"探寻'沪'住弄堂,传承家乡资源"跨学科单元主题教学设计,以上海传统民居弄堂的历史沿革、人文内涵为主线,结合地理、语文及艺术学科的相关知识,引领学生对上海弄堂进行探究,认识弄堂作为历史文化遗产之于中国及上海的价值;在小组合作走访调查过程中,帮助学生学会资料的收集和分析,形成史料实证的意识;通过对弄堂历史及现实意义的探索,形成保护及传承弄堂文化的方案及作品,培育学生对家乡的归属感和认同感。具体见表1。

表1　信息汇总表

学校:上海市世外中学	
主题名称:探寻"沪"住弄堂,传承家乡资源	
核心学科:历史	关联学科:地理、语文、艺术
教师小组:张丽娜、王晓丹、齐锦文	
年级:八年级学生	主题时长:3课时
相关核心素养:时空观念、史料实证、历史解释、家国情怀	
驱动性问题: 如何提升上海中学生对上海传统民居弄堂的认识、保护及传承意识?	
主题学习成果: 弄堂文化的宣传及保护倡议、面向上海各中学的弄堂文化推广方案作品	

(一)单元主题的学情分析

　　党的二十大报告提出:加大文物和文化遗产保护力度,加强城乡建设中历史文化的保护,促进文化遗产的保护传承,有助于更好地体现地域特征、民族特色和时代风貌。上海的弄堂建筑是时代的缩影,上海的弄堂文化是地方历史的"活化石"。保护与传承上海弄堂文化遗产不仅需要政府有关职能部门和民间人士的通力合作,也需要中学生的积极参与。弘扬家乡弄堂资源,争做上海弄堂的守护者、文化传承的接力者,既是中学历史学科新课标的要求,也是培育中学生家国情怀的重要路径。

八年级学生已掌握一定的乡土历史知识,能够对身边的历史进行自主观察、发现问题,并具备实践调查、收集资料以解决实际问题的基本能力。本主题活动将引导学生结合上海弄堂变迁的时空信息与弄堂变迁中承载的人、事、物,通过小组合作探究,发展分析和解决问题的能力。

(二)真实情境下的问题驱动

历史文化遗产是人类宝贵的不可再生资源,是中华文化持续传承的历史见证。在历史发展的长河中,弄堂建筑作为上海传统民居的代表,经过不同时期、不同文化环境的浸润、发展,形成了丰富多彩的形态,见证了中西文化交汇,塑造了上海城市精神,成为中国传统民居建筑的瑰宝。改革开放以来,随着城市化进程加快,一栋栋现代化住宅在上海拔地而起,传统弄堂慢慢淡出了人们的视线,弄堂承载的人文精神也在逐渐淡去,上海中学生更是鲜少关注。"如何提升中学生对弄堂的认识? 如何调动中学生传承家乡资源?"成为一个现实的问题。由此,本单元主题教学设计以"如何提升上海中学生对上海传统民居弄堂的认识、保护及传承?"为驱动性问题,以实地走访调查、收集分析史料、设计制作宣传和传承弄堂文化的方案作品等形式,引领学生学会用历史的眼光关注弄堂文化遗产。

(三)跨学科主题学习,促进核心素养发展

乡土资源是学生身边的资源,也是学生最易接受的资源。本主题活动立足历史学科,从上海乡土资源的保护及中学生对家乡资源的认识状况中提炼出真实问题,引导学生通过史料收集、整理及分析,认识保护传承弄堂文化的重要性;结合地理学科中自然地理因素对城市发展的影响,引导学生分析自然地理因素对近现代上海弄堂建筑的影响;结合语文学科中文学作品与时代的关联,通过弄堂中涌现的文人学者、市民"烟火"、童趣游戏等,体会弄堂在塑造上海人文性格和精神面貌等方面的作用;鼓励学生运用艺术学科所学,制作宣传弄堂文化的作品。在跨学科的综合实践中感知历史学科与其他学科的关联，体会历史与现实之间的密切联系，形成以史为鉴、知史而行的意识。

二、主题学习目标及教学重难点

1. 以中国古民居为例，知道分析传统民居的要素（如建筑造型、材质、规模、颜色等）；通过对比各地传统民居，分析影响民居发展的因素，掌握分析传统建筑变迁的方法。

2. 运用实地考察、调查访问及文献检索等方法，梳理近现代以来上海弄堂演变的资料，了解弄堂变迁的历程；通过纵向和横向对比，认识不同历史时期政治、经济、外交等因素对上海弄堂的影响，进而理解时空要素、不同类型的史料是研究历史的重要因素，培养集证辨据的思维。

3. 通过调查问卷、数据分析的方法，发现真实问题，明确主题活动进一步拓展延伸的方向，进而提出解决问题的方法和策略。

4. 通过对上海弄堂的调研，利用语文、艺术学科的知识，设计宣传弄堂文化的方案作品，欣赏家乡的历史文化资源。

教学重点：基于真实问题，通过史料收集、分析，制作弄堂保护传承的方案或作品。

教学难点：理解弄堂之于中国及上海的价值。

三、实施进程

（一）单元教学流程

本单元主题学习活动设计基于身边的历史文化资源，倡导学生从跨学科角度综合认识传统民居弄堂。为更好地实现学科育人目标，除了常规课堂教学外，更需要引导学生走出教室进行实地调研、学习。通过对收集的资料进行整理及讨论，感受弄堂背后折射的上海近现代历史的变迁，理解上海独具特色的精神风貌；在分析调查数据中发现问题，形成保护宣传弄堂的认识；通过绘制弄堂建筑和文化的宣传图册作品或方案，践行传承家乡文化，树立爱家乡、爱祖国的信念。

依据单元教学目标，本单元主题学习活动采用问题链分解方式设计教学进程。具体见图1。

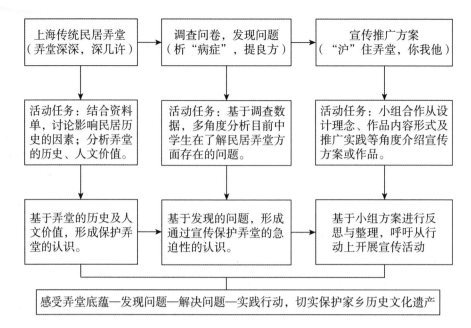

图 1　单元教学进程流程图

依据单元教学目标,具体课时安排及落实细则如下。具体见表2。

表 2　跨学科主题活动课时安排及细则

课时安排	课时落实细则	备注
课时一	1. 分类视角下,了解上海传统文化; 2. 分析影响中国传统民居的因素; 3. 结合上海弄堂形态演变图,讲述上海弄堂变迁历史,并由学生讨论、分析影响弄堂发展的因素; 4. 根据下发的主题活动资料,交流讨论弄堂作为传统民居的历史、人文、艺术等方面的价值。	主题活动资料包括: 1. 上海弄堂形态演变图(具体见图2); 2. 里弄中从事革命地下活动部分旧址表(具体见表3); 3. 里弄中部分文化名人表(具体见表4)。
课时二	1. 基于调查问卷,分析中学生对上海弄堂的了解状况,发现存在的问题; 2. 实地调查走访,进一步获取弄堂相关资料,丰富对弄堂文化的认识; 3. 交流探讨,思维碰撞,师生讨论宣传对策及建议。	下发评价量表(具体见表5),完成其中"宣传建议"一栏的打分。
课时三	1. 以小组为单位,从设计灵感、具体的方案、实施/推进等方面介绍宣传方案及作品; 2. 从内容、表达、可推广性等角度进行师生点评,呼吁学生实施保护宣传行动。	依托评价量表(具体见表5),基于小组的具体方案完成打分。

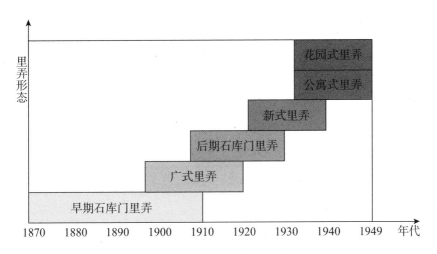

图 2　上海弄堂形态演变图

表 3　里弄中从事革命地下活动部分旧址表

革命活动年份	革命活动旧址	弄堂地址
1920	毛泽东安义路寓所	安义路 63 号（慈厚南里）
1921	中共一大会址	兴业路 76 号（树德里）
1920—1921	《新青年》编辑部	南昌路 100 弄 2 号（老渔阳里）
1921	博文女校	太仓路 127 号
1922	中共二大会址	成都北路 7 弄 30 号（辅德里）
1923—1926	《中国青年》编辑部	淡水路 66 弄 4 号（朱衣里）
1925	中共四大会址	东宝兴路 254 弄 28 支弄 8 号
1927	上海工人第三次武装起义发布命令地点	自忠路 361 号（西城里）
1928—1929	澎湃在沪活动地点 中共中央军委机关旧址	新闸路 613 弄 12 号（经远里）
1934	中共明华坊秘密印刷厂	霍山路 43 弄 45 号（明华坊）
1937	八路军驻沪办事处	延安中路 504 弄 1 号（多福里）

——据《老上海石库门》（娄承浩等著，同济大学出版社 2004 年出版）整理

表4　里弄中部分文化名人表

文化名人	地址	年份
秋瑾	四川北路1515弄永丰坊	1906
陈独秀	南昌路100弄2号	—
叶圣陶	横浜路36弄景云里11号	—
夏衍	唐山路685号	1930—
田汉	瑞金二路409弄日晖里41号	1927—1930
鲁迅	横浜路35弄景云里11甲	1927
茅盾	横浜路35弄景云里11甲	1927
徐志摩	延安中路四明村	1928
郁达夫	常德路81弄嘉禾里	1928—1933

——据《老上海石库门》(娄承浩等著,同济大学出版社2004年出版)整理

(二) 评价方式

本单元主题学习活动的实施不仅要求学生掌握历史、地理及艺术等跨学科知识,还要求学生掌握收集及检索资料、资料分类及梳理、从不同角度分析资料的基本技能和方法,同时教师更应关注学生在活动过程中跨学科知识的应用、思维方式的转变乃至综合素养的提升。因此,本主题学习活动的评价应包括过程性评价和结果性评价、教师评价和学生自评、学生互评等多个层面。同时,评价标准应与"知识掌握""能力提升""情感态度及价值观变化"三个维度结合。具体见图3。

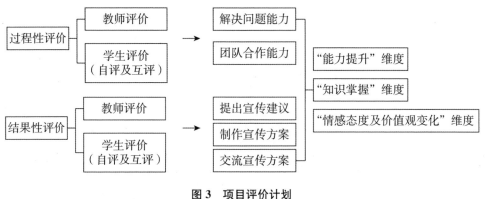

图3　项目评价计划

表5　学生评价量表

评价维度	评价等级			评价方式		
	合格	良好	优秀	师评	学生自评	学生互评
宣传建议	针对性不强。	针对性强,有推广的可行性。	针对性强,且可操作性、推广性程度高。			
作品内容	较为贴合主题。作品涵盖弄堂某一方面的情况。	贴合主题,内容较为丰富,能涵盖弄堂两方面的情况。	贴合主题,内容丰富多彩,多角度展示弄堂的价值。			
作品设计　设计形式	作品不美观,形式单调。	作品整体较美观,有观赏性。	作品整体美观,观赏性强。			
作品设计　方案可行性	不具备宣传性及推广性。	整体具备宣传和推广价值。	宣传性和推广性高。			
交流表述	汇报思路不清晰。	语言表达流畅。	语言表达流畅清晰。			
协同合作	体现小组合作,有简单的任务分工;小组成员能合作完成部分任务。	分工较明确,展现出较充分的合作关系,合作完成各项任务。	分工明确合理;成员协同合作完成各项任务;完成任务的过程中,成员及时沟通,互帮互助,根据项目的实施情况及时调整任务分工。			
总评						

四、成果反思

　　本跨学科单元主题学习活动方案设计注重教、学、评的一致性,立足对真实情境的了解,形成驱动性问题,即本主题学习活动的核心问题。为解决核心问题,在设定单元教学目标时,对核心问题进行拆解,形成问题链,进而设计学生活动,以推进主题学习活动的进程。通过梳理时代变迁与传统民居演变之间的关联,学生理解了弄堂承载着近代以来列强入侵的危机、仁人志士的革命救国、学者大家的以文(章)明志(向)、市井百姓的烟火生活等内涵,形成了上海独特的文化形象,也塑造了上海城市的精神面貌,体会到弄堂作为载体的价值力量。通过引导学生分析中学生对上海弄堂了解情况的调查问卷数据,认识到宣传、传承弄堂文化刻不容缓;通过小组合作实践调查,在进一步丰富对弄堂历史及价值的认识的同时,制订宣传弄堂的方案。整个主题学习活动既培育了学生合作讨论的意识,也进一步提升了学生通过实践活动解决问题的能力,涵养了家国情怀。

本主题学习活动在实施过程中也存在一些问题:一是某些问题情境的创设不够具体合理,难以引发学生深层次的思考,如在落实弄堂所承载的红色基因时,创设的情境较为抽象,导致学生的思考力度不深,得出的结论浮于表面;二是某些问题设计得过于笼统,如"弄堂之于上海人的价值是什么?"等,学生难以准确把握问题实质。

 教学设计

第 1 课时　弄堂深深,深几许
——走进上海传统民居弄堂
上海市世外中学　张丽娜

一、内容主旨

石库门弄堂是上海最具代表性的民居建筑,也是上海城市风貌的重要组成部分。作为上海近代民居的主体,其承载着近代上海的救国运动、进步文学和市井"烟火"。近代上海弄堂建筑的变迁沉淀了独具特色的弄堂文化,塑造了上海城市的精神特质。

二、学情分析

八年级学生已完成了中国近现代历史的学习,能较完整地依据教科书梳理近代中国及上海发生的重大历史事件,理解这些历史事件的影响。同时,他们已初步掌握了多维度、辩证看待历史事件和历史现象的方法,具备了一定的透过表层现象看历史发展本质的能力。

弄堂是学生身边习以为常的资源,以此为切入口开展教学活动易被学生接受。将相关资源引入课堂,能更好地帮助学生认识弄堂的历史和人文价值,养成保护弄

堂建筑、挖掘弄堂文化的责任感。

三、教学目标及重难点

（一）教学目标

1. 运用地理、历史、语文等多学科知识,分析各地传统民居的特色及成因,理解特定地域、特定时代的历史状况、文化传统等因素造就了各地独特的民居建筑。

2. 通过迁移应用,了解弄堂的特色及成因,理解近代上海特殊的时代背景形成了中西文化交融的建筑风格,也造就了弄堂的红色革命基因及独特的亭子间文学,进而塑造了上海特有的弄堂文化。

3. 通过对弄堂建筑价值、历史人文价值的分析,感受弄堂的内涵,养成对城市传统文化的责任感与自豪感。

（二）教学重难点

教学重点:弄堂的人文价值。
教学难点:弄堂变迁与时代的关系。

四、教学技术与学习资源应用

教学课件、项目资料单。

五、教学过程

导入:观看一段走红网络的视频(视频内容又搞笑,又让人感叹)。

设问1:该视频围绕什么主题内容展开? 视频的发布能起到什么作用?

设问2:作为一名上海的中学生,如果让你拍摄一段反映上海传统特色的视频,你的视频中可能会包含哪些元素?

【设计意图】通过反映地方传统文化的视频吸引学生兴趣,引出上海的传统文化及传统民居建筑。

环节一:览民居,析时代风貌

出示中国典型民居建筑的图像史料及相关介绍。

设问1:以上传统民居在哪些方面独具特色? 这些特色民居的形成与哪些因素有关?

借助表格梳理上海传统民居弄堂的沿革历史。

设问 2:弄堂具有怎样的建筑特色? 它的出现及形成的特色与哪些因素有关?

设问 3:有人说,纵观石库门弄堂的产生和变迁,是中国近代史的一个缩影。你如何理解这句话?

【设计意图】通过示范分析传统民居特色及成因,迁移运用到分析弄堂。通过梳理弄堂建筑的沿革历程,对比其他民居建筑,理解弄堂建筑出现在近代中国的上海这一特殊的时代际遇下,融汇了西方文化和中国传统民居的特点,感悟民居建筑同样也承载着时代的烙印。

环节二:弄堂的"筋骨"与"血肉"

出示在里弄中从事地下革命活动、进步教育和中共活动等旧址的史料。

设问 1:弄堂见证了近代上海哪些方面的历史?

设问 2:可否再补充两则与上海有关的历史事件?

设问 3:弄堂之于上海,其价值意义体现在哪里?

【设计意图】回顾近代上海发生的重大历史事件,基于表格内容分类,通过弄堂中发生的历史事件及对中国近现代史的影响,理解弄堂的历史人文价值。

出示近代上海的文人图像史料,讲述鲁迅等人在上海定居创作的故事。

设问 4:"亭子间"特指什么地方? "亭子间"的居住环境有何特点?

设问 5:基于"亭子间文学"现象,弄堂之于上海乃至中国,还有何独特的意义或价值?

【设计意图】通过讲述近代文学家弄堂创作的故事,感受特殊时代背景下文人学者文化救国的胸怀,赋予弄堂以独特的救国文化内涵。

环节三:弄堂的"烟火气"

学生代表分享弄堂生活故事,了解弄堂市民生活。

设问 1:可以用哪些词描述或形容上海人的性格或形象?

设问 2:弄堂建筑与上海人的性格或形象有什么关系?

【设计意图】通过采访亲历者,感受弄堂中市民的生活细节,理解弄堂凝结着上海的温情,沉淀着上海的韵味,影响着上海的价值观念和精神面貌,感悟弄堂与上海城市变迁的关系。

六、作业设计

利用双休日,以小组为单位实地走访调查,进一步探索弄堂市井文化,进一步讨论弄堂的其他价值,形成小组的弄堂价值报告。

七、板书设计

传统民居弄堂

建筑风格
红色基因
人文气息
市井风情

弄堂文化

 专家点评

"探寻'沪'住弄堂,传承家乡资源"跨学科单元主题教学设计以上海典型城市民居——弄堂为主题,选择上海学生日常生活中熟悉而又陌生的题材,其选题为该单元主题教学的顺利实施打下了良好的基础。上海弄堂建筑承载着上海近现代历史的变迁,蕴含着极其丰富的文化内涵。了解上海弄堂建筑、传承上海弄堂文化具有重要的历史价值和现实意义。

本跨学科单元主题教学设计方案立足历史学科,基于八年级学生基础知识的掌握和史学思想方法的习得,借助地理、语文、艺术等学科知识和技能,利用真实情境引导学生发现真问题,形成问题链,开展真探究,以唯物史观为引领,落实历史学科的时空观念、史料实证、历史解释等关键能力,指向爱国爱家乡的家国情怀;方案规划具有可操作性,以若干课时构成单元主题,课时设计照应单元总体目标,通过课时实施分步落实,逐级提升。

本跨学科单元主题第1课时的内容主旨适切单元主题,重点难点的确立准确到位,教学过程的铺展符合学生的认知逻辑和教学目标,课堂教学中既呈现了上海弄堂文化的建筑风格、红色基因、人文气息和市井风情,又传递了"弄堂建筑的出现与特定的时代背景相关联,塑造了上海城市的精神特质"这一基本认识,有效落实了教学目标。

本跨学科单元主题教学设计方案中评价量表设定的指标尚有可提升之处,以使评价指标更契合本主题学习内容,更具操作性。

点评人:上海市奉贤区教育学院　朱志浩

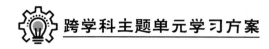

跨学科主题单元学习方案

推广上海国货品牌——"大白兔"

上海宝山区世外学校　冯　烨　张馨磊　胡嘉琪

一、主题概述

（一）背景与情境

国货老品牌不仅承载了城市记忆,更能以小见大地折射出新中国波澜壮阔的发展历史。它们曾是时代的弄潮儿,代表着特定时代经济发展的方向。但时过境迁,当今许多国货品牌发展渐显乏力。虽然"蜂花保卫战"等热议话题让部分国货品牌再度成为社会关注的焦点,但更多的国货品牌仍默默地消失在了日常生活中。因此,加强对国货品牌的重视和保护已经刻不容缓。

本跨学科单元主题教学设计以上海国货品牌"大白兔"为切入口,通过模拟品牌推广的真实情境,引领学生感受新中国的经济发展历史,助力国货品牌以年轻活力的形象再次进入大众视野,鼓励学生主动承担社会责任。

（二）育人价值

本跨学科单元主题教学设计旨在利用上海国货品牌"大白兔"的发展历史,在"大白兔"品牌推广方案的推进过程中,融合历史、语文、道德与法治等学科核心素养,运用跨学科知识完成相关任务,逐步培育学生的唯物史观、时空观念、史料实证、历史解释和家国情怀等历史学科核心素养,提升思辨探究、审美情趣和创意表达等能力,感受国货品牌的艰难发展和不断创新,进而引导学生理解中华人民共和国成立后社会主义制度的建立和探索、中国特色社会主义道路的发展,树立对中国式现代化发展道路的自信,养成爱祖国、爱家乡的责任感和使命感。

（三）内容结构

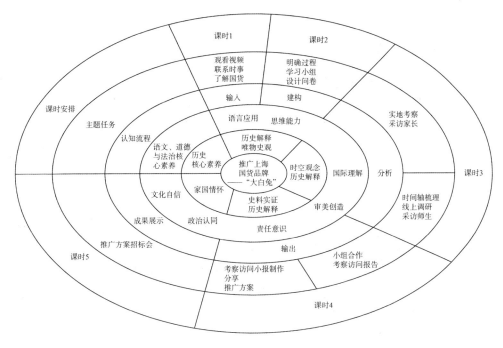

图 1　单元内容结构图

（四）学情分析

在初中各学科的学习中,学生虽未直接接触过国货品牌的内容,但在历史、道德与法治等相关课程中已经对中国经济改革的内容,尤其是对社会主义市场经济体制有了基本的了解,知道上海作为改革开放前沿城市,可以"以点见面"地反映中国的经济发展。同时,八年级学生也具备了一定的学科学习能力。

如历史学科《中国历史》第四册第三单元《中国特色社会主义道路》要求了解社会主义市场经济体制和改革开放。道德与法治学科八年级上册《社会生活讲道德》要求了解诚信是企业无形的资产;八年级下册《基本经济制度》要求了解我国社会主义市场经济体制把社会主义制度和市场经济有机结合起来,充分发挥市场在资源配置中的决定性作用。语文学科要求学生具备一定的语言、思维运用能力,形成审美创造的基础以激发文化自信。

本跨学科单元主题教学设计也可以为九年级《道德与法治》的学习做铺垫,有助于学生在九年级的学习中更好地坚定文化自信,发展中国特色社会主义文化,推动中华优秀传统文化创造性转化、创新性发展,不忘本来,吸收外来,面向未来,不断铸就中华文化新辉煌。

二、主题学习目标

本跨学科单元主题教学设计旨在通过引导学生在探究"如何推广上海国货品牌——'大白兔'"的过程中,切实培养语文、历史、道德与法治学科的核心素养。

1. 通过复习《中国历史》中的《中国特色社会主义道路》,巩固关于中国的经济制度知识。

2. 通过设计家长采访问卷和本校师生采访问卷,培养目标引导下的语言表述、建构和运用能力。

3. 通过实地考察、调查访问,了解"大白兔"品牌目前线下市场的状况,感受"大白兔"品牌在稍长年龄人心目中的品牌认同和情感连接。

4. 通过登录冠生园官网,用时间轴的方式梳理"大白兔"品牌的历史,分析品牌背后的时代背景,以小见大,感受一个品牌的发展能见证一段历史的变迁;通过登录淘宝"大白兔官方旗舰店"、京东"大白兔京东自营旗舰店"等,了解国货品牌"大白兔"的现状。

5. 通过实地考察"大白兔"品牌的线下专柜和线上渠道,整合、归纳并分析"大白兔"品牌最新的推广方式,提升整理、比较、筛选史料的能力。

6. 通过采访本校学生和教师,了解"大白兔"在年轻人中的认知程度(即侧面体现"大白兔"现有推广方式的效果),以及他们对于零食和休闲娱乐活动的偏好。通过合理设置群体探究的角度,提升运用概括能力,做出有效分析,并以此来找到推广品牌的方向。

7. 通过整理、比较、筛选所获实物、口述材料、演示文稿,提升学生对于史料的筛选、整合、分析运用能力;通过综合学习成果,小组合作编写品牌的推广方案,提高在具体情境中运用实用性文本撰写的能力。

8. 通过举办"大白兔"品牌市场推广招标会,让学习小组采用生动的形式展示学习成果——品牌推广方案,并将文字总结转化为口头表达,彰显社会责任意识。

三、实施进程

（一）单元实施流程

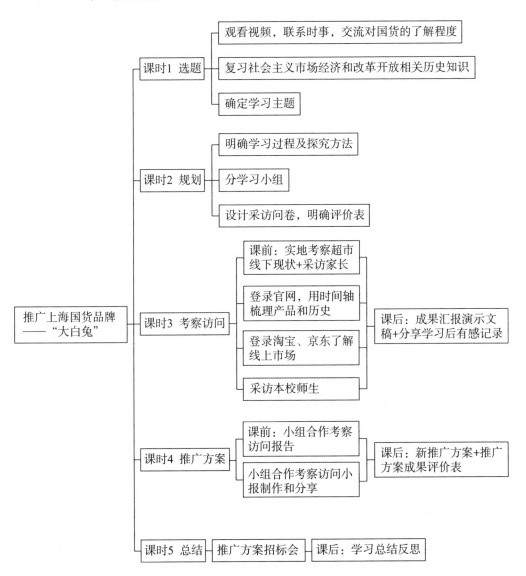

图 2 单元实施流程图

（二）课时安排

表 1　单元课时安排表

学习主题任务	实践任务	课时	学习成果
选题	任务 1：观看"蜂花保卫战"视频，联系生活实际，交流自己心中对"国货"的定义及对知名国货品牌的了解程度。	课时 1	1. 填写完成国货品牌已有认知。 2. 完成结构化思维导图。
	任务 2：复习《中国特色社会主义道路》一课内容，完成关于经济制度和改革开放相关知识的结构化思维导图。		
	任务 3：确定学习主题"推广上海国货品牌——'大白兔'"。		
规划	任务 4：明确学习过程及探究方法。	课时 2	1. 完成学习小组分组表格。 2. 完成两份问卷问题链的设计。
	任务 5：成立班级学习小组。		
	任务 6：设计家长采访问卷、本校师生采访问卷，明确考察访问成果评价表、推广方案成果评价表。		
实施（考察访问）	任务 7：实地考察居住小区附近的超市，填写线下超市走访调查表格，记录"大白兔"在超市的售卖情况；用家长采访问卷采访各自家长。	课时 3	1.（课前）完成线下市场情况记录表格。 2.（课前）完成问卷一的填写。 3. 完成时间轴的梳理。 4. 完成线上市场情况的记录。 5. 完成问卷二的填写。 6.（课后）小组完成演示文稿，个人完成分享学习有感记录。
	任务 8：登录冠生园官网，用时间轴梳理"大白兔"品牌的产品、历史和时代背景。		
	任务 9：登录淘宝"大白兔官方旗舰店"、京东"大白兔京东自营旗舰店"等，在学习手册上记录"大白兔"产品线上市场的情况。		
	任务 10：用本校师生采访问卷采访学校教师和六、七年级学生。		
	任务 11：结合上述口述和实物材料，制作成果汇报演示文稿，交流汇报考察访问成果，完成并分享学习后有感记录。		

（续表）

学习主题任务	实践任务	课时	学习成果
实施（推广方案）	任务12:通过整理、比较、筛选所获实物、口述材料,小组合作完成考察访问报告。 任务13:小组合作完成考察访问小报的制作和分享。 任务14:综合学习成果,小组合作编写品牌年度推广方案。	课时4	1.(课前)小组完成考察访问报告。 2.完成考察访问成果评价表。 3.完成分享学习有感记录。 4.(课后)完成推广方案报告和评价表。
总结	任务15:结合小组交流、汇报成果,举办一场"大白兔"品牌市场推广招标会。各组通过汇报演示文稿的方式,向教师组展示其品牌推广方案,由教师组作为"大白兔"品牌方,依据招标会成果评价表投票选择中标小组。 任务16:填写学习手册中的学习总结反思。	课时5	1.完成推广方案宣讲。 2.(课后)完成学习总结反思记录。

（三）教与学的方式

教师铺垫必备知识,提供教学资源,引领学生活动思考。学生围绕主题,以《学生手册》为主要学习支架,通过小组合作探究完成相关任务。

四、主题学习评价

（一）评价方式概述

评价方式:本跨学科单元主题教学设计的学习评价主要由形成性评价、终结性评价和其他评价参考材料构成。

1. 形成性评价(学生自评与他评):考察访问成果评价表＋推广方案成果评价表

2. 终结性评价(教师评价):招标会成果评价表

3. 其他评价参考材料:《学生手册》中的过程性记录

（二）学习单

1. 考察访问成果评价表

评价项目	评价指标	等级描述		
		非常符合	较符合	不符合
主题	能清晰围绕"了解'大白兔'品牌的产品、历史、现状"主题展开，并体现爱国情怀和社会责任意识。			
内容	能准确理解教学活动中所提供的可信史料，辨识其中的含义；能尝试运用这些史料对重要史事进行简要说明，有理有据地表达自己的看法，表现出正确的价值判断和人文情怀。			
语言	能用流程图等形式呈现学习成果；能整理相关学习内容，完善自己的认识，撰写活动总结；能借鉴他人的经验调整自己的表达；能根据需要，运用积累的语言进行口头或书面表达。			

评价者：_____ 评价日期：_____

2. 推广方案成果评价表

评价项目	评价指标	等级描述		
		非常符合	较符合	不符合
主题	能清晰围绕"推广上海国货品牌——'大白兔'"主题展开，并体现爱国情怀和社会责任意识。			
内容	能准确理解教学活动中所提供的可信史料，辨识其中的含义；能尝试运用这些史料对重要史事进行简要说明，有理有据地表达自己的看法，表现出正确的价值判断和人文情怀。			
语言	能运用实证性材料对相关问题作出合理的解释与推断；能通过梳理、分析材料提炼出自己的看法；能有条理地列出提纲，以策划书、调查报告等形式发表研究成果，力求格式规范、内容完整、条理清晰。			

评价者：_____ 评价日期：_____

3. 招标会成果评价表(教师填写)

评价项目	评价指标	等级描述		
		非常符合	较符合	不符合
主题	能清晰围绕本组推广方案主题展开,并体现爱祖国、爱家乡的情感,铸牢中华民族共同体意识,认同社会主义核心价值观,坚定中国特色社会主义道路自信、理论自信、制度自信和文化自信。			
内容	通过合作,能综合运用绘画、表演、创作等多种活动形式,角度新颖、新奇地开展本次活动,让人产生购买欲。			
语言	能就适当的话题做即席表达和有准备的演讲,有自己的观点,语言生动形象,有一定说服力。			

评价者:_____　　评价日期:_____

五、成果反思

本单元主题教学活动立足"双新"背景、社会时事热点和学生日常生活,创设了"推广上海国货老品牌"的情境,并围绕单元主题核心观点,设计了配套《学生手册》,融课时作业与单元综合评价于单元教学实施过程中,力求体现教学过程中教、学、评的一体化。同时,本单元主题教学活动借助语文、道德与法治等学科,落实历史学科核心素养。通过《学生手册》中时间轴的设计,引导学生运用时间尺度勾勒"大白兔"品牌的发展历史,培养学生理解历史事件的能力;通过问卷表格的设计和实施,以及超市等实地考察,助力学生学习口述史和对实物史料进行收集、整理和筛选,提升学生分析不同类型史料价值的能力;通过考察报告的撰写和分享,引领学生挖掘历史叙述背后的重要信息并进行归纳,建构类似文本撰写模型,提升学生跨学科学习的综合能力。

📖 **教学设计**

第 4 课时　"尽调"共分享

上海宝山区世外学校　冯　烨

一、内容主旨

本主题活动以"如何推广上海国货品牌——'大白兔'"为驱动性问题,以五四学制《中国历史》第四册第三单元《中国特色社会主义道路》为内容载体,结合语文学科、道德与法治学科相关知识展开研究。本课时通过模拟"大白兔"品牌推广前需要做详尽市场调查的真实情境,借助分享小组考察走访后制作的小报的方式,提升学生对于史料的处理、运用和说明能力,并在限定时间的小组合作中,提升团队协作能力。

二、学情分析

本课的教学对象是本校的八年级学生,在之前的 3 个课时中,学生已经完成了本主题相关知识内容的梳理、两份问卷(师生＋家长)的设计和采访、线上线下"大白兔"产品的市场情况考察,并记录于《学生手册》。在本课时课前,已经通过整理、比较、筛选已获取的实物、口述材料,以小组合作的形式完成了考察访问报告。本课时将对前期活动的阶段性成果进行班内分享和评价,并做好总结反思。

三、教学目标

1. (课前)通过整理、比较、筛选所获实物、口述材料,小组合作完成考察访问报告,提升对于各种类型的史料的筛选、整合、分析运用能力。

2. 通过小组合作完成考察访问小报的制作和分享,提升对于史料的处理、运用、表达能力。

3. (课后)综合之前的学习成果,小组合作撰写"大白兔"品牌年度推广方案,提高在具体情境中撰写实用性文本的能力。

四、教学技术与学习资源应用

教学课件、学习手册、展示小报等。

五、教学过程

教学环节	师生活动		设计意图/评价关注点
（一）主题回顾	1. 出示主题活动的驱动性问题。 2. 回顾之前三个课时已完成的大致内容，进行整体单元的内容回顾。 3. 展示小组分组名单和小组活动精彩瞬间。 4. 出示课题："尽调"共分享。		梳理活动进行以来完成的工作，对接下来的活动流程和方法有清晰认识。
（二）小组合作	1.（课前）以小组为单位进行前期材料的汇总和整合，并将信息加以处理，完成《学生手册》第10—11页的考察报告。 2. 根据已完成的考察报告，小组分工限时20分钟完成分享小报制作。		教师提示在考察小报中要充分运用、综合处理之前积累的历史知识结构图、口述史、线上线下实地考察等材料，采用多种形式呈现。
（三）成果分享	小组限时分享本组考察小报	当本组分享时，学生根据本组考察小报，填写《学生手册》第12页第7点考察访问成果评价表。	学生对自己和组内成员做出客观评价。
		当其他小组分享时，学生填写《学生手册》第13页第3点分享学习后有感记录。	学生能从其他小组的分享中，查漏补缺，发现学习他人的优点。
（四）案例提供	教师介绍某一商业品牌的年度市场推广方案实例，以此案例为示范给学生构建"大白兔"推广方案的大致框架。		引导学生从学习中掌握新知识，开辟新领域，培养新能力。
（五）课后活动	学生结合本组和其他小组的考察小报内容，以小组为单位为上海国货品牌"大白兔"编写年度推广方案，完成《学生手册》第14页的填写。		引导学生明确《学生手册》第15页推广方案成果评价表要求后，再完成推广方案的编写。

六、课时评价设计

（一）考察访问成果评价表

评价项目	评价指标	等级描述		
		非常符合	较符合	不符合
主题	能清晰围绕"了解'大白兔'品牌的产品、历史、现状"主题展开,体现爱国情怀和社会责任意识。			
内容	能准确理解教学活动中所提供的可信史料,辨识其中的含义;能尝试运用这些史料对重要史事进行简要说明,有理有据地表达自己的看法,表现出正确的价值判断和人文情怀。			
语言	能用流程图等形式呈现学习成果;能整理相关学习内容,完善自己的认识,撰写活动总结;能借鉴他人的经验调整自己的表达;能根据需要,运用积累的语言进行口头或书面表达。			

评价者:_____   评价日期:_____

（二）推广方案成果评价表

评价项目	评价指标	等级描述		
		非常符合	较符合	不符合
主题	能清晰围绕"推广上海国货品牌——'大白兔'"主题展开,并体现爱国情怀和社会责任意识。			
内容	能准确理解活动中所提供的可信史料,辨识其中的含义;能尝试运用这些史料对重要史事进行简要说明,有理有据地表达自己的看法,表现出正确的价值判断和人文情怀。			
语言	能运用实证性材料对相关问题作出合理的解释与推断;能通过梳理、分析材料提炼出自己的看法;能有条理地列出提纲,以策划书、调查报告等形式发表研究成果,力求格式规范、内容完整、条理清晰。			

评价者:_____   评价日期:_____

专家点评

"大白兔"品牌是上海著名的国货品牌,承载着几代人的记忆。历经数十年风风雨雨,该品牌一度悄无声息。如何提振国货老品牌,使之重新焕发生机是社会上时常讨论的话题。"推广上海国货品牌——'大白兔'"跨学科单元主题教学设计基于当下社会时事热点,创设了推广上海国货品牌的情境,并希望借此主题学习,既能有机整合不同学科知识与技能,落实学科核心素养,又能唤起学生关注国货品牌,树立家国情怀的自信,其选题具有重要的历史价值和现实意义,为类似跨学科主题的选择提供了较好的借鉴思路。

本跨学科单元主题教学设计方案能基于跨学科思路,立足历史学科核心素养,尊重八年级学生的认知实际,在历史课已掌握的时空观念、史料实证和历史解释等历史学科关键能力基础上巩固拓展,同时以"大白兔"品牌为载体,有机渗透家国情怀素养。值得一提的是,该设计方案提供了一整套行之有效的评价量表,覆盖了整个活动的全过程,评价指标的设定全面合理,体现了重结果更重过程的设计思想。从方案实施的效果看,该设计具有较强的操作性,学生从中获得了有益的锻炼。

建议本跨学科单元主题教学设计提供调查问卷、学生作品等必要资料,并进一步优化评价指标,使之更直观、更具操作性。

点评人:上海市奉贤区教育学院　朱志浩

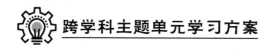

跨学科主题单元学习方案

解密会"说话"的南京明城墙

上海浦东新区民办远翔实验学校　顾　冉　曹　琳　王晶乐

一、主题概述

　　本主题活动是以 2022 年 4 月颁布的《义务教育历史课程标准(2022 年版)》(下称《新课标》)中跨学科主题学习活动要求为准绳,以我校"走进金陵·穿越古今"(下称"南京行")研学活动的校本资源开发为主线,在五四学制《中国历史》第二册第三单元《明清时期:统一多民族国家的巩固和发展》的知识背景下,结合地理学科、美术学科,促使学生在真实活动情境中依据学科知识和技能去领悟明城墙深厚的历史底蕴和文化价值,涵养家国情怀。学生通过实地考察、现场观摩,体会历史遗址的证史价值,形成初步的史料实证意识;在小组合作中,通过探究讨论、史料研读、分享心得,体会历史学习的路径和方法,培养解决问题的能力和团队合作精神。具体见表 1。

表 1　信息汇总表

学校:上海浦东新区民办远翔实验学校	
主题名称:解密会"说话"的南京明城墙	关联学科:历史、美术、地理
教师小组:顾冉、曹琳、王晶乐	
学习对象:七年级学生	主题时长:4 课时
相关核心素养:史料实证、历史解释、家国情怀	
驱动性问题:明城墙背后有什么历史故事?	
主题学习成果: 明城墙宣传视频、明城墙文创产品设计图、明城墙系列明信片、文化遗产保护方案	

（一）体验式活动的学情分析

本主题活动的对象主要为七年级学生。历史对七年级学生而言虽是全新的学科，但有不少学生基于之前语文、道法、地理、美术等学科的学习，对这些学科中的历史内容颇感兴趣；我校"南京行"又是一个传统活动，之前校方的预热宣传，更是让学生在掌握和运用历史知识的基础上，对"探究"这一学习方式产生了高度期盼；在日常历史教学中，借助教师的示范，学生对查找史料的途径、史料的分类及价值判断、解释等学史方法已有所了解，因此在主题活动前期，学生能根据所掌握的知识技能尝试对南京的地理位置、自然条件以及与南京相关的历史进行梳理。

《新课标》在跨学科主题学习活动知识图谱中列举了一个学习主题——在身边发现历史，旨在引导学生从身边的生活出发，探寻现实中蕴藏的历史，提升学生对历史的认识。本主题活动旨在借助历史研学的活动情境，引导学生理解历史知识的产生过程和历史认识的形成过程，进而能判断不同类型史料的价值，理解史料实证的重要性；通过教师示范、学生合作及小组探究，初步学会以历史的视角去观察、分析、比较，并能够模仿和迁移史学的思想方法，在日后相似场景中主动尝试解决类似的问题，由此提升历史思维品质，培育历史核心素养。

（二）真实情境下的问题驱动

我校已开展"南京行"研学活动十余年，学生借此活动走进金陵城，行走明城墙，在真实历史情境下去领略历史遗址的魅力。南京明城墙长度超过 25 千米，是现今世界上规模最大的古代城墙，两次入选《中国世界文化遗产预备名单》，南京市也成为"中国明清城墙"联合申遗牵头城市。本主题活动以"如何探究一处未知的历史遗迹？"为核心问题，以"明城墙背后有什么历史故事？"为驱动性问题，促使学生尝试以历史的视角去探寻明城墙兼具实物和文献史料背后的文化价值，在体验式活动中感悟中华民族优秀传统文化的博大精深，提升认同感；并通过对明城墙的所思所得，将这种思考应用到未来脚步可丈量的更多历史文化遗迹中。

（三）加强学科融合，落实核心素养

历史学科以立德树人为根本任务，《义务教育课程方案和课程标准（2022 年版）》中明确了历史学科的五大核心素养为唯物史观、时空观念、史料实证、历史解释和家国情怀。同时,跨学科主题学习所基于的发生点是学生在社会生活中遇到的问题,为解决问题需用到不同学科的知识、能力、方法、策略、观念等。因此,在解密明城墙这一活动中,学生想要全方位了解明城墙,首先就需调动地理知识,从地理环境、地域视角去了解其独特之处;明城墙为历史遗址,学生又需从历史视角,启发史学思维,利用多样化的史料查找途径,去搜寻并分析史料的价值。在进一步探究中,根据明城墙砖的多元化,学生能选择感兴趣的视角,小组合作进行探究和解读,体会实物史料在分析历史事件中的直接作用。在此过程中教师鼓励学生用历史角度来解读明城墙,帮助学生理解史学思想方法,形成历史思维。在此基础上,学生能用美术知识和技能来宣传明城墙,认识到明城墙背后是厚重的历史底蕴和源远流长的中华文化。在这样体验式的综合实践主题中感知历史与其他学科的关联,融合多学科技能,体会历史不止于课本,更融汇于生活,蕴含浓厚的人文价值情怀,能够让学生学习历史知识的同时掌握认识历史的方法,提高解决实际问题的能力。

二、主题单元教学目标及重难点

1. 尝试查找资料,了解明城墙的地理位置,梳理明城墙的建造历史,分析明城墙的地理位置、历史价值、保护现状等情况,掌握查找史料的多种途径和方法。

2. 通过史料研读、实地考察,运用史料互证法,了解南京明城墙砖文的现状,实地拍摄,积累砖文图像,增进对于南京明城墙文化内涵的理解,培养史料实证意识和历史解释能力。

3. 能通过资料自主学习,尝试选择其中一个视角来解读明城墙,与小组成员积极分享,积极完成小组任务,向同学提出或接受有价值的建议并改进,并在活动的过程中学会倾听与反思,培育批判性思维。

4. 通过对明城墙建造背后的故事的了解,认识到明城墙是优秀中华文化的见证,理解人民群众是历史的创造者,为明城墙制作专属明信片或手账,宣传中华文化,涵养家国情怀。

5. 勇于在大众面前交流讨论,合作探究解密南京明城墙,主动分享实践学习经验和成果,进一步发展乐于实践、敢于探究、合作交流、沟通表达的意识和能力。

6. 能在已有知识经验的基础上自主总结,积累相关经验,初步形成历史学习的方法和认识,在日后的学习或实践中有所借鉴。

教学重点:尝试探索了解某一历史事件的途径,经历从真实情境中收集史料、辨别整理史料、分析解读史料的过程。

教学难点:关注学生的学习方法,跟踪小组合作的进展,面对学生交流或主题活动进程上的困难,及时给予适当的教学引导。

三、实施进程

探究实践活动在本质上是把历史学习过程还给学生,以学生为学习活动的主体,发挥学生的主观能动性,让学生在参与活动的过程中感知历史、理解历史,运用和迁移历史知识。因此,本活动在驱动性问题"明城墙背后有什么历史故事"的引领下,分为 9 个子问题,分别对应发现问题、知识与技能建构、公开成果、反思与评价 4 个活动实施阶段,共 5 课时。(见图 1)

	解密会"说话"的南京明城墙			
	驱动问题:明城墙背后有什么历史故事?			
问题链	子问题1:老南京人都把去市中心叫"进城",这个"城"指的是什么? 子问题2:关于南京明城墙你了解多少? 子问题3:你如何获取关于明城墙的资料?	子问题4:为什么明城墙可以修建得如此坚固? 子问题5:行走过程中你发现明城墙有哪些特点?	子问题6:说一说你观察到的明城墙和其背后的历史信息。 子问题7:我们该如何宣传和保护明城墙?	子问题8:在小组合作中,你承担的工作和角色分别是什么? 子问题9:通过本次实践活动,你对历史学科的学习有何新的认识?
活动阶段	认识明城墙 (1课时)	行走明城墙 (1课时)	成果修订与展示 (2课时)	评价与迁移 (1课时)
学生任务	活动1:根据明城墙布局图,完成对明城墙概况表格的填空。 活动2:讨论说出自己获取明城墙相关史料的途径。 活动3:设想如果自己走在明城墙上会关注的元素并在小组内分享。 活动4:小组合作制定城墙行走计划。	活动1:行走城墙前对集相关史料,并对史料进行分类和初步解读。 活动2:通过行走城墙,在真实触摸中,分析明城墙坚固的原因。 活动3:对城墙砖文进行拍摄,进行不同类型砖文的收集。 活动4:就明城墙的某一个关注点进行组内分享。	活动1:学生分小组介绍明城墙,从某一视角分析其历史价值。 活动2:展示自己宣传明城墙的作品(宣传视频、明信片和文创作品设计图),并说出设计理念。 活动3:主动分享自己此次研学的收获和感悟。	活动1:回顾整个活动所获得的知识、技能、学习方法以及不足之处。 活动2:思考项目所得并有所启发。

图 1　单元教学阶段分解图

（一）认识明城墙（1 课时）

4 月份即将开展同学们最期待的"南京行"活动，走入一座城市之前，我们要先对其有所了解。在此次活动中我们将会去到有"南京文化名片"之称的明城墙，学生产生好奇：为什么明城墙会被称为"南京文化名片"呢？从而触发驱动性问题：明城墙背后有什么历史故事？教师提供解决驱动性问题过程中必须知道的子问题，形成问题链，引发学生探索和思考。

学习支架：日常历史学习中关于史料的分类以及查找史料的几种途径、任务单（见表 2）。

表 2　城墙知多少任务单

班级：_____　姓名：_____　学号：_____
1. 请回忆查找史料的途径有哪些？史料分为哪几种？
2. 我找到的关于明城墙的史料。（要求：写明史料出处及类别）
3. 请用一段话描述你了解的明城墙。（要求：史论结合）

阶段成果：初步了解关于明城墙建造的历史，掌握分析史料的方法。

评价关注点：能正确且完整回忆已有知识内容，并应用到关于明城墙的了解中。

（二）行走明城墙（1 课时）

由于本次研学活动涉及南京众多考察点，而明城墙只是其中之一，因此在行前根据调查问卷，在全年级范围内选出对明城墙感兴趣的 50 位学生，根据驱动性问题，将这 50 位学生组成主题活动班，并分为 5 组，分组行走明城墙。明城墙由数量庞大的城墙砖构成，城墙砖是本次重点考察的对象。各小组根据教师提供的城墙砖考察视角，认领其中 1—2 个视角并在指定城墙段行走时对明城墙砖进行拍摄和记录。

需要说明的是学生认领考察视角在行前完成，城墙行走任务单由学生在行走城墙时完成，可在行后再进行完善。

学习支架：教师提供的明城墙砖的考察视角、拍摄装备。

阶段成果:南京明城墙行走任务单(见表3)。

表3　南京明城墙行走任务单

第(　)小组南京明城墙行走任务单
小组成员: 选择的考察视角: 小组分工: 考察记录: (提示:可拍摄,照片需清晰)

(三)成果修订与展示(2课时)

修订阶段:组长在组内收集和汇总任务单,小组在行后根据收集的城墙砖资料,组内讨论得出认识,并分工协作查找更多相关史料进行佐证,初步撰写考察心得。完成后,各小组轮流在班级分享,接受其他小组有价值的疑问或建议,以小组为单位进行二次修改,同时每位成员需完成明城墙宣传任务单,并附文字说明。

学习支架:小组考察心得。

阶段成果:南京明城墙宣传任务单(见表4)。

表4　南京明城墙宣传任务单

1.请你根据行走拍摄素材,为南京明城墙制作一段宣传视频。(要求:视频清晰,附有解说和字幕,时长2分钟以内)
2.请你为南京明城墙设计一个文创周边。(要求:绘图,并注明设计的产品类型和设计理念)
3.请你为南京明城墙设计一张明信片。(要求:绘图,并注明设计理念)

展示阶段：最后成果在教室内以分享会的形式呈现，由各小组成员代表依次上台分享，个人宣传作品并根据评价表选出优秀作品代表进行展示和介绍。

评价关注点：小组代表能从考察角度对明城墙砖进行介绍，得出结论，并在此过程能展示相关史料支撑，具备史料实证和历史解释素养。个人优秀作品介绍时，能够完整介绍作品元素，并阐明设计理念。

（四）评价与迁移（1课时）

本活动的开展实施不仅要求学生掌握历史、地理、美术等多学科知识与方法，更要关注学生在实践活动过程中思维方式的转变、知识的迁移应用以及综合素养的提升。因此，本活动学习的评价应包含过程性评价、结果性评价，教师评价、学生自评、小组成员互评等多个方面。

学习支架：评价表（见表5）。

表5　解密会"说话"的明城墙评价表

分项	评价指标		星级			
	一级指标	二级指标	自评	互评	师评	总计
过程性评价	主动参与	主动、积极参与每一次的探究，对学习活动充满热情。	☆☆☆	☆☆☆	☆☆☆	
	团队协作	在史料搜集、分析讨论、宣传创作、汇报展示等环节善于与他人交流、分享、合作。	☆☆☆	☆☆☆	☆☆☆	
	思维表现	能够综合运用历史等多学科的知识与技能、思想方法，分析、解决活动中的问题。	☆☆☆	☆☆☆	☆☆☆	
		能提出与众不同的想法与创意，具有创新精神和跨学科思维。	☆☆☆	☆☆☆	☆☆☆	
结果性评价	史料实证	能够清楚掌握查找史料的途径，进行史料的分类。	☆☆☆	☆☆☆	☆☆☆	
		能够正确选择史料，佐证结论，形成互证意识。	☆☆☆	☆☆☆	☆☆☆	
	历史解释	能够从现有史料中得出相应的结论。	☆☆☆	☆☆☆	☆☆☆	
		理解"论从史出"，掌握得出历史结论的原则和方法。	☆☆☆	☆☆☆	☆☆☆	

（续表）

分项	评价指标		星级			
	一级指标	二级指标	自评	互评	师评	总计
结果性评价	家国情怀	理解人民群众是历史的创造者。	☆☆☆	☆☆☆	☆☆☆	
		认识中华传统文化的博大精深、源远流长。	☆☆☆	☆☆☆	☆☆☆	
	实践作品	明信片设计色彩搭配美观，生动且符合宣传主体的特点。	☆☆☆	☆☆☆	☆☆☆	
		文创产品设计富有新意，便于实现和推广。	☆☆☆	☆☆☆	☆☆☆	
		宣传视频画质清晰，内容美观，有文字介绍和字幕，符合主题。	☆☆☆	☆☆☆	☆☆☆	
	分享展示	能够主动作为小组代表分享成果或在小组成果展出中做出贡献。	☆☆☆	☆☆☆	☆☆☆	
		能够清晰、有条理地介绍自己的宣传成果。	☆☆☆	☆☆☆	☆☆☆	

评价关注点：在开放、互动的氛围中理解历史知识，掌握其在现实社会中解决问题的思想路径，拓宽历史学科视野。

四、活动反思

本活动为校本化的研学实践，学生在此过程中亲身感受历史的魅力，从而更好地理解历史知识和内涵。在活动方案设计中，始终注重以问题为驱动，以核心素养为导向，多维度评价贯穿其中。同时，学生在实践过程中也会遇到各种问题和挑战，在此过程中学生以小组为单位开展主动探究、合作分工、相互激励，形成了以学习者为中心的学习环境，通过解决这些问题，他们可以逐步培养提高自己的学习和实践能力。

回顾活动实施流程，学生是否能理解问题链，是否能融合历史知识和其他学科知识进行探究，是活动能否顺利推进的关键。在以学生为主体开展学习活动的时候，存在学生历史思维能力与探究能力参差不齐的情况，教师也需积极发挥指导、示范作用，必要时提供学习方式、学习路径和学习资源，给予过程性、个性化的指导，从而引领学生在思考与实践的过程中学会模仿乃至迁移，最终达到思想方法的"习得"。这一主题活动既拉近了师生距离，又将课堂与现实相联结，充满挑战，又让人收获满满。

教学设计

第4课时 一砖一文话金陵

上海浦东新区民办远翔实验学校 顾 冉

一、主题概述

"一砖一文话金陵"为本活动的成果展示阶段,学生在"走进金陵·穿越古今"的活动中,在教师的指导示范下,将课堂之上对历史事物考察的方法应用到行走明城墙中,在对城墙砖文的拍摄、考察视角的选择及解读中,形成对南京明城墙的认识,厚重的城墙背后体现着广大人民群众的创造,是古老悠久中华文化的沉淀;作为青少年的学生们,用自己的方式,或说,或画,让城墙"发声",让更多人认识城墙,认识中华传统文化的独特魅力,践行着文化传承的重任。

二、教学目标

1. 通过行走明城墙过程中收集的资料,小组合作,对明城墙某一考察视角进行分析总结,并寻找更多史料支撑,进一步完善考察结论,培养史料实证意识。

2. 积极参与小组合作探究,主动分享实践学习经验和成果,进一步发展乐于实践、敢于探究、合作交流、沟通表达的意识和能力。

3. 能在教师、同伴的指导下,感受研学活动带来的乐趣和收获,培养将所学知识、技能和方法进行迁移的能力,尝试用历史技能解决现实问题,提升史学思维。

三、教学重难点

教学重点:根据考察视角说出城墙砖背后的历史信息。
教学难点:用历史的思想方法解读明城墙。

四、教学过程

环节一:探寻——"高筑墙"的历史渊源

"城门城门几丈高,三十六丈高。骑白马,带把刀,城门底下走一遭。"用南京歌谣引发兴趣。教师展示"走进金陵·穿越古今"活动中拍摄的行走明城墙照片。介绍南京明城墙的概况,提问:为什么明城墙的历史地位那么高?

【设计意图】回顾项目活动,唤起学生印象。提出本课核心问题,围绕问题展开探索。

教师补充相关文献史料(见附录),讲述朱元璋"高筑墙"的原因,了解明城墙的由来,知道城墙砖的文字为何存在。

【设计意图】文献和实物史料相互佐证,使学生形成史料互证意识,渗透史料实证的核心素养。

环节二:解密——独具特色的古老城墙砖

教师展示学生自己拍摄的城墙砖文图,请学生说出看到的信息,并根据每个实践小组所研究的主题,邀请小组代表介绍研究成果;教师补充史料,进行点评,并总结明城墙背后蕴含的历史信息。

【设计意图】回扣驱动性问题"明城墙背后有什么历史故事?",让学生在自己的讲述过程中了解明城墙所承载的文化内涵,感受深厚的历史底蕴,培养历史解释能力,从而认识到城墙在现在中华文化中的重要地位,需要我们保护和传承。

环节三:践行——我为明城墙做宣传

在了解了明城墙背后的一些故事之后,作为青少年的我们,可以用哪些方式来让更多的人知道和了解明城墙,从而投入到明城墙的保护当中呢? 请大家分享为南京明城墙制作的宣传视频、设计的明信片及文创作品,并说出设计理念。

【设计意图】明城墙是伟大的人民群众的劳动与智慧的结晶,弘扬优秀传统文化是每一位中华儿女义不容辞的责任,当代青少年更是传承文化的主力军。让学生结合美术知识与技能,身体力行,从而更深刻地感受到传承文化的使命感和责任感,培养家国情怀。

环节四:传承——明城墙亦是"民"城墙

大明皇帝朱元璋一手缔造的南京明城墙,可以说是一部神秘的浩瀚史书。它汇集了古代劳动人民的聪明和才智,是元末明初劳动人民用心血筑成的一座丰碑。在今天,城墙已经不再是护卫城市的屏障,而随着历史的发展,日益成为城市的历史印记和城市发展的文脉。

这座古老的建筑,历时 600 余年,几经乱世,战火纷飞,风雨侵蚀,已经有所损坏。我们在感受这座城墙带来的文化震撼之余,更要思考,不仅仅是明城墙,博大精深的中华文化中有着如繁星般璀璨的文化古城和文化遗址。在学习历史之后,作为青少年的我们,更应将所学之方法进行实践,要身体力行,保护、传承和发扬中华民族优秀传统文化。

 专家点评

上海浦东新区民办远翔实验学校的跨学科学习主题"解密会'说话'的南京明城墙",其设计及实施具有如下三个特点。

第一,以必修课程的学习为基础。无论是关于明代的基本史实,还是涉及史料实证的基本方法,无论是关于地理、美术知识的现实运用,还是涉及历史、地理与美术三门课程思想方法乃至综合素养的贯通,都依托于这些课程在日常教学中对于知识、能力、方法等的日积月累,分科学习为跨学科学习提供了支架。第二,以研学体现跨学科的意蕴。跨学科学习的关键是问题,最好的问题理应来自学生的社会生活,来自学生的自我发现,研学项目的实施本质上应该是学生亲近社会、亲近生活,发现问题,综合调用所学去解决问题的过程,"生活即学问,学问即生活",这个设计体现了这种价值诉求,值得借鉴、反思。第三,以模仿迁移习得思想方法。核心素养的培育与达成离不开思想方法这把钥匙,在这个设计与实施中,可以看到学生在教师的引导下主动习得史料实证、历史解释的多种具体策略,在新的情境下能做到学以致用、活学活用,教师提出了"通过对明城墙的所思所得,将这种思考应用到未来脚步可丈量的更多历史文化遗迹中",这是很有眼光、很有意义的追求。

当然,跨学科的学习不是多学科知识与技能的简单叠加,从这个意义上讲,如何自然地将多学科的知识、能力、方法、策略、观念等有机地熔于一炉,真正地体现在此基础上的"跨越",仍有很长的实践之路需要探索。

点评人:上海市教师教育学院(上海市教育委员会教学研究室)　於以传

后　记

为了进一步贯彻落实教育部颁布的《义务教育课程方案和课程标准（2022 年版）》,有效促进民办学校课程建设与课程实施水平,对第四届上海市民办中小学教师教学竞赛项目中优秀教学成果和宝贵教学经验进行宣传和推广,我们组织编撰了《新教学探研——2024 年度跨学科主题单元学习方案与教学案例集》。

本书在编撰过程中得到了第五届上海市民办中小学教师教学竞赛主办单位上海市教育学会、上海市民办教育协会、上海市民办教育发展基金会,指导单位上海市教师教育学院(上海市教育委员会教学研究室)和承办单位上海世外教育集团的大力支持。由尹后庆和高德毅两位组长挂帅的本轮教学竞赛组委会,为项目顺利开展提供了强有力的领导和组织保障。在组委会带领下,本次参加培训人数超过往年,覆盖面也更广。报名学校涉及全市 16 个区 83 所学校,共提交了 193 个方案,涵盖了本届规定的 8 门学科,参与线上培训 600 多人次。

本届教学竞赛由上海市民办教育协会负责申报、培训等组织工作,上海市教师教育学院(上海市教育委员会教学研究室)组织专家开展专业指导、培训、组织方案评审和课堂教学评审等工作,上海市民办教育发展基金会、上海吉祥航空有限公司提供了经费支持。在提交的文稿审阅、修改和编撰过程中,余安敏、时丽娟两位老师做了大量工作,在此一并表示诚挚的感谢!

衷心祝福所有获奖团队和青年教师,希望你们保持谦逊勤奋的品质,在课程改革和教学中不断探研,赓续奋斗,履践致远!

编者

图书在版编目（CIP）数据

新教学探研：2024年度跨学科主题单元学习方案与教学
案例集 / 上海市教师教育学院等编著. — 上海：上海教育出
版社，2024.12. — ISBN 978-7-5720-3236-3

Ⅰ. G633

中国国家版本馆CIP数据核字第2024RF9885号

责任编辑　公雯雯

封面设计　蒋　好

新教学探研

——2024年度跨学科主题单元学习方案与教学案例集

上海市教师教育学院　等编著

出版发行　上海教育出版社有限公司

官　　网　www.seph.com.cn

地　　址　上海市闵行区号景路159弄C座

邮　　编　201101

印　　刷　上海龙腾印务有限公司

开　　本　700×1000　1/16　印张 20.25

字　　数　363 千字

版　　次　2024年12月第1版

印　　次　2024年12月第1次印刷

书　　号　ISBN 978-7-5720-3236-3/G·2877

定　　价　98.00 元

如发现质量问题，读者可向本社调换　电话：021-64373213